农村新产业新业态用地需求管理研究

中国国土勘测规划院 著

中国社会出版社
国家一级出版社·全国百佳图书出版单位

图书在版编目(CIP)数据

农村新产业新业态用地需求管理研究 / 中国国土勘测规划院著 . -- 北京：中国社会出版社, 2022. 5
ISBN 978-7-5087-6684-3

Ⅰ. ①农… Ⅱ. ①中… Ⅲ. ①农村—生产性建设用地—需求管理—研究—中国 Ⅳ. ① F321.1

中国版本图书馆 CIP 数据核字 (2022) 第 008803 号

出 版 人：浦善新	终 审 人：王 前
责任编辑：杜 康	责任校对：刘云燕
封面设计：李箫铉	

出版发行：中国社会出版社	地 址：北京市西城区二龙路甲 33 号
邮政编码：100032	编 辑 部：(010)58124864
网 址：shcbs.mca.gov.cn	发 行 部：(010)58124864；58124845
	经 销：新华书店

印刷装订：河北鑫兆源印刷有限公司	开 本：170 mm×240 mm 1/16
印 张：13.25	字 数：220 千字
版 次：2022 年 5 月第 1 版	印 次：2022 年 5 月第 1 次印刷
定 价：95.00 元	

中国社会出版社微信公众号

中国社会出版社天猫旗舰店

编 委 会

主　编：赵雲泰

副主编：张　宇　杨　奎　钟太洋

目　录

第一章　绪　论 ………………………………………………………… 1
　　一、选题背景及相关概念 ……………………………………………… 1
　　二、研究目标、内容与方法 …………………………………………… 6

第二章　国内外农村新产业新业态发展及用地情况 ……………… 11
　　一、国内农村新产业新业态发展及用地情况 ……………………… 11
　　二、国外农村新产业新业态发展及研究动态 ……………………… 67
　　三、国内外农村新产业新业态发展及研究对比 …………………… 80

第三章　农村新产业新业态用地管理问题和挑战 ………………… 84
　　一、当前农村新产业新业态用地管理存在的主要问题 ………… 84
　　二、当前农村新产业新业态用地管理面临的形势与挑战 ……… 93
　　三、农民工职住代际差异与乡村图景展望 ……………………… 100

第四章　基于土地管理人员问卷调查的规划与政策实施能力分析 … 110
　　一、问卷调查的基本情况 …………………………………………… 110
　　二、问卷调查结果分析 ……………………………………………… 113
　　三、小结与建议 ……………………………………………………… 128

第五章　典型地区案例分析与启示 ……………………………………… 130
　　一、征地制度改革试点与乡村产业用地基本情况 ……………… 130
　　二、主要启示 ………………………………………………………… 131

第六章　农村新产业新业态用地需求测算 ······················ 133

一、农村新产业新业态用地范围界定 ···························· 133

二、设施农用地需求测算 ·· 138

三、乡村旅游与休闲农业用地需求测算 ························· 152

四、其他产业用地说明 ··· 161

第七章　农村新产业新业态用地需求管控 ······················ 164

一、农村新产业新业态用地需求管控价值取向 ············ 164

二、设施农用地分区管控与引导 ··· 167

三、乡村旅游与休闲农业管控与引导 ································ 173

四、农村新产业新业态用地需求管控经验、启示及讨论 ········ 174

五、主要管控对策建议 ··· 180

附件：调研问卷 ·· 184

第一章 绪 论

一、选题背景及相关概念

(一) 选题背景

党的十九大报告提出实施乡村振兴战略的决策部署。《中共中央 国务院关于实施乡村振兴战略的意见》提出"按照产业兴旺、生态宜居、乡风文明、治理有效、生活富裕的总要求,建立健全城乡融合发展体制机制和政策体系",并指出"产业兴旺"是乡村振兴战略的重点[①]。

农村产业发展具有一定的历史阶段特征。1978 年,"包产到户""包干到户"作为社会主义集体经济的生产责任制提出后,党和政府在关于农业改革的各项会议和文件中不断巩固和完善家庭联产承包责任制,自此,农业经营主体的"家户性"成为其规模的主要特征,在很长一段时间内调动了农民的生产积极性,改观了农业生产状况,使我国的粮食总产量有了跨越式增长。但是,农业的家庭经营也存在一定的局限性。张红宇认为农业家庭经营不能适应现代农业的产业链及产业体系,同时随着市场经济的发展,农民非农收入的提高,小规模经营农业支撑家庭经济的比例不断减小,农业兼业化成为普遍现象,大量农业资源未得到充分利用[②]。黄祖辉、俞宁总结农业经营主体的发展变化,指

---

① 关于实施乡村振兴战略的意见[EB/OL].(2018-02-04). http://www.xinhuanet.com/politics/2018-02/04/c_1122366449.htm.
② 张红宇. 新型农业经营主体发展趋势研究[J]. 经济与管理评论,2015,31(1):104-109.

出中国农户群体正由农业经营者分化为传统农户、专业种植与养殖户、经营与服务性农户、半工半农型农户和非农农户五种主要类型。农村产业发展面临转向①。

近年来，工业化、城镇化和信息化等发展进程不断提升，工农融合、城乡一体化和人地协调等措施不断推行，使得乡村比较优势日益突出，产业发展势头强劲，农业发展进入新阶段。因此有必要跳出传统乡村产业发展模式，探索农村经济发展新产业、新业态，以突破单一农业发展限制②。

乡村产业的发展与兴旺离不开精准有效的乡村用地政策的支撑和保障，同时也需要乡村用地政策引导规范乡村产业发展。当前实践需要从规划编制和规划实施角度开展农村新产业新业态用地需求管理研究。在过去几年，我国开展了一系列农村土地制度改革试点相关工作，反映了对村级土地利用规划的迫切需求；《国土资源部关于有序开展村土地利用规划编制工作的指导意见》和《国土资源部办公厅关于开展新一轮土地利用总体规划编制试点工作的通知》提出"探索完善村土地利用规划"。

在上述背景下，中国国土勘测规划院（原中国土地勘测规划院）设立了研究课题"农村新产业新业态用地需求管理研究"，结合国家实施乡村振兴战略、保护耕地保障粮食安全的要求，研判农村新产业新业态用地需求，从规划编制和规划实施管理的角度开展研究，以期为制定相关的管理政策提供技术支撑。

（二）相关概念

1. 农村与乡村

农村与乡村在一定程度上具有相同的内涵，口语和书面语中亦经常

---

① 黄祖辉,俞宁. 新型农业经营主体：现状、约束与发展思路：以浙江省为例的分析[J]. 中国农村经济,2010(10):16-26+56.
② 蔡丽君,潘京. 以乡村经济多元化发展推进乡村振兴战略实施[J]. 农业经济,2018(4):41+88.

出现两者混用的情况,都泛指农民聚居地①。也有观点认为二者含义不同,但具体分歧不作为本报告讨论的重点。有学者提出了"乡村性指数"的概念和计算方法②,但社会经济统计中通常会使用便于统计的方法来划定城市与乡村。

(1) 我国现行有关城乡划分的规定。我国通常依据人口数量、户籍性质和行政边界来开展涉及城乡区划的工作。自1995年开始,我国先后进行了多次有关城乡划分标准的制定与更新,最新的为2008年的《统计上划分城乡的规定》③,"六普"的城乡划分就依此标准④。具体而言,乡村包括集镇和农村,指城镇地区以外的其他地区。相关内容摘录如下:

第四条 城乡分类与代码

代码	分类
100	城镇
110	城市
111	设区市的市区
112	不设区市的市区
120	镇
121	县及县以上人民政府所在建制镇的镇区
122	其他建制镇的镇区
200	乡村
210	集镇
220	农村

第五条 城镇是指在我国市镇建制和行政区划的基础上,经本规定划定的城市和镇。
第六条 本规定所称城市,是指经国务院批准设市建制的城市市区。包括:设区市

---

① 汉典"农村"词语的解释,https://www.zdic.net/hans/农村.
② 张小林.乡村概念辨析[J].地理学报,1998(4):79-85.
③ 统计上划分城乡的规定[EB/OL].http://www.stats.gov.cn/tjsj/tjbz/200610/t20061018_8666.html.
④ 王智勇.中国的城乡划分与城镇化评估:基于国际比较的视角[J].人口与经济,2018(2):1-15.

的市区和不设区市的市区。

设区市的市区是指：

（一）市辖区人口密度在1500人/平方公里及以上的，市区为区辖全部行政区域；

（二）市辖区人口密度不足1500人/平方公里的，市区为市辖区人民政府驻地和区辖其他街道办事处地域；

（三）前款市辖区人民政府驻地的城区建设已延伸到周边建制镇（乡）的部分地域，其市区还应包括该建制镇（乡）的全部行政区域。

设区市的其他地区分别按本规定的镇、乡村划分。

不设区市的市区是指：

（一）市人民政府驻地和市辖其他街道办事处地域；

（二）市人民政府驻地的城区建设已延伸到周边建制镇（乡）的部分地域，其市区还应包括该建制镇（乡）的全部行政区域。

不设区市的其他地区分别按本规定的镇、乡村划分。

第七条　本规定所称镇，是指经批准设立的建制镇的镇区。包括：县及县以上（不含市）人民政府、行政公署所在的建制镇的镇区和其他建制镇的镇区。镇区是指：

（一）镇人民政府驻地和镇辖其他居委会地域；

（二）镇人民政府驻地的城区建设已延伸到周边村民委员会的驻地，其镇区还应包括该村民委员会的全部区域。

第八条　乡村是指本规定第六、七条款划定的城镇地区以外的其他地区。乡村包括集镇和农村。

集镇是指乡、民族乡人民政府所在地和经县人民政府确认由集市发展而成的作为农村一定区域经济、文化和生活服务中心的非建制镇。

农村指集镇以外的地区。

第九条　凡地处本规定城镇地区以外的工矿区、开发区、旅游区、科研单位、大专院校等特殊地区，常住人口在3000人以上的，按镇划定；常住人口不足3000人，按乡村划定。

来源：《关于统计上划分城乡的规定（试行）》附录7①

（2）国外乡村概念介绍。"乡村"一词在英语中有多项表达，如"rural""village"和"countryside"等，其中"rural"最常被用于学术论文和政府公文语境。世界上各地区、部门对"乡村"有着不同的定

---

① 关于统计上划分城乡的规定（试行）[EB/OL]. http://www.stats.gov.cn/tjsj/pcsj/rkpc/5rp/html/append7.htm.

义。美国的法案中有关于"乡村"的条目,认为"农村和农村地区"首先是"人口超过50000人的城市或城镇以外的任何地区(第一条)"。其次是在第一条所述的城市或城镇附近的任何城市化地区,但不同的法案中对于"乡村"定义略有差别①。美国相关政府部门基于"农村定义的选择应该基于活动的目的"这一原则,提出了三种常见的关于"农村"的定义:美国商务部人口普查局从人口与地理的角度,将"城市"定义为50000人以上的城市化地区或者人口数在2500~49999人的城市群,而"乡村"就被定义为"城市"之外的所有人口、住房和领土②;美国农业部经济研究服务部的研究人员和其他人在分析美国农村问题时,以"非大都市"为标准开展研究,其条件有"开放的乡村、村域人口少于2500或者城市人口在2500至49999之间";白宫管理和预算办公室从人口、交通关系角度等对"乡村"有着其他定义③。加拿大统计局认为"乡村"在不同研究范围有着不同的内容,但给出了一项基准定义,即生活在城市和大都市中心、通勤区外围的人口④。综合来看,对于"乡村"的定义,在不同的语境下需要给予其不同的内容,学者们常使用的定义基于人口、城乡关系和通勤等要素给出。

2. 农村新产业新业态

新产业新业态是相较于旧有的产业与业态提出的。新产业意味着产业从无到有或从小众到主流的过程,而新业态则意味着产业经营方式、管理状态的改变,如传统的农业与现代科技相结合,促进了现代农林牧渔业的产生。本书研究的"农村新产业新业态"主要选取自国家统计

---

① Office of the Secretary. Report on the Definition of "Rural" [R]. U. S. Department of Agriculture, Rural Development, 2013.

② Census Bureau, U. S. Department of Commerce [EB/OL]. [2018-05-16]. https://www.census.gov/geo/reference/urban-rural.html.

③ National Agriculture Library, U. S. Department of Agriculture [EB/OL]. [2018-05-16]. https://www.nal.usda.gov/ric/what-is-rural.

④ Rural and Small Town Canada Analysis Bulletin, Definitions of Rural 2001003, Statistics Canada [EB/OL]. https://www150.statcan.gc.ca/n1/en/pub/21-006-x/21-006-x2001003-eng.pdf?st=h7L3nJcZ.

局制定的《新产业新业态新商业模式统计分类（2018）》① 涉及农业、农村、农民的部分，同时结合实际参考了诸多学术文献和产业发展报告等。此研究文本中，"农村新产业新业态"与"乡村新产业新业态"内涵、意义相同，具体而言，主要有乡村旅游与休闲农业、现代农业、乡村特色产品与手工业、乡村电商及物流产业、乡村创意产业、农业生产性服务业等。

二、研究目标、内容与方法

（一）研究目标与内容

从当前的初步判断来看，农村新产业新业态用地管理中较为明显的挑战主要有两个方面：一是农村新产业新业态发展所导致的土地复合利用和混合利用对土地用途管制的挑战；二是城镇偏向的用地指标管理现实下农村新产业新业态发展用地指标保障的挑战。

基于上述判断，本研究的主要工作目标是：通过项目研究，提出完善农村新产业、新业态、新商业模式用地需求管理对策。具体而言，主要是从土地利用规划编制管理和规划实施管理的角度，重点从规划管控、年度计划管控、土地用途管制等几个方面提出完善农村新产业新业态用地需求管理对策。

具体工作内容如下。

1. 梳理农村新产业新业态和新商业模式分类

结合国家统计局制定的《新产业新业态新商业模式统计分类（2018）》、国家质量监督检验检疫总局和国家标准化管理委员会发布的《土地利用现状分类》（GB/T 21010—2017）和农村新产业新业态和新商业调研等，梳理农村新产业新业态和新商业模式，归纳农村新产业新

---

① 新产业新业态新商业模式统计分类（2018）的通知[EB/OL]. http://www.stats.gov.cn/tjsj/tjbz/201808/t20180827_1619266.html.

业态和新商业的主要类型。

2. 农村新产业新业态和新商业的用地影响分析

基于对农村新产业新业态和新商业类型的梳理分析，分析不同类型新产业新业态和新商业的用地需求和影响。

(1) 不同类型新产业新业态和新商业对耕地保护的影响。结合并对照《国土资源部 国家发展改革委关于深入推进农业供给侧结构性改革 做好农村产业融合发展用地保障的通知》（国土资规〔2017〕12号）、《国土资源部 农业部关于进一步支持设施农业健康发展的通知》（国土资发〔2014〕127号）等政策文件，分析不同类型农村新产业新业态发展对耕地保护的可能影响。

(2) 不同类型新产业新业态和新商业对新增建设用地的影响。从小规模零星用地还是大规模集中用地角度，判断农村不同类型新产业新业态用地在区位选择决策、空间决策以及用地规模决策等方面的特征，分析不同类型新产业新业态发展对新增建设用地需求，满足其用地需求对新增建设用地规模控制、空间布局管控、环境影响控制等的潜在影响。

(3) 不同类型新产业新业态和新商业形态发展对农村存量建设用地再利用和再开发的影响。主要是分析不同类型新产业新业态用地需求与目前乡村存量建设用地之间的相互关系，分析不同类型新产业新业态用地与乡村存量建设用地利用转型的相互关系。

3. 有关农村新产业新业态新商业用地管理政策制度梳理

主要是从三个方面分析对农村新产业新业态和新商业模式的用地管理政策。

(1) 梳理国家层面对农村新产业新业态和新商业模式的用地管理政策制度及其演变，总结1978年以来不同时期农村新产业新业态用地管理政策的经验和教训。

(2) 梳理近期地方政府有关农村新产业新业态和新商业模式用地管理政策制度，主要是从土地利用规划编制、土地利用规划实施、土地利用年度计划、用地审批管理等几个方面对各地有关农村新产业新业态用地需求管理政策制度进行梳理。

（3）判断当前农村新产业新业态用地需求管理中的主要政策问题，分析当前相关管理制度和政策中存在的问题，分析当前存在的问题是属于政策制度缺失的问题还是属于政策制度实施执行的问题，分析当前农村新产业新业态用地需求管理中存在的规划编制问题、规划实施问题、用地监管问题、过度限制问题和管制不足问题。

4. 分析土地规划用途分类对农村新产业新业态用地管控的适用性

分析国家统计局制定的《新产业新业态新商业模式统计分类（2018）》中有关农村新产业新业态用地与国家质量监督检验检疫总局和国家标准化管理委员会发布的《土地利用现状分类》（GB/T 21010—2017）中土地利用类型的对应关系，与土地利用总体规划编制规程（县、市级）中规范性附录之一"土地规划用途分类及含义"的土地规划用途的对应关系以及与国土资源部办公厅印发的《村土地利用规划编制技术导则》中附录四"村土地利用规划用地分类表"的对应关系。基于对应关系的分析，结合当前有关村级土地利用规划编制的实践情况，判断当前土地规划用途分类对农村新产业新业态用地管控的适用程度，分析规划中采用的比例尺大小对土地规划用途分类管控的可能影响。

5. 梳理国外有关农村新产业新业态用地管理借鉴

通过检索，获得美国、英国等欧美发达国家以及亚洲有关国家对农村新产业新业态用地管理的有关政策和相关研究成果，梳理因应不同背景和发展条件下对乡村"新经济"发展的用地管理措施，分析对乡村"新经济"发展用地管理的经验和教训，判断这些管理措施对于我国农村新产业新业态用地管理可资借鉴之处。从对国外有关乡村"新经济"发展的情况来看：在发达经济体尤其是工业化国家，农业收入在农村家庭收入中比重日渐降低以至于农业的发展越来越需要农村其他产业的支撑。这就表明，对于基本完成从农业国家到工业国家转型的中国而言，梳理和总结国外发达经济体有关乡村用地管理，尤其是对乡村"新经济"发展用地管理政策的得失加以梳理，对于完善我国农村新产业新业态用地管理、服务乡村振兴战略实施具有重要意义。

6. 完善农村新产业、新业态、新商业用地需求管理对策分析

判断在城镇偏向的用地指标分配情况下，如何完善农村新产业新业态用地需求管理政策，满足农村新产业新业态用地需求的同时又能有效保护和保障粮食安全。主要是从土地利用规划保障、土地利用指标保障、存量挖潜保障机制、规划实施相关资金支持机制等方面，提出完善农村新产业、新业态、新商业模式发展用地需求管理对策。

（二）研究方法

1. 实地调研

选择典型和有代表性地区开展农村新产业新业态和新商业模式用地调研，分别对经济发达地区和经济欠发达地区的城镇周边和远郊农村新产业新业态用地情况加以实地调研。通过实地调研，分析农村新产业新业态用地在多功能复合利用、多用途混合利用等方面的情况；分析复合利用和混合利用对土地利用管理的主要挑战，主要是分析对规划管理、年度计划指标管理、土地利用调查、用地监管等方面的调账的影响。

2. 案例研究

收集两类案例：一是收集村土地利用规划的案例，采用文本分析或内容分析方法对村土地利用规划进行分析，重点分析村土地利用规划实践中对农村新产业新业态用地安排的情况；二是收集农村新产业、新业态和新商业模式用地模式的典型案例，分析土地利用总体规划、土地利用年度计划、土地利用规划实施相关资金使用在其中起到的作用。

3. 问卷调查

制定调查问卷，对地方国土资源管理部门开展农村新产业新业态和新商业模式用地管理调研，分析一线土地管理人员对于农村新产业新业态发展的认识、对农村新产业新业态发展用地管理的认知、对农村新产业新业态用地管理面临的主要问题的判断等。

4. 文献分析

采用网页信息检索和学术文献检索两种方式，收集有关农村新产业

新业态和新商业模式用地管理的相关信息，主要是收集以下文献和资料：一是收集国内外有关的学术文献；二是收集国内外有关农村新产业新业态用地管理政策文件。通过所收集的有关政策文件，从土地利用规划、年度计划指标、土地用途管制等几个方面梳理农村新产业新业态用地管理政策，分析政策完备性和有效性等。

5. 统计分析

采用统计分析方法对通过问卷调查获得的有关数据加以分析，分析不同地区有关农村新产业新业态用地需求管理认知差异。

6. 建模分析

针对农村新产业新业态所需用地的数量数据，建立相应的数学模型，对其用地需求进行测算，并基于测算结果提出相应的管控建议。

第二章　国内外农村新产业新业态发展及用地情况

一、国内农村新产业新业态发展及用地情况

（一）国内农村新产业新业态发展及用地情况总述

我国的乡村产业发展最早可以追溯到计划经济时期的社队企业，其主要为城市工业生产配套产品，之后由20世纪80年代的乡镇企业承担支农建农责任，90年代以后，农业产业化经营发展迅速，开始出现由传统种养产业拓展出的农产品加工流通的新产业形态，即目前的乡村二、三产业发展雏形[①]。有研究指出，目前我国农村可分为占比10%以下的沿海城市经济带农村地区、占比80%以上的一般农业型农村地区和占比5%以下的适合发展休闲农业和乡村旅游等新业态的具有区位条件或旅游资源的农村地区3种类型，其中：第一种主要以已经工业化和农村城市化的珠三角和长三角为典型；第二种主要从事传统农业生产，长期处在小农经营的格局；而第三种则是适合新产业和新业态发展的地区[②]。近年来，随着乡村振兴战略的推进，乡村产业投资机会日益增多，新型产业经营主体出现，产业发展方向更加多元化，产业融合发展趋势不断增强。国家统计局制定的《新产业新业态新商业模式统计分

---

① 农业部课题组. 中国特色乡村产业发展的重点任务及实现路径[J]. 求索, 2017(12): 51-58.

② 贺雪峰. 关于实施乡村振兴战略的几个问题[J]. 南京农业大学学报（社会科学版）, 2018, 18(3): 19-26 + 152.

类（2018）》科学界定了新产业范围，为乡村新产业和新业态的发展提供了可靠标准和政策依据①。各类新产业、新业态的出现大大激发了乡村经济发展活力，使得乡村产业的外部环境得到极大改善。"2016年我国规模以上农产品加工业主营业务收入达20.3万亿元，休闲农业和乡村旅游营业收入超过5700亿元，农村电商实现营业额8945亿元，返乡下乡'双创'人员达700多万人。"②截至2017年上半年，"家庭农场、农民合作社等各类新型经营主体数量超过290万家，新型职业农民超过1400万人"③。

现代设施农业、乡村旅游、乡村电商及物流等复合型多元化的乡村新型产业的蓬勃发展将会为乡村振兴战略注入新的动力，对此乡村用地结构与布局需要相应优化调整。如：设施农用地管理和利用的政策强制性和管理手段缺失；原有农村用地管制方式僵化，新业态用地管制政策和措施未得到及时补充；部分地方不了解利用增减挂钩政策对存量用地的作用，操控能力有待提升④。《国土资源部关于有序开展村土地利用规划编制工作的指导意见》提出编制村土地利用规划⑤。鉴于以上内容，本书拟对国内目前农村新产业、新业态发展及用地模式进行梳理，以便对现阶段农村新产业、新业态的经营模式、发展现状、面临困境、解决措施及用地问题等进行分析和总结，以期为乡村振兴战略实施过程中乡村产业发展的路径选择和土地利用配置提供理论依据。

（二）国内农村新产业新业态政策与实践梳理

2017年2月《中共中央 国务院关于深入推进农业供给侧结构性

---

① 国家新产业新业态新商业模式统计分类［EB/OL］．(2018-08-14)．http://www.stats.gov.cn/tjsj/tjbz/201808/t20180827_1619266.html．
② 农业部课题组．中国特色乡村产业发展的重点任务及实现路径［J］．求索，2017(12)：51-58．
③ 2017年上半年中国农业农村经济运行发展趋势到底是怎么样？听听农业部怎么说！［EB/OL］．(2017-07-19)．https://www.tuliu.com/read-59018.html．
④ 姚丽．土地政策如何支持农村新业态发展［J］．中国土地，2017(1)：19-23．
⑤ 国土资源部关于有序开展村土地利用规划编制工作的指导意见［EB/OL］．(2017-02-03)．http://www.mlr.gov.cn/zwgk/zytz/201702/t20170206_1435346.htm．

改革 加快培育农业农村发展新动能的若干意见》指出,中国农业的主要矛盾"由总量不足转变为结构性矛盾,突出表现为阶段性供过于求和供给不足并存",供给侧改革问题迫切。意见提出要壮大新产业新业态,拓展农业产业链价值链,分别从乡村旅游、农村电商、现代食品产业、特色村镇和现代农业等相关新型产业提出了相关建设意见①。因此,本书参考相关政策、规划及研究对乡村新业态进行分类梳理,并对各类产业用地情况进行归纳整理,以期为相关研究提供借鉴。

1. 乡村旅游

国内乡村旅游兴起于20世纪90年代中后期,学术界认为乡村性是区别城市旅游和乡村旅游的最重要标志②③。整体而言,乡村旅游是一种乡村地区产生的以乡村性为资源依托的新型产业形式④,它涉及乡村观光农业旅游、乡村民俗文化风情旅游、乡村休闲度假旅游和乡村自然生态旅游等多方面,具有区域性和综合性特点。乡村旅游产业发展相关政策文件及内容见表2-1。

表2-1 乡村旅游产业发展相关政策文件及内容

政策文件	相关内容
《关于加大改革创新力度加快农业现代化建设的若干意见》(2015-02-01)⑤	扶持建设一批具有历史、地域、民族特点的特色景观旅游村镇,打造形式多样、特色鲜明的乡村旅游休闲产品。加大对乡村旅游休闲基础设施建设的投入,增强线上线下营销能力,提高管理水平和服务质量。研究制定促进乡村旅游休闲发展的用地、财政、金融等扶持政策,落实税收优惠政策

---

① 中共中央 国务院关于深入推进农业供给侧结构性改革 加快培育农业农村发展新动能的若干意见[EB/OL]. (2017-02-05). http://www.gov.cn/zhengce/2017-02/05/content_5165626.htm.
② 何景明. 国外乡村旅游研究评述[J]. 旅游学刊,2003,18(1):76-78.
③ 尤海涛,马波,陈磊. 乡村旅游的本质回归:乡村性的认知与保护[J]. 中国人口·资源与环境,2012,22(9):158-162.
④ 谢天慧. 中国乡村旅游发展综述[J]. 湖北农业科学,2014,53(11):2715-2720.
⑤ 中共中央 国务院关于加大改革创新力度 加快农业现代化建设的若干意见[EB/OL]. (2015-02-01). http://www.gov.cn/zhengce/2015-02/01/content_2813034.htm.

续表

政策文件	相关内容
《国务院办公厅关于进一步促进旅游投资和消费的若干意见》（2015-08-11）①	实施乡村旅游提升计划，开拓旅游消费空间；坚持乡村旅游个性化、特色化发展方向；完善休闲农业和乡村旅游配套设施；开展百万乡村旅游创客行动；大力推进乡村旅游扶贫
《关于支持旅游业发展用地政策的意见》（2015-11-25）②	农村集体经济组织可以依法使用建设用地自办或以土地使用权入股、联营等方式与其他单位和个人共同举办住宿、餐饮、停车场等旅游接待服务企业。乡村居民可以利用自有住宅或者其他条件依法从事旅游经营。农村集体经济组织以外的单位和个人，可依法通过承包经营流转的方式，使用农民集体所有的农用地、未利用地，从事与旅游相关的种植业、林业、畜牧业和渔业生产。支持通过开展城乡建设用地增减挂钩试点，优化农村建设用地布局，建设旅游设施
《中共中央 国务院关于落实发展新理念 加快农业现代化实现全面小康目标的若干意见》（2015-12-31）③	强化规划引导，采取以奖代补、先建后补、财政贴息、设立产业投资基金等方式扶持休闲农业与乡村旅游业发展。积极扶持农民发展休闲旅游业合作社。引导和支持社会资本开发农民参与度高、受益面广的休闲旅游项目。支持有条件的地方通过盘活农村闲置房屋、集体建设用地、"四荒地"、可用林场和水面等资产资源发展休闲农业和乡村旅游。将休闲农业和乡村旅游项目建设用地纳入土地利用总体规划和年度计划合理安排

---

① 国务院办公厅关于进一步促进旅游投资和消费的若干意见[EB/OL]. (2015-08-11). http://www.gov.cn/zhengce/content/2015-08/11/content_10075.htm#.

② 国土资源部 住房和城乡建设部 国家旅游局关于支持旅游业发展用地政策的意见[EB/OL]. (2015-11-25). http://www.mlr.gov.cn/tdzt/tdgl/cyyd/bmwj/201611/t20161107_1421108.htm#.

③ 中共中央 国务院关于落实发展新理念 加快农业现代化实现全面小康目标的若干意见[EB/OL]. (2015-12-31). http://www.gov.cn/zhengce/2016-01/27/content_5036698.htm.

第二章　国内外农村新产业新业态发展及用地情况

续表

政策文件	相关内容
《乡村旅游扶贫工程行动方案》(2016-08-11)①	实施乡村旅游扶贫八大行动：乡村环境综合整治专项行动；旅游规划扶贫公益专项行动；乡村旅游后备箱和旅游电商推进专项行动；万企万村帮扶专项行动；百万乡村旅游创客专项行动；金融支持旅游扶贫专项行动；扶贫模式创新推广专项行动；旅游扶贫人才素质提升专项行动
《国务院关于印发"十三五"旅游业发展规划的通知》(2016-12-26)②	建立乡村旅游重点村名录，开展乡村旅游环境整治，推进"厕所革命"向乡村旅游延伸。实施乡村旅游后备箱行动，推动农副土特产品通过旅游渠道销售。实施乡村旅游创客行动计划，支持旅游志愿者、艺术和科技工作者驻村帮扶、创业就业，推出一批乡村旅游创客基地和以乡情教育为特色的研学旅行示范基地。创新乡村旅游组织方式，推广乡村旅游合作社模式 农村集体经济组织可以依法使用建设用地自办或以土地使用权入股、联营等方式开办旅游企业。城乡居民可以利用自有住宅依法从事旅游经营，农村集体经济组织以外的单位和个人可依法通过承包经营流转的方式，使用农民集体所有的农用地、未利用地，从事与旅游相关的种植业、养殖业
《中共中央　国务院关于深入推进农业供给侧结构性改革　加快培育农业农村发展新动能的若干意见》(2016-12-31)③	充分发挥乡村各类物质与非物质资源富集的独特优势，利用"旅游+""生态+"等模式，推进农业、林业与旅游、教育、文化、康养等产业深度融合。丰富乡村旅游业态和产品，打造各类主题乡村旅游目的地和精品线路，发展富有乡村特色的民宿和养生养老基地。鼓励农村集体经济组织创办乡村旅游合作社，或与社会资本联办乡村旅游企业

---

① 关于印发乡村旅游扶贫工程行动方案的通知[EB/OL]. (2016-08-11). http://www.cpad.gov.cn/art/2016/8/11/art_1747_672.html.

② 国务院关于印发《"十三五"旅游业发展规划》的通知[EB/OL]. (2016-12-26). http://www.gov.cn/zhengce/content/2016-12/26/content_5152993.htm.

③ 中共中央　国务院关于深入推进农业供给侧结构性改革　加快培育农业农村发展新动能的若干意见[EB/OL]. (2017-02-05). http://www.gov.cn/zhengce/2017-02/05/content_5165626.htm.

续表

政策文件	相关内容
《促进乡村旅游发展提质升级行动方案（2017年）》（2017-07-18）①	激发投资活力，改善乡村旅游基础设施和配套服务；完善发展环境，强化乡村旅游扶持政策和长效机制；加强分类指导，推动乡村旅游区域差异化发展
《中共中央 国务院关于实施乡村振兴战略的意见》（2018-01-02）②	实施休闲农业和乡村旅游精品工程，建设一批设施完备、功能多样的休闲观光园区、森林人家、康养基地、乡村民宿、特色小镇。对利用闲置农房发展民宿、养老等项目，研究出台消防、特种行业经营等领域便利市场准入、加强事中事后监管的管理办法 意见还提出休闲农业与乡村旅游接待人次的预期目标，2022年接待人次目标值为32亿人次（2016年基期值为21亿人次）
《国务院办公厅关于促进全域旅游发展的指导意见》（2018-03-22）③	将旅游发展所需用地纳入土地利用总体规划、城乡规划统筹安排，年度土地利用计划适当向旅游领域倾斜，适度扩大旅游产业用地供给，优先保障旅游重点项目和乡村旅游扶贫项目用地。鼓励通过开展城乡建设用地增减挂钩和工矿废弃地复垦利用试点的方式建设旅游项目。农村集体经济组织可依法使用建设用地自办或以土地使用权入股、联营等方式开办旅游企业。城乡居民可以利用自有住宅依法从事民宿等旅游经营

2015年中央一号文件《中共中央 国务院关于加大改革创新力度加快农业现代化建设的若干意见》指出，要扶持建设特色景观旅游村镇，打造乡村旅游休闲产品，并且要加大对乡村旅游休闲基础设施建设的投入和制定促进乡村旅游休闲发展的相关扶持政策④。2015年8月

---

① 促进乡村旅游发展提质升级行动方案（2017年）[EB/OL].（2017-07-18）. http://www.gov.cn/xinwen/2017-07/18/content_5211529.htm.
② 中共中央 国务院关于实施乡村振兴战略的意见[EB/OL].（2018-02-04）. http://www.xinhuanet.com/politics/2018-02/04/c_1122366449.htm.
③ 国务院办公厅关于促进全域旅游发展的指导意见[EB/OL].（2018-03-22）. http://www.gov.cn/zhengce/content/2018-03/22/content_5276447.htm.
④ 中共中央 国务院关于加大改革创新力度 加快农业现代化建设的若干意见[EB/OL].（2015-02-01）. http://www.gov.cn/zhengce/2015-02/01/content_2813034.htm.

国务院办公厅发布的《关于进一步促进旅游投资和消费的若干意见》要求实施乡村旅游提升计划，开拓旅游消费空间，包括坚持乡村旅游个性化、特色化发展方向、完善休闲农业和乡村旅游配套设施、开展百万乡村旅游创客行动和大力推进乡村旅游扶贫4个方面[①]。2015年11月《关于支持旅游业发展用地政策的意见》明确了乡村旅游新业态用地政策，指出农村集体经济组织可以依法使用建设用地自办或以土地使用权入股、联营等方式与其他单位和个人共同举办相关旅游接待服务企业，并且支持通过开展城乡建设用地增减挂钩试点，优化农村建设用地布局，建设旅游设施[②]。2016年中央一号文件《中共中央 国务院关于落实发展新理念 加快农业现代化实现全面小康目标的若干意见》强调，为了加快农业现代化发展，实现全面小康，要大力发展休闲农业和乡村旅游。可以依托农村绿水青山、田园风光、乡土文化等资源，大力发展休闲度假、旅游观光、养生养老、创意农业、农耕体验、乡村手工艺等，使之成为繁荣农村、富裕农民的新兴支柱产业。该意见还指出要支持有条件的地方通过盘活农村闲置房屋、集体建设用地、"四荒地"、可用林场和水面等资产资源发展休闲农业和乡村旅游，并将休闲农业和乡村旅游项目建设用地纳入土地利用总体规划和年度计划合理安排[③]。2016年3月下发的《关于金融助推脱贫攻坚的实施意见》指出，各金融机构要立足贫困地区资源禀赋、产业特色，积极支持能吸收贫困人口就业、带动贫困人口增收的绿色生态种养业、经济林产业、林下经济、森林草原旅游、休闲农业、传统手工业、乡村旅游、农村电商等特色产业发展，解决发展乡村旅游及其他新型产业的资金来源问题[④]。同年8月为了深入实施乡村旅游扶贫工程，国家旅游局等十二部门联合发布了

---

① 国务院办公厅关于进一步促进旅游投资和消费的若干意见[EB/OL].(2015-08-11). http://www.gov.cn/zhengce/content/2015-08/11/content_10075.htm#.
② 国土资源部 住房和城乡建设部 国家旅游局关于支持旅游业发展用地政策的意见[EB/OL].(2015-11-25). http://www.mlr.gov.cn/tdzt/tdgl/cyyd/bmwj/201611/t20161107_1421108.htm#.
③ 中共中央 国务院关于落实发展新理念 加快农业现代化实现全面小康目标的若干意见[EB/OL].(2015-08-11). http://www.gov.cn/gongbao/2016-02/29/content_5045927.htm.
④ 关于金融助推脱贫攻坚的实施意见[EB/OL].(2016-03-16). http://www.mof.gov.cn/zhengwuxinxi/zhengcefabu/201603/t20160324_1921752.htm.

《乡村旅游扶贫工程行动方案》，提出通过实施乡村旅游扶贫工程，使全国1万个乡村旅游扶贫重点村年旅游经营收入达到100万元，贫困人口年人均旅游收入达到1万元以上的发展目标①。同年12月发布的《国务院关于印发"十三五"旅游业发展规划的通知》提出了乡村旅游加大规划指导、市场推广和人才培训力度、建立重点村名录、实施后备箱行动和创客行动计划，以及创新乡村旅游组织方式等5个方面主要任务，为乡村旅游的科学规划提供规范指导②。2017年中央一号文件指出，要丰富乡村旅游业态和产品，打造各类主题乡村旅游目的地和精品线路③。为促进乡村旅游发展提质升级，进一步发挥乡村旅游在稳增长、促消费、减贫困、惠民生等方面的积极作用，巩固当前经济稳中向好势头。2017年7月国家发展改革委会同有关部门共同研究制订了《促进乡村旅游发展提质升级行动方案（2017年）》，分别从乡村旅游基础设施和配套服务投资、乡村旅游扶持政策和长效机制，以及乡村旅游区域差异化发展3个方面确立乡村旅游升级行动④。2018年中央一号文件提出实施休闲农业和乡村旅游精品工程⑤。2018年3月印发的《国务院办公厅关于促进全域旅游发展的指导意见》指出，要推动旅游与农业融合发展，大力发展观光农业、休闲农业，培育田园艺术景观、阳台农艺等创意农业，鼓励发展具备旅游功能的定制农业、会展农业、众筹农业、家庭农场、家庭牧场等新型农业业态，打造一二三产业融合发展的美丽休闲乡村⑥。2018年4月，国家发改委网站公布《农村一二三

---

① 关于印发乡村旅游扶贫工程行动方案的通知［EB/OL］.（2016-08-11）. http://www.cpad.gov.cn/art/2016/8/11/art_1747_672.html.
② 国务院关于印发"十三五"旅游业发展规划的通知［EB/OL］.（2016-12-26）. http://www.gov.cn/zhengce/content/2016-12/26/content_5152993.htm.
③ 中共中央 国务院关于深入推进农业供给侧结构性改革 加快培育农业农村发展新动能的若干意见［EB/OL］.（2017-02-05）. http://www.gov.cn/zhengce/2017-02/05/content_5165626.htm.
④ 促进乡村旅游发展提质升级行动方案（2017年）［EB/OL］.（2017-07-18）. http://www.gov.cn/xinwen/2017-07/18/content_5211529.htm.
⑤ 中共中央 国务院关于实施乡村振兴战略的意见［EB/OL］.（2018-02-04）. http://www.xinhuanet.com/politics/2018-02/04/c_1122366449.htm.
⑥ 国务院办公厅关于促进全域旅游发展的指导意见［EB/OL］.（2018-03-22）. http://www.gov.cn/zhengce/content/2018-03/22/content_5276447.htm.

产业融合发展年度报告（2017年）》，报告预计2017年全国乡村旅游和休闲农业经营收入超过6200亿元，年接待游客达22亿人次[①]。

整体来看，国内目前在战略制定和产业发展方面对于乡村旅游均极为重视，但就发展阶段来看仍处于过渡时期，发展过程中仍存在发展模式和产品单一、同质化严重、文化内涵肤浅、资源过度开发、土地利用错位、乡村性缺失、缺乏科学规划和相关政策法规不完善等问题[②③]。有学者对江苏省乡村旅游景点进行分析，发现其产业发展模式主要停留在观光游览[④]。有学者对成都市乡村旅游发展研究，发现其乡村旅游景点表现出过度开发问题，形式单一，农事体验、康体运动和乡村创意文化等项目缺少，休闲农业中农耕文化缺失，"农家乐"未突出乡村民居特色，不能满足游客相关旅游需求[⑤]。还有学者指出，非理性的旅游开发促进了农地利用非农化，从而使得土地资源的利用与覆被发生变化，进而影响乡村自然环境和生态平衡[⑥]。同时，多数学者指出，乡村旅游过程中的"乡村性"缺失是其发展中的最大隐患，诸如乡村劳作方式、节事活动、传统工艺、乡土气息等不断减少甚至消失[⑦⑧]。不同学者分别从产品设计和模式创新、合理规划、规范管理和健全法律法规等各个

---

① 农村一二三产业融合发展年度报告（2017 年）[EB/OL].（2018-04-19）. http://www.ndrc.gov.cn/gzdt/201804/t20180419_882893.html.
② 龙茂兴,张河清.乡村旅游发展中存在问题的解析[J].旅游学刊,2006(9):75-79.
③ 黄震方,陆林,苏勤,等.新型城镇化背景下的乡村旅游发展:理论反思与困境突破[J].地理研究,2015,34(8):1409-1421.
④ 李涛,陶卓民,李在军,等.基于GIS技术的江苏省乡村旅游景点类型与时空特征研究[J].经济地理,2014,34(11):179-184.
⑤ 蒲姝.我国乡村旅游发展现状与对策研究:以成都市乡村旅游为例[J].生态经济,2010(5):119-123.
⑥ 梁金兰.基于乡村旅游开发的农村土地利用变化研究[J].西南农业大学学报(社会科学版),2009,7(1):8-10.
⑦ 王鑫庭,赵捷,方世敏.新型城镇化背景下美丽乡村旅游开发问题与对策:以湘潭市梅林桥为例[J].湖南农业科学,2016(6):90-93.
⑧ 张丹,曾维静,杨惠玲.我国乡村旅游发展研究文献综述[J].农村经济与科技,2015,26(10):80-82.

方面提出相关应对措施,用以保障乡村旅游健康和可持续发展[1][2],其中心均是将重点放到乡村文化和特色即"乡村性"的发展上,如因地制宜地选择适合自身实际的发展模式、加快产业融合,延伸乡村旅游产业链等[3][4]。

相关研究指出,目前国内乡村旅游发展主要包括田园农业旅游、民俗风情旅游、农家乐旅游、村落乡镇旅游、休闲度假旅游、科普及教育旅游和回归自然旅游7种旅游模式,由于自然、人文等多种因素作用,与国际乡村旅游的8种类型(观光旅游型、休闲度假型、参与体验型、文化娱乐型、学习教育型、品尝购物型、疗养健身型、回归自然型)存在一定差异,且发展实践相对落后[5]。乡村旅游涉及相关影响因素较多,在发展过程中需要统筹兼顾各方面的相互协调,加之国内乡村旅游起步相对较晚,因而,上述发展问题尤显突出。首先,乡村旅游发展复制成本相对较低,这容易使得区域乡村旅游项目由于相互模仿而呈现千篇一律的现象,难以满足游客的休闲体验,供过于求,最终导致乡村旅游收益递减等问题。其次,乡村旅游项目相对分散,而且有体量小、总量大的特点,这使得质量控制和管理难度较大。此外,乡村旅游项目投资有限,创新发展需要外来技术支持。因而,在乡村旅游发展过程中需要政府在前期规划、中期科技创新以及后期的景点协调和客源调控等方面给予政策、技术和资金等方面的支持[6]。有学者研究杭州地区乡村旅游指出,乡村旅游发展在资金和政策上长期受到政府的大力支持,虽然目前乡村旅游发展已达到一定规模,但仍受政府支持的主导作用,只是

---

[1] 姚蔚蔚,尹启华.我国乡村旅游存在的问题及发展策略[J].农业经济,2018(1):59-61.
[2] 陈海彬.新农村建设背景下乡村旅游产业发展问题及对策建议[J].中国农业资源与区划,2016,37(12):220-225.
[3] 张树民,钟林生,王灵恩.基于旅游系统理论的中国乡村旅游发展模式探讨[J].地理研究,2012,31(11):2094-2103.
[4] 何格,胡艳梅.景区县乡村旅游可持续发展评价:以四川长宁为例[J].中国农业资源与区划,2012,33(6):85-90.
[5] 郭焕成,韩非.中国乡村旅游发展综述[J].地理科学进展,2010,29(12):1597-1605.
[6] 张捷,钟士恩,卢韶婧.旅游规划中的共性与多样性博弈:乡村旅游规划规范及示范的若干思考[J].旅游学刊,2014,29(6):10-11.

在支持内容上由原有的资金扶持逐渐转变为政策、制度和规范等的支持，此外，对于政府的经营指导以实现标准化规范化经营的需求也相对较高①。也有学者从乡村旅游者感知视角对乡村旅游发展影响因素进行探究，并指出乡土文化和乡村服务对游客乡村旅游满意度影响较大，是乡村旅游发展需要重视提升的环节②。也有学者基于DEMATEL方法研究指出，地理空间距离无法改变，使得两地距离成为影响乡村旅游发展的重要影响因素③，但交通的快速发展使得时间距离会被大大缩短，是否会对乡村旅游发展产生影响？这其中又涉及交通出行费用提高以及出行便利性等相关因素，存在一定的复杂性。乡村旅游季节特征也有学者进行研究指出，相对静态（可调节性较弱）的公共假日和相对动态（可调节性较强）的节事活动对乡村旅游季节变化影响较为显著④。还有学者以乡村旅游"动机-认知-决策-体验-重游-后悔-服务补救"为线索，指出乡村旅游主题、接待能力、旅游产品、服务水平、旅游价格和合理度等的提升有利于吸引游客，城市的推力和乡村的拉力共同作用了旅游者的乡村旅游行为⑤。

乡村旅游发展在用地方面也有较多研究。有学者对于旅游地乡村聚落用地格局演变研究指出，旅游乡村用地格局变化过程是受传统乡村功能解构和"旅游化"过程作用的，乡村用地会由传统居住型用地逐步向满足旅游者"吃、住、行、游、购、娱"等需求的复合型功能转变，过程中伴随着传统村落的萎缩和旅游村落的扩张⑥。但由于目前中国乡

---

① 王莹,许晓晓. 社区视角下乡村旅游发展的影响因子:基于杭州的调研[J]. 经济地理, 2015,35(3):203-208.

② 刘锐,卢松,邓辉. 城郊型乡村旅游地游客感知形象与行为意向关系研究:以合肥大圩镇为例[J]. 中国农业资源与区划,2018,39(3):220-230.

③ 卢小丽,赵越,王立伟. 基于DEMATEL方法的乡村旅游发展影响因素研究[J]. 资源开发与市场,2017,33(2):209-214.

④ 马世罕,戴林琳,吴必虎. 北京郊区乡村旅游季节性特征及其影响因素[J]. 地理科学进展, 2012,31(6):817-824.

⑤ 唐德荣. 乡村旅游行为研究:基于重庆市城市游客的实证分析[M]. 北京:中国农业出版社,2011.

⑥ 陈诚,金志丰. 经济发达地区乡村聚落用地模式演变:以无锡市惠山区为例[J]. 地理研究, 2015,34(11):2155-2164.

村旅游基本无科学系统组织,乡村土地利用过程缺乏前瞻性的规划、建设管理滞后、相关法律法规不健全等现象显著,造成土地资源利用不合理、土地生态意识淡薄、村庄功能单一和旅游功能匮乏等问题①②。目前在乡村旅游过程中,土地流转可以较好地解决乡村旅游用地和资金瓶颈问题,还能够激发农村劳动力市场活力。同时,乡村旅游开发集中土地经营权过程可以带来经济效益和就业岗位,驱动了乡村旅游产业的土地流转过程③。但在乡村土地旅游化流转过程中也会面临违法用地、农地非粮化和非农化等问题,该类问题通过占用、干扰、演替、边缘和累积等效应作用于农用地、建设用地和未利用地等使之产生不良变化④。也有学者通过规划手段以乡村自然和文化生态保护为约束条件进行乡村旅游用地布局,以保护乡村自然风貌、地域民俗文化⑤和发挥用地空间的最佳效益⑥。

整体来看,我国乡村旅游发展增速较快,但整体还处于较低发展水平,在发展过程中需要兼顾的自然、人文、社会以及政策因素和要解决的用地、资金、生态以及"乡村性"问题还需要进一步采取相关措施。目前对于乡村旅游及用地的相关研究成果较为丰富,乡村旅游面临的现实问题和解决对策等均有涉及,但是目前由理论转化为实践的过程还有较大难度,需要进一步探索和研究。

2. 休闲农业

国内休闲农业萌发自20世纪80年代末的深圳荔枝节。目前的研究对休闲农业的概念界定主要分为三种:一是指旅游经营形态,即在乡村

---

① 席建超,赵美风,葛全胜.旅游地乡村聚落用地格局演变的微尺度分析:河北野三坡旅游区苟各庄村的案例实证[J].地理学报,2011,66(12):1707-1717.

② 王新亚.基于乡村旅游效用的河南省农村土地资源利用研究[J].中国农业资源与区划,2017,38(6):71-76.

③ 周杨.我国土地流转与乡村旅游发展的关系研究[J].经济管理,2014,36(11):124-133.

④ 吴冠岑,牛星,许恒周.乡村旅游开发中土地流转风险的产生机理与管理工具[J].农业经济问题,2013,34(4):63-68+111.

⑤ 王建英,黄远水,邹利林,等.生态约束下的乡村旅游用地空间布局规划研究:以福建省晋江市紫星村为例[J].中国生态农业学报,2016,24(4):544-552.

⑥ 谭侠,余伟,汪瑾.苍南滨海湿地地区概念规划探析[J].规划师,2013,29(6):29-32.

范围内，通过开发乡村特有自然景观、风土人情和农耕文化等旅游资源，为游客提供旅游体验的旅游产业[1]，其产出收入的主体部分并非有形的农副产品，而是农事体验等无形产品的旅游消费[2]；二是指农业，即是以与"三农"相关的"三生"资源为依托，集农业生产、观光休闲、科普教育和生态保护等于一体的现代化农业[3]，主要是充分挖掘农业中的旅游因素，是在农业生产的基础上向游客展示农业的生态文化，协调了农业生产和旅游发展，是因地制宜建设现代农业的途径[4]；三是指新型产业，即在充分利用田园景观与乡村人文景观的基础上，结合乡村生产、文化及生活，通过旅游策划与开发，发挥乡村优势资源，满足人们休闲需求，有机融合农业与旅游业的一种新型产业[5]，是以"三农"为背景，利用乡村资源、景观及环境，依托乡村生产与文化生活，构建的具有"三生一体"与三产融合功能特性的新型产业形态[6]。休闲农业产业发展相关政策文件及内容见表2-2。

表2-2　休闲农业产业发展相关政策文件及内容

政策文件	相关内容
《全国休闲农业发展"十二五"规划》（2011-08-23）[7]	目前产业规模逐年壮大，产业类型丰富多样，发展方式逐步转变，产业品牌影响扩大，产业效益初步显现。还需要优化产业结构，扩大规模经营；创新发展模式，塑造产业特色；强化品牌建设，提升产业地位；加强队伍建设，提高经营水平和健全服务体系，增强发展后劲

---

① 郭焕成,吕明伟.我国休闲农业发展现状与对策[J].经济地理,2008(4):640-645.
② 赵毅.休闲农业发展的国际经验及其现实操作[J].改革,2011(7):96-100.
③ 张广海,包乌兰托亚.我国休闲农业产业化及其模式研究[J].经济问题探索,2012(10):30-37.
④ 张攀春.资源禀赋与贫困地区休闲农业的路径选择[J].特区经济,2012(6):162-164.
⑤ 詹玲.发展休闲农业的若干问题研究[M].北京:中国农业出版社,2009:114-116.
⑥ 范水生,朱朝枝.休闲农业的概念与内涵原探[J].东南学术,2011(2):72-78.
⑦ 农业部关于印发《全国休闲农业发展"十二五"规划》的通知[EB/OL].(2011-08-23). http://jiuban.moa.gov.cn/zwllm/ghjh/201108/t20110823_2181550.htm.

续表

政策文件	相关内容
《关于积极开发农业多种功能 大力促进休闲农业发展的通知》（2015-09-06）①	提升丰富类型和融合集聚实现优化布局，提升文化传承和创意设计实现丰富内涵，提升产业升级和利益共享实现增收脱贫，提升人员素质和设施改善实现提档升级，提升规范管理和生态保护实现有序发展，提升典型示范和氛围营造实现品牌培育 各地要将休闲农业项目用地列入土地利用总体规划和年度计划优先安排。支持农民发展农家乐，闲置宅基地整理结余的建设用地可用于休闲农业。鼓励利用村内的集体建设用地发展休闲农业，支持有条件的农村开展城乡建设用地增减挂钩试点，发展休闲农业。鼓励利用"四荒地"（荒山、荒沟、荒丘、荒滩）发展休闲农业，对中西部少数民族地区和集中连片特困地区利用"四荒地"发展休闲农业，其建设用地指标给予倾斜
《中共中央 国务院关于落实发展新理念 加快农业现代化实现全面小康目标的若干意见》（2016-01-27）②	加强乡村生态环境和文化遗存保护，发展具有历史记忆、地域特点、民族风情的特色小镇，建设一村一品、一村一景、一村一韵的魅力村庄和宜游宜养的森林景区。依据各地具体条件，有规划地开发休闲农庄、乡村酒店、特色民宿、自驾露营、户外运动等乡村休闲度假产品
《关于大力发展休闲农业的指导意见》（2016-09-01）③	加强规划引导，推进"多规合一"；丰富产品业态，发展以休闲农业为核心的一二三产业融合发展聚集村；改善基础设施，因地制宜兴建相关配套服务设施；推动产业扶贫，推进建档立卡贫困村"一村一品"产业发展；弘扬优秀农耕文化，实施中国传统工艺振兴计划；保护传统村落；培育知名品牌，开展全国休闲农业示范县（市、区）创建

---

① 关于积极开发农业多种功能 大力促进休闲农业发展的通知[EB/OL]. (2015-09-18). http://jiuban.moa.gov.cn/zwllm/tzgg/tz/201509/t20150918_4834255.htm.

② 中共中央 国务院关于落实发展新理念 加快农业现代化实现全面小康目标的若干意见[EB/OL]. (2016-01-27). http://www.gov.cn/zhengce/2016-01/27/content_5036698.htm.

③ 关于大力发展休闲农业的指导意见[EB/OL]. (2016-09-01). http://www.moa.gov.cn/govpublic/XZQYJ/201609/t20160902_5262939.htm.

续表

政策文件	相关内容
《国务院关于印发"十三五"旅游业发展规划的通知》（2016-12-26）①	加强规划引导，开展农业遗产普查与保护。大力发展观光农业和休闲农业，推动科技、人文等元素融入农业，发展田园艺术景观、阳台农艺等创意农业，发展定制农业、会展农业和众筹农业等新型农业业态。推进现代农业庄园发展，开展农耕、采摘、饲养等农事活动
《中共中央 国务院关于深入推进农业供给侧结构性改革 加快培育农业农村发展新动能的若干意见》（2017-02-05）②	多渠道筹集建设资金，大力改善休闲农业、乡村旅游、森林康养公共服务设施条件，在重点村优先实现宽带全覆盖。完善休闲农业、乡村旅游行业标准，建立健全食品安全、消防安全、环境保护等监管规范
《中共中央 国务院关于实施乡村振兴战略的意见》（2018-02-04）③	实施休闲农业和乡村旅游精品工程，建设一批设施完备、功能多样的休闲观光园区、森林人家、康养基地、乡村民宿、特色小镇。对利用闲置农房发展民宿、养老等项目，研究出台消防、特种行业经营等领域便利市场准入、加强事中事后监管的管理办法
《国务院办公厅关于促进全域旅游发展的指导意见》（2018-03-22）④	推动旅游与农业、林业、水利融合发展。大力发展观光农业、休闲农业，培育田园艺术景观、阳台农艺等创意农业，鼓励发展具备旅游功能的定制农业、会展农业、众筹农业、家庭农场、家庭牧场等新型农业业态，打造一二三产业融合发展的美丽休闲乡村。积极建设森林公园、湿地公园、沙漠公园、海洋公园，发展"森林人家""森林小镇"。科学合理利用水域和水利工程，发展观光、游憩、休闲度假等水利旅游

---

① 国务院关于印发"十三五"旅游业发展规划的通知[EB/OL].（2016-12-26）. http://www.gov.cn/zhengce/content/2016-12/26/content_5152993.htm.
② 中共中央 国务院关于深入推进农业供给侧结构性改革 加快培育农业农村发展新动能的若干意见[EB/OL].（2017-02-05）. http://www.gov.cn/zhengce/2017-02/05/content_5165626.htm.
③ 中共中央 国务院关于实施乡村振兴战略的意见[EB/OL].（2018-02-04）. http://www.xinhuanet.com/politics/2018-02/04/c_1122366449.htm.
④ 国务院办公厅关于促进全域旅游发展的指导意见[EB/OL].（2018-03-22）. http://www.gov.cn/zhengce/content/2018-03/22/content_5276447.htm.

2011年8月农业部发布的《全国休闲农业发展"十二五"规划》指出,休闲农业发展对于农业发展方式的转变、农民就业增收和推进新农村建设等具有促进作用,有利于满足城乡居民日益增长的休闲消费需求。并提出了优化产业结构和扩大规模、创新发展模式和塑造特色以及健全服务体系等主要工作任务,以及休闲农业区域布局应分布在大中城市和名胜景区周边、依山傍水逐草自然生态区、少数民族地区和传统特色农区等区域,为休闲农业发展提供科学规划标准①。2015年9月农业部发布的《关于积极开发农业多种功能 大力促进休闲农业发展的通知》分别从用地政策、财税支持、融资渠道和公共服务4个方面提出完善休闲农业发展的相关政策措施,并指出要将休闲农业纳入当地国民经济和社会发展规划,出台具体的政策措施,为休闲农业发展提供政策支持②。同年12月印发的《中共中央 国务院关于落实发展新理念 加快农业现代化实现全面小康目标的若干意见》指出,要加强乡村生态环境和文化遗存保护,依据规划因地制宜发展休闲农业③。2016年9月农业农村部发布的《关于大力发展休闲农业的指导意见》提出,要加强休闲农业规划引导,积极推进休闲农业专项规划与当地经济社会发展规划、城乡规划、土地利用规划、易地扶贫搬迁规划等的有效衔接(多规合一),并且要丰富休闲农业产品业态,改善基础设施条件和注重优秀农耕文化的继承和发扬等④。2016年11月《中国休闲农业绿皮书》发布,对国家倡导的一二三产业联动、全域旅游、绿水青山也是生产力的发展理念和全国休闲农业可持续发展产生积极作用⑤。同年12

---

① 农业部关于印发《全国休闲农业发展"十二五"规划》的通知[EB/OL].(2011-08-23). http://jiuban.moa.gov.cn/zwllm/ghjh/201108/t20110823_2181550.htm.

② 农业部关于积极开发农业多种功能 大力促进休闲农业发展的通知[EB/OL].(2015-09-18). http://jiuban.moa.gov.cn/zwllm/tzgg/tz/201509/t20150918_4834255.htm.

③ 中共中央 国务院关于落实发展新理念 加快农业现代化实现全面小康目标的若干意见[EB/OL].(2016-01-27). http://www.gov.cn/zhengce/2016/01/27/content_5036698.htm.

④ 农业农村部关于大力发展休闲农业的指导意见[EB/OL].(2016-09-01). http://www.moa.gov.cn/govpublic/XZQYJ/201609/t20160902_5262939.htm.

⑤ 《中国休闲农业绿皮书》发布 "绿色生产力"迎发展机遇[EB/OL].(2016-11-18). http://www.xinhuanet.com/fortune/2016-11/18/c_129369129.htm.

月《国务院关于印发"十三五"旅游业发展规划的通知》指出,要开展农业遗产普查与保护,大力发展观光农业和休闲农业[①]。2017年中央一号文件《中共中央 国务院关于深入推进农业供给侧结构性改革 加快培育农业农村发展新动能的若干意见》从产业发展资金筹集、基础设施建设、行业标准及规范设定等方面对休闲农业提出发展建议[②]。2018年中央一号文件《中共中央 国务院关于实施乡村振兴战略的意见》提出,实施休闲农业和乡村旅游精品工程,建设设施完备、功能多样的休闲观光园区,将休闲农业发展放在乡村振兴战略的重要位置,为其后期的发展提供战略保障[③]。2018年3月印发的《国务院办公厅关于促进全域旅游发展的指导意见》也提出大力发展观光农业和休闲农业[④]。

整体来看,休闲农业与乡村旅游发展模式较为相似,均是以乡村特有文化、景观和产业为资源依托的新型产业形态。但也有学者指出两者存在差异,前者目标在于促进农村建设和农民增收,融合了乡村发展的"三生"功能,密切联结了农业、农产品加工业和服务业,形成了横跨乡村三大产业的新型产业形态,其与旅游业存在竞争关系[⑤];而后者则主要是以乡村风貌、农耕文化、农民生活和人文遗迹等作为旅游资源依托,并且主要以城市的居民为客源市场,从而满足游客乡村观光和休闲度假等多种需求的旅游产业形态[⑥]。国内休闲农业被认定为服务"三农"的朝阳产业,其发展被划分为萌芽催生期(20世纪80—90年代的

---

① 国务院关于印发"十三五"旅游业发展规划的通知[EB/OL].(2016-12-26).http://www.gov.cn/zhengce/content/2016-12/26/content_5152993.htm.
② 中共中央 国务院关于深入推进农业供给侧结构性改革 加快培育农业农村发展新动能的若干意见[EB/OL].(2017-02-05).http://www.gov.cn/zhengce/2017-02-05/content_5165626.htm.
③ 中共中央 国务院关于实施乡村振兴战略的意见[EB/OL].(2018-02-04).http://www.xinhuanet.com/politics/2018-02/04/c_1122366449.htm.
④ 国务院办公厅关于促进全域旅游发展的指导意见[EB/OL].(2018-03-22).http://www.gov.cn/zhengce/content/2018-03/22/content_5276447.htm.
⑤ 胡亚丹,徐建华,李治洪.上海市休闲农业布局及影响因素分析[J].长江流域资源与环境,2017,26(12):2023-2031.
⑥ 王中雨.基于SWOT分析的河南省休闲农业与乡村旅游发展研究[J].农业经济.2014(3):111-112.

生态农业建设)、初步发展期(20世纪90年代至20世纪末的中国庭院经济)、快速发展期(20世纪初至2010年的农家乐和农业庄园等)、规范发展期(2010年以后的休闲农业示范村)4个发展阶段[①]。休闲农业按照区位可以被分为城市郊区型(农业基础好,交通便利)、景区周边型(临近旅游景区,农民经营意识强)、风情村寨型(民族风情浓郁,土特产品丰富)、基地带动型(农村种养基地,农业科技园区)、资源带动型(森林、湖泊、草原等自然资源丰富)5类;按照功能可以分为观光农园(花、果、茶园等观光采摘)、休闲农园(农耕文化、农家生活及农事体验)、科技农园(现代农业生产、学习、体验活动)、生态农园(以农业生态保护为目的的生态休闲、教育活动)、休闲渔园(依托水面和水产资源的垂钓、餐饮等活动)、市民农园(市民租种农田活动)、农业公园(依托农业环境和主导农业的农业景观观光、休闲活动)7类[②]。各种类型的休闲农业发展存在差异,如目前国内休闲农业的4大供给主体农家乐及农家乐专业村、休闲农庄、休闲农业园区和民俗文化村(镇):农家乐及农家乐专业村在经营主体数量上占绝对优势,但在从业人数、资产收入和经营面积等方面相对较低;休闲农业园区在从业人数、辐射带动效应和经济效益等方面有较大优势;休闲农庄作为介于农家乐和休闲农业园区的中间形式,游客接待规模相对较大;民俗文化村(镇)的现有规模较小,但发展前景相对广阔[③]。

近年来,我国休闲农业发展在政府支持和引导下取得了较为明显的成绩,但由于缺乏经验,还存在一些产业发展的相关问题。作为农业大国,我国在农业生产基础以及农业投入方面有较为明显的发展优势,但是我国社会经济环境水平整体不高,休闲农业开发适宜度水平较低,市场、资本和技术对产业发展的支持和拉动作用有待进一步提高,同时地

---

① 高志强,高倩文.休闲农业的产业特征及其演化过程研究[J].农业经济,2012(8):82-83.
② 郭焕成.我国休闲农业发展的意义、态势与前景[J].中国农业资源与区划,2010,31(1):40-42.
③ 刘红瑞,安岩,霍学喜.休闲农业的组织模式及其效率评价[J].西北农林科技大学学报(社会科学版),2015,15(2):83-89.

区差异较大,东南沿海地区休闲农业开发较为适宜,而西部和中部地区则较为困难[1]。有学者对河北省12个休闲农业旅游示范点的经济效益进行有效性实证测度,指出其休闲农业整体效率偏低,部分示范点经济效益和社会效益处于"亏量"状态[2]。目前休闲农业发展缺乏规范指导和科学规划,使得投资决策较为随意、开发过程相对盲目,造成了资源浪费、布局不合理、效益低下等问题[3]。同时,休闲农业园区管理不规范,各管理部门如农业、旅游以及其他相关部门在政策实施管理上协调不足,相关制度法规有待完善。此外,部分政府对休闲农业的扶持资金不到位,使得休闲农业发展因受到资金限制呈现规模小、档次低、品牌单一的状态[4]。而且休闲农业经营者多为农民,专业水平与素质相对较低,缺乏市场和长远发展观念,导致产业经营管理不善[5]。休闲农业目前发展基础还是以乡村景观、环境和农业资源为依托,然而在项目开发过程中,部分经营者以经济利益为重,大规模营造非农设施,使得产业发展的乡村性缺失。同时,有些游客在观光体验过程中忽视生态环境保护问题,造成生态破坏和环境污染,不利于产业的可持续发展。不同学者分别针对休闲农业发展过程中出现的问题进行了较为全面的对策分析,其中政府的政策和资金等的扶持是产业发展过程中最为迫切解决的问题,包括优惠政策的制定、管理体制的规范、发展资金的投入以及相关专业人才的培训等[6]。其他诸如开发多样化和有特色的旅游产品、提出创新经营理念、深入挖掘乡村特色文化、加强基础设施建设和服务能

---

[1] 曹盼,张润清,王健. 我国休闲农业开发适宜度评价与实证分析[J]. 广东农业科学,2013, 40(2):233-236.

[2] 孔庆书,李瑛英,师伟力. 基于DEA的河北省休闲农业评价研究:以河北省休闲农业与乡村旅游示范点为例[J]. 中国生态农业学报,2013,21(4):511-518.

[3] 洪建军,万忠,肖广江,等. 广东休闲农业发展现状、主要模式与对策探析[J]. 广东农业科学,2014,41(16):198-201+205.

[4] 陈磊,刘志青,赵邦宏. 中国休闲农业发展研究[J]. 湖北农业科学,2012,51(12):2644-2648.

[5] 王瑞红,杨立社. 西安市长安区休闲农业发展对策研究[J]. 陕西农业科学,2014,60(1):109-111.

[6] 窦华富. 健全农技推广体系 加快推动现代农业发展[J]. 世纪行,2011(9):22.

力提升等发展对策均有学者研究①②，部分措施已被应用于改善区域休闲农业发展③④。此外，土地资源的合理利用或大规模利用是休闲农业科学发展的重要保障，休闲农业用地具有双功能性（生产功能和旅游观光功能）和多样复杂性（农用地类型繁多），因此在土地利用中需要注意科学确定农业与旅游业的相互关系和发展规划，整合两个产业的用地特征及需求，制定合理的休闲农业土地利用规划⑤。

目前休闲农业发展出的相对高端的形态——田园综合体，由2017年中央一号文件首次提出：支持有条件的乡村建设以农民合作社为主要载体、让农民充分参与和受益，集循环农业、创意农业、农事体验于一体的田园综合体，通过农业综合开发等渠道开展试点示范⑥。我国的田园综合体发展现仅仅处于初级阶段，正处于酝酿和试点培育期，2017年财政部确定了河北、山西、内蒙古、江苏、浙江、福建、江西、山东、河南、湖南、广东、广西、海南、重庆、四川、云南、陕西、甘肃18个省份开展田园综合体建设试点⑦。相关研究指出，国内"田园综合体"建设主要包括优势特色农业产业园区、文化创意带动三产融合发展、都市近郊型现代农业观光园和农业创意与农事体验型4种模式，多运用了因地制宜、百花齐放的发展理念和特色⑧。

整体来看，国内休闲农业发展与乡村旅游有一定的交叉性和相似

---

① 颜文华.休闲农业旅游产品开发模式创新研究[J].中国农业资源与区划,2015,36(7)：123-128.

② 黄宇.西安休闲农业可持续发展能力评价与分析[J].中国农业资源与区划,2015,36(6)：158-163.

③ 刘秀珍.基于农业可持续发展的休闲农业旅游问题与对策分析:以广东省为例[J].中国农业资源与区划,2016,37(10)：101-105.

④ 朱华武,张好记,傅志强,等.湖南省休闲农业发展战略与空间布局探讨[J].经济地理,2013,33(6)：132-134+154.

⑤ 程叙,雷燚,杨晓霞,等.休闲农业用地浅议[J].安徽农业科学,2006(13)：3217-3218.

⑥ 中共中央 国务院关于深入推进农业供给侧结构性改革 加快培育农业农村发展新动能的若干意见[EB/OL].(2017-02-05).http://www.gov.cn/zhengce/2017-02/05/content_5165626.htm.

⑦ 财政部关于开展田园综合体建设试点工作的通知[EB/OL].(2017-05-24).http://www.mof.gov.cn/mofhome/guojianongcunzonghekaifa/zhengwuxinxi/zhengcefabu/xiangmuguanlilei/201706/t20170601_2613307.html#.

⑧ 卢贵敏.田园综合体试点:理念、模式与推进思路[J].地方财政研究,2017(7)：8-13.

性，发展水平有待提高，还需要在政策、资金、发展模式和人才培养等方面给予相关支持。目前对于休闲农业的研究较为丰富，在休闲农业概念界定、发展模式、面临困境以及用地管理等方面均有涉及，还需要在休闲农业建设中不断实践，一方面是检验相关理论的正确性，另一方面是促进休闲农业发展、激发乡村活力。

3. 现代农业

阶段论将历史上农业区分为原始农业（主要依靠人力和原始工具）、传统农业（主要依靠畜力和非石油动力机械）和现代农业（主要依靠现代科学技术及先进技术装备、方法等），农业现代化过程就是改造传统农业的过程[1]。不同学者依据现代农业的内涵对其给出了不同的定义，但均认同科学技术在现代农业中的重要作用。2007年中央一号文件指出，"要用现代物质条件装备农业，用现代科学技术改造农业，用现代产业体系提升农业，用现代经营形式推进农业，用现代发展理念引领农业，用培养新型农民发展农业，提高农业水利化、机械化和信息化水平，提高土地产出率、资源利用率和农业劳动生产率，提高农业素质、效益和竞争力。建设现代农业的过程，就是改造传统农业、不断发展农村生产力的过程，就是转变农业增长方式、促进农业又好又快发展的过程"，明确了我国现代农业建设的目标、途径和方法[2]。现代农业产业发展相关政策文件及内容见表2-3。

---

[1] 李燕凌, 汤庆熹. 我国现代农业发展现状及其战略对策研究[J]. 农业现代化研究, 2009, 30(6):641-645.

[2] 中共中央 国务院关于积极发展现代农业 扎实推进社会主义新农村建设的若干意见[EB/OL]. (2006-12-31). http://www.gov.cn/gongbao/content/2007/content_548921.htm.

表 2-3 现代农业产业发展相关政策文件及内容

政策文件	相关内容
《中共中央 国务院关于积极发展现代农业 扎实推进社会主义新农村建设的若干意见》(2006-12-31)①	加大对"三农"的投入力度,建立促进现代农业建设的投入保障机制;加快农业基础建设,提高现代农业的设施装备水平;推进农业科技创新,强化建设现代农业的科技支撑;开发农业多种功能,健全发展现代农业的产业体系;健全农村市场体系,发展适应现代农业要求的物流产业;培养新型农民,造就建设现代农业的人才队伍;深化农村综合改革,创新推动现代农业发展的体制机制;加强党对农村工作的领导,确保现代农业建设取得实效
《全国现代农业发展规划(2011—2015年)》(2012-02-13)②	现代农业发展重点任务:完善现代农业产业体系;强化农业科技和人才支撑;改善农业基础设施和装备条件;增强农产品质量安全保障能力;提高农业产业化和规模化经营水平;大力发展农业社会化服务;加强农业资源和生态环境保护;创建国家现代农业示范区。 现代农业发展重点区域:(1)重点推进区域。包括东北平原、黄淮海平原、长江流域、汾渭平原、河套灌区、华南、甘肃新疆等"七区二十三带"的主要区域。(2)率先实现区域。包括环渤海、长江三角洲、珠江三角洲地区和海峡西岸经济区等发达地区,以及沿海地区以外的直辖市、省会城市等大城市郊区和大型集团化垦区。(3)稳步发展区域。主要指草原生态经济区,包括北方干旱半干旱草原地区和青藏高原草原地区,涉及内蒙古、四川、西藏、甘肃、青海、新疆等13个省(区)

---

① 中共中央 国务院关于积极发展现代农业 扎实推进社会主义新农村建设的若干意见[EB/OL]. (2006-12-31). http://www.gov.cn/gongbao/content/2007/content_548921.htm.
② 国务院关于印发《全国现代农业发展规划(2011 – 2015年)》的通知[EB/OL]. (2012-02-13). http://www.gov.cn/zwgk/2012-02/13/content_2062487.htm.

续表

政策文件	相关内容
《中共中央 国务院关于加快发展现代农业 进一步增强农村发展活力的若干意见》(2012-12-31)[1]	建立重要农产品供给保障机制，努力夯实现代农业物质基础；健全农业支持保护制度，不断加大强农惠农富农政策力度；创新农业生产经营体制，稳步提高农民组织化程度；构建农业社会化服务新机制，大力培育发展多元服务主体；改革农村集体产权制度，有效保障农民财产权利；改进农村公共服务机制，积极推进城乡公共资源均衡配置；完善乡村治理机制，切实加强以党组织为核心的农村基层组织建设
《关于加大改革创新力度 加快农业现代化建设的若干意见》(2015-02-01)[2]	围绕建设现代农业，加快转变农业发展方式：不断增强粮食生产能力；深入推进农业结构调整；提升农产品质量和食品安全水平；强化农业科技创新驱动作用；创新农产品流通方式；加强农业生态治理；提高统筹利用国际国内两个市场两种资源的能力。推进农村一二三产业融合发展。大力发展特色种养业、农产品加工业、农村服务业，扶持发展一村一品、一乡（县）一业
《中共中央 国务院关于落实发展新理念 加快农业现代化实现全面小康目标的若干意见》(2016-01-27)[3]	持续夯实现代农业基础，提高农业质量效益和竞争力（一二三产业融合发展）：大规模推进高标准农田建设；大规模推进农田水利建设；强化现代农业科技创新推广体系建设；加快推进现代种业发展；发挥多种形式农业适度规模经营引领作用；加快培育新型职业农民；优化农业生产结构和区域布局；统筹用好国际国内两个市场、两种资源

---

[1] 中共中央 国务院关于加快发展现代农业 进一步增强农村发展活力的若干意见[EB/OL].(2012-12-31). http://www.gov.cn/gongbao/content/2013/content_2332767.htm.

[2] 中共中央 国务院关于加大改革创新力度 加快农业现代化建设的若干意见[EB/OL].(2015-02-01). http://www.gov.cn/zhengce/2015-02/01/content_2813034.htm.

[3] 中共中央 国务院关于落实发展新理念 加快农业现代化实现全面小康目标的若干意见[EB/OL].(2016-01-27). http://www.gov.cn/zhengce/2016-01/27/content_5036698.htm.

续表

政策文件	相关内容
《中共中央 国务院关于深入推进农业供给侧结构性改革 加快培育农业农村发展新动能的若干意见》(2017-02-05)①	强化科技创新驱动，引领现代农业加快发展：加强农业科技研发；强化农业科技推广；完善农业科技创新激励机制；提升农业科技园区建设水平；开发农村人力资源
《国务院关于构建现代农业体系 深化农业供给侧结构性改革工作情况的报告》(2018-04-25)②	目前现代农业发展粮食产量连续5年超过1.2万亿斤，产需结构平衡水平稳步提高，绿色优质农产品供给明显增多，新产业、新业态、新动能加快成长壮大，农业资源环境突出问题得到初步遏制，现代农业建设迈出新步伐。多种形式适度规模经营稳步发展，农村经济体制改革的"四梁八柱"基本建立。但仍旧存在农产品供给结构性问题、农业质量效益不高、农业国际竞争力较弱、农业绿色发展任重道远和农民增收压力较大等问题。还需要坚持稳定产能，确保国家粮食安全；坚持质量第一，推进质量兴农、品牌强农；坚持市场导向，加快构建现代农业产业体系；坚持科技支撑，补齐现代农业生产体系短板；坚持效益优先，健全完善现代农业经营体系；坚持绿色导向，提高农业可持续发展水平；坚持深化改革，激活农村资源要素
《中共中央 国务院关于坚持农业农村优先发展 做好"三农"工作的若干意见》(2019-01-03)③	大力发展现代农产品加工业。以"粮头食尾""农头工尾"为抓手，支持主产区依托县域形成农产品加工产业集群，尽可能把产业链留在县域，改变农村卖原料、城市搞加工的格局。支持发展适合家庭农场和农民合作社经营的农产品初加工，支持县域发展农产品精深加工，建成一批农产品专业村镇和加工强县。统筹农产品产地、集散地、销地批发市场建设，加强农产品物流骨干网络和冷链物流体系建设。培育农业产业化龙头企业和联合体，推进现代农业产业园、农村产业融合发展示范园、农业产业强镇建设。健全农村一二三产业融合发展利益联结机制，让农民更多分享产业增值收益

① 中共中央 国务院关于深入推进农业供给侧结构性改革 加快培育农业农村发展新动能的若干意见[EB/OL].(2017-02-05). http://www.gov.cn/zhengce/2017-02/05/content_5165626.htm.
② 韩长赋.国务院关于构建现代农业体系 深化农业供给侧结构性改革工作情况的报告[EB/OL].(2018-04-25). http://www.npc.gov.cn/npc/xinwen/2018-04/25/content_2053564.htm.
③ 中共中央 国务院关于坚持农业农村优先发展 做好"三农"工作的若干意见[EB/OL].(2019-01-03). http://www.xinhuanet.com/2019-02/19/c_1210063174.htm.

第二章 国内外农村新产业新业态发展及用地情况

2012年1月国务院发布实施《全国现代农业发展规划（2011—2015年）》，指出"加快发展现代农业，既是转变经济发展方式、全面建设小康社会的重要内容，也是提高农业综合生产能力、增加农民收入、建设社会主义新农村的必然要求"。并提出从完善产业体系、强化科技和人才支撑、改善基础设施和装备条件等方面发展现代农业的重点任务和现代农业发展重点的区域[1]。2013年中央一号文件《中共中央 国务院关于加快发展现代农业 进一步增强农村发展活力的若干意见》指出，加大农村改革、政策扶持和科技驱动力度，围绕现代农业建设，以优越的农村基本经营制度为基础，着力构建集约化、专业化、组织化、社会化相结合的新型农业经营体系，进一步解放和发展农村社会生产力，促进农业农村发展。并且从农产品供给保障机制、农业支持保护制度、农业生产经营体制、农业社会化服务机制、农村集体产权制度、农村公共服务机制、乡村治理机制7个方面提出创新和改革要求，为现代农业的发展提供政策和制度保障[2]。2015年2月《中共中央 国务院关于加大改革创新力度 加快农业现代化建设的若干意见》指出，建设现代农业需要加快转变农业发展方式，并从粮食增产、农业结构调整和提升农业科技与农产品质量等方面给出发展意见[3]。2016年和2017年中央一号文件均强调科技创新驱动以及乡村人力资源发展对现代农业的重要作用[4][5]。2018年4月《国务院关于构建现代农业体系 深化农业供给侧结构性改革工作情况的报告》提出，实施农业竞争力提升科技行动、现代种业提升工程、主要农作物生产全程机械化推进行动以及

---

[1] 国务院关于印发全国现代农业发展规划(2011—2015年)的通知[EB/OL].(2012-02-13). http://www.gov.cn/zwgk/2012-02/13/content_2062487.htm.

[2] 中共中央 国务院关于加快发展现代农业 进一步增强农村发展活力的若干意见[EB/OL].(2012-12-31). http://www.gov.cn/gongbao/content/2013/content_2332767.htm.

[3] 中共中央 国务院关于加大改革创新力度 加快农业现代化建设的若干意见[EB/OL].(2015-02-01). http://www.gov.cn/zhengce/2015-02/01/content_2813034.htm.

[4] 中共中央 国务院关于落实发展新理念 加快农业现代化 实现全面小康目标的若干意见[EB/OL].(2016-02-29). http://www.gov.cn/gongbao/2016-02/29/content_5045927.htm.

[5] 中共中央 国务院关于深入推进农业供给侧结构性改革 加快培育农业农村发展新动能的若干意见[EB/OL].(2017-02-05). http://www.gov.cn/zhengce/2017-02/05/content_5165626.htm.

"互联网+"现代农业行动,进一步改善农业物质装备科技条件,并在制度改革、政策完善和金融保障等方面给予现代农业发展支持。同时指出,农业供给侧结构性改革仍旧存在农产品供给结构性问题、农业质量效益不高、农业国际竞争力较弱、农业绿色发展不足、农民增收压力大等问题,还需要进一步推进农业供给侧结构性改革,加快农业生产方式转变,大力发展乡村新型经营主体、产业和业态等,促进三产融合发展,拓宽农民增收渠道,加快推进农业农村现代化[①]。

整体来看,现代农业对于农产品产量与质量提高,对于劳动生产率、农业效益以及农民收入的提升等都具有积极作用[②]。改革开放以来,中国现代农业发展水平整体上处于上升趋势[③],粮食总产量已从2004年的4.31亿吨增加到2015年6.21亿吨,实现了十二连增[④]。但也应看到在现代农业快速发展的同时,与之相关的许多弊端和问题也接踵而来:目前环境污染和农产品质量和安全等问题较为突出[⑤];农户兼业化、乡村空心化和人口老龄化等问题发展趋势明显[⑥],造成农业经营主体老化、素质不高、规模较小以及产业组织虚弱等产业发展障碍;包括城乡区域发展和居民收入分配差距问题也使得现代农业发展水平较低,且提升困难。同时我国现代农业发展地区差异明显,有学者将我国现代农业发展细分为三个阶段:初步实现(调整农作物经营品种、发挥区域比较优势、提高农产品竞争力)、基本实现(发展绿色高效农业、优化农作物品种结构、促进农业产业升级)和全面实现(建立资源节约型农业、扶持农村非农产业、引导农村和谐发展)3个阶段,认为可将

---

① 韩长赋. 国务院关于构建现代农业体系 深化农业供给侧结构性改革工作情况的报告[EB/OL]. (2018-04-25). http://www.npc.gov.cn/npc/xinwen/2018-04/25/content_2053564.htm.
② 刘志澄. 加快现代农业建设[J]. 农业经济问题,2003(4):4-8+79.
③ 辛岭,蒋和平. 我国农业现代化发展水平评价指标体系的构建和测算[J]. 农业现代化研究,2010,31(6):646-650.
④ 彭小辉,史清华,朱喜. 中国粮食产量连续增长的源泉[J]. 农业经济问题,2018(1):97-109.
⑤ 陆泗进,魏复盛,吴国平,等. 我国农产品产地生态环境状况与农产品安全研究进展[J]. 食品科学,2014,35(23):313-319.
⑥ 金鑫. 美丽乡村建设背景下的传统文化保护[J]. 重庆社会科学,2018(6):68-75.

我国现代农业发展划分为4大类：西部地区农业发展处于传统农业转型期过渡到现代农业初步实现阶段；东北地区农业发展处于现代农业初步实现阶段；中部地区农业发展处于现代农业初步实现阶段过渡到现代农业基本实现阶段；东部地区农业发展正在进入现代农业基本实现阶段[1]。而且现代农业发展类型繁多，如服务型农业（会展农业、创意农业、阳台农业等）、创新型农业（生物农业、智慧农业、农业大数据等）、社会化农业（农业众筹、订单农业、社区支持农业、农村农业服务等）、内部融合型农业（生态农业）和综合型农业（工厂化农业）等[2]，发展模式的多元化在一定程度上说明现代农业发展成效显著，但也会在管理和运营上存在各种问题，诸如设施农业机械化程度的提高会导致能源的巨大消耗、生物农业科技水平还不够成熟、技术转化滞后以及创新成果潜在科技风险等问题。也有学者指出，工业化和城市化发展过程中的政策和资源等向城市和二、三产业倾斜过多，导致了工农发展不均衡，阻碍了现代农业的可持续发展[3]。

部分学者基于现代农业发展的现实问题，对产业发展的路径和对策进行了较为全面的探讨，主要包括进行发展机制与体制创新[4]、加大政策扶持和资金支持、加强农业基础设施建设、完善现代农业管理和保障体系[5]、注重产业发展过程中的自然和生态环境治理和保护[6]以及培训和提高农村劳动者专业技能和素质[7]等。也有学者指出，建设现代农业园区，构建包含科技加农业的生产功能、旅游加农业的游憩功能、生态加农业的生态功能等的多元化农业。基于"农业+"模式和三产融合

---

[1] 施晟,卫龙宝,伍骏骞. 中国现代农业发展的阶段定位及区域聚类分析[J]. 经济学家,2012(4):63-69.
[2] 陈慈,陈俊红,龚晶,等. 当前农业新业态发展的阶段特征与对策建议[J]. 农业现代化研究,2018,39(1):48-56.
[3] 王英姿. 中国现代农业发展要重视舒尔茨模式[J]. 农业经济问题,2014,35(2):41-44.
[4] 张克俊,张娜敏,伍红玮. 现代农业产业技术体系建设的制度创新特征、问题及对策建议[J]. 农村经济,2014(11):37-41.
[5] 白云,关利平. 城市群区域现代农业发展的问题及对策[J]. 经济纵横,2015(12):60-63.
[6] 徐萍,卫新,王美青,等. 浙江省现代农业发展的现状、问题与对策研究[J]. 中国农学通报,2009,25(12):287-291.
[7] 金雯. 江苏现代农业发展现状与对策建议[J]. 江苏农业科学,2008(2):13-15.

理念进行整合，实现科研、试验、培训、创意、会展等服务于一体，拓展新业态，延伸产业链①②。还有学者借鉴中国台湾地区现代农业发展经验指出，农业发展需要更新发展理念，将现代农业发展核心定位在优质、高效、生态以及安全等方面，进行市场化农业发展，注重农产品的品牌建设和农业生产过程中的经济与生态效益的协调统一③，同时不断完善社会化服务和金融体系，发展产学研相结合模式④等。关于现代农业发展在用地，有研究指出，经营模式的创新是建设现代农业的核心。我国以分散经营为主的农业基本国情要求，必须不断创新农地使用制度，即通过农村土地承包经营权的有序流转，才能发展规模经营⑤。同时国家对于新型乡村产业的土地利用政策支持力度较强，鼓励新型经营主体利用"四荒地"开展农村产业融合活动，对新型经营组织的生产设施用地、附属设施用地和配套设施用地问题予以妥善解决，并且提出适当提高设施农用地规模，支持和引导土地经营权有序流转⑥，对于现代农业发展具有较强促进作用。2014年10月印发的《国土资源部 农业部关于进一步支持设施农业健康发展的通知》从生产设施用地、附属设施用地和配套设施用地3方面科学界定了设施农用地范围，并对控制附属设施和配套设施用地规模，引导设施建设合理选址，规范设施农用地使用等方面内容进行相关部署⑦。

从整体来看，我国现代农业发展较为多样，各类型发展现状存在差

---

① 赵之枫. 基于互动理念的现代农业园区规划研究[J]. 城市规划,2013(11):34-38.
② 黄学群,李瑾,宋建辉,等. 天津现代农业园区发展模式与对策研究[J]. 中国农业资源与区划,2012,33(6):79-84.
③ 叶春近,司嵬. 中国台湾地区现代农业发展经验及启示[J]. 世界农业,2017(10):216-220+225.
④ 刘军. 台湾发展现代农业的主要做法与经验借鉴[J]. 中国人口·资源与环境,2016,26(S1):456-459.
⑤ 曾福生. 中国现代农业经营模式及其创新的探讨[J]. 农业经济问题,2011,32(10):4-10+110.
⑥ 国家发展改革委宏观院和农经司课题组. 推进我国农村一二三产业融合发展问题研究[J]. 经济研究参考,2016(4):3-28.
⑦ 国土资源部 农业部关于进一步支持设施农业健康发展的通知[EB/OL]. (2014-10-17). http://www.mlr.gov.cn/zwgk/zytz/201410/t20141017_1332632.htm.

距,总体处于较低水平,且地区差异较大;部分现代农业类型不具有普遍适用性,专业化程度和科技水平要求较高;政策引导、资金投入和专业人员的培训等仍是解决现代农业发展现实问题的重要手段;政府对于乡村农业用地的倾斜态势明显,有利于现代农业的进一步提升与发展。

4. 乡村电商与物流产业

乡村电商是指通过网络平台嫁接各种资源用于服务乡村,拓展乡村信息服务业务和服务领域的新的产业形势。乡村物流是指为村民的生产、生活以及其他经济活动提供运输、搬运、装卸、包装、加工、仓储等相关活动,其主要解决乡村产品流通问题。乡村电商与物流产业在农业现代化进程以及互联网等信息技术推动下,不断发展壮大,淘宝、京东、苏宁等电商平台在乡村推广效果显著。据统计,2017年,全国农村网络零售额达到12448.8亿元,网店达985.6万家,带动超过2800万人就业[1]。单个网店年均零售额达到约12.6万元,带动2.8人就业,乡村电商对乡村发展带动作用明显。2017年已有淘宝村("淘宝村"的认定标准是:交易场所以行政村为单元;村电子商务年交易额1000万元以上;村活跃网店数量达100家以上或活跃网店数量占当地家庭户数的10%以上)数超过2100个,覆盖全国24个省(自治区、直辖市),其中浙江(779个)、江苏(411个)和山东(262个)三省拥有淘宝村数最多[2]。京东通过"县级服务中心+京东帮"、京东农村金融和与地方政府合作3个方式布局乡村电商平台,在物流、金融和市场渠道等方面均扩大了其乡村电商领域[3]。乡村电商和物流产业的快速发展,不仅拓宽了电商和物流产业的发展渠道,而且大大激活了农村市场经济。乡村电商与物流产业发展相关政策文件及内容见表2-4。

---

[1] 商务部例行新闻发布会[EB/OL].(2018-01-25).http://www.mofcom.gov.cn/xwfbh/20180125.shtml.

[2] 中国淘宝村研究报告(2017)[EB/OL].(2017-12-18).http://b2b.toocle.com/detail-6429043.html.

[3] 王超,龙飞扬."一村一品一店"农村电商发展模式浅析:以江苏宿迁市宿豫区为例[J].江苏农业科学,2017,45(4):293-295.

表 2-4　乡村电商与物流产业发展相关政策文件及内容

政策文件	相关内容
《中共中央　国务院关于加大改革创新力度　加快农业现代化建设的若干意见》（2015-02-01）①	创新农产品流通方式。支持电商、物流、商贸、金融等企业参与涉农电子商务平台建设。开展电子商务进农村综合示范
《中共中央　国务院关于落实发展新理念　加快农业现代化实现全面小康目标的若干意见》（2016-01-27）②	加快农产品批发市场升级改造，完善流通骨干网络，加强粮食等重要农产品仓储物流设施建设。完善跨区域农产品冷链物流体系，开展冷链标准化示范，实施特色农产品产区预冷工程。推动公益性农产品市场建设。支持农产品营销公共服务平台建设。开展降低农产品物流成本行动。促进农村电子商务加快发展，形成线上线下融合、农产品进城与农资和消费品下乡双向流通格局。加强商贸流通、供销、邮政等系统物流服务网络和设施建设与衔接，加快完善县乡村物流体系。实施"快递下乡"工程。鼓励大型电商平台企业开展农村电商服务，支持地方和行业健全农村电商服务体系。建立健全适应农村电商发展的农产品质量分级、采后处理、包装配送等标准体系。深入开展电子商务进农村综合示范。加大信息进村入户试点力度
《乡村旅游扶贫工程行动方案》（2016-08-11）③	依托乡村旅游发展带动农副土特产品销售，支持乡村旅游扶贫重点村在邻近的重点景区景点、高速公路服务区、主要交通干道旅客集散点等设立农副土特产品销售专区。开展旅游电商万村千店行动，优先支持有条件的重点村利用已有资源建设旅游扶贫电商平台，组织实施贫困地区"一村一店""旅游淘宝村""旅游扶贫村+特色馆"立体扶贫，依托村民中心、超市等营业场所建设电商服务站点，支持各大电商平台开展旅游电商扶贫行动，为贫困地区开设扶贫频道，开展在线宣传推广、特产销售、旅游线路营销

---

①　中共中央　国务院关于加大改革创新力度　加快农业现代化建设的若干意见[EB/OL]．(2015-02-01)．http://www.gov.cn/zhengce/2015-02/01/content_2813034.htm．
②　中共中央　国务院关于落实发展新理念　加快农业现代化实现全面小康目标的若干意见[EB/OL]．(2016-01-27)．http://www.gov.cn/zhengce/2016-01/27/content_5036698.htm．
③　关于印发乡村旅游扶贫工程行动方案的通知[EB/OL]．(2016-08-11)．http://www.cpad.gov.cn/art/2016/8/11/art_1747_672.html．

续表

政策文件	相关内容
《中共中央 国务院关于深入推进农业供给侧结构性改革 加快培育农业农村发展新动能的若干意见》（2017-02-05）[①]	促进新型农业经营主体、加工流通企业与电商企业全面对接融合，推动线上线下互动发展。加快建立健全适应农产品电商发展的标准体系。支持农产品电商平台和乡村电商服务站点建设。推动商贸、供销、邮政、电商互联互通，加强从村到乡镇的物流体系建设，实施快递下乡工程。深入实施电子商务进农村综合示范。鼓励地方规范发展电商产业园，聚集品牌推广、物流集散、人才培养、技术支持、质量安全等功能服务。全面实施信息进村入户工程，开展整省推进示范。完善全国农产品流通骨干网络，加快构建公益性农产品市场体系，加强农产品产地预冷等冷链物流基础设施网络建设，完善鲜活农产品直供直销体系。推进"互联网+"现代农业行动
《中共中央 国务院关于实施乡村振兴战略的意见》（2018-02-04）[②]	建设现代化农产品冷链仓储物流体系，打造农产品销售公共服务平台，支持供销、邮政及各类企业把服务网点延伸到乡村健全农产品产销稳定衔接机制，大力建设具有广泛性的促进农村电子商务发展的基础设施，鼓励支持各类市场主体创新发展基于互联网的新型农业产业模式，深入实施电子商务进农村综合示范，加快推进农村流通现代化
《中共中央 国务院关于坚持农业农村优先发展 做好"三农"工作的若干意见》（2019-02-19）[③]	实施数字乡村战略。深入推进"互联网+农业"，扩大农业物联网示范应用。推进重要农产品全产业链大数据建设，加强国家数字农业农村系统建设。继续开展电子商务进农村综合示范，实施"互联网+"农产品出村进城工程。全面推进信息进村入户，依托"互联网+"推动公共服务向农村延伸

---

① 中共中央 国务院关于深入推进农业供给侧结构性改革 加快培育农业农村发展新动能的若干意见［EB/OL］.（2017-02-05）. http://www.gov.cn/zhengce/2017-02/05/content_5165626.htm.

② 中共中央 国务院关于实施乡村振兴战略的意见［EB/OL］.（2018-02-04）. http://www.xinhuanet.com/politics/2018-02/04/c_1122366449.htm.

③ 中共中央 国务院关于坚持农业农村优先发展 做好"三农"工作的若干意见［EB/OL］.（2019-02-19）. http://www.xinhuanet.com/2019-02/19/c_1210063174.htm.

从2015年中央一号文件提出要支持电商、物流、商贸、金融等企业参与涉农电商平台建设，开展电商进农村综合示范开始，国家对于乡村电商和物流产业的政策支持不断加强①。2016年中央一号文件提出，建设农产品营销公共服务平台，降低农产品物流成本。构建线上线下融合和农产品进城与农资和消费品下乡双向流通格局促进乡村电商快速发展，建设商贸流通、供销、邮政等系统物流服务网络和设施完善县乡村物流体系，并实施"快递下乡"工程。鼓励大型电商平台企业开展农村电商服务，支持地方和行业健全农村电商服务体系和适应农村电商发展的农产品质量分级、采后处理、包装配送等标准体系，深入开展电子商务进农村综合示范②。2016年8月印发的《乡村旅游扶贫工程行动方案》也提出，建设旅游扶贫电商平台，组织实施贫困地区"一村一店""旅游淘宝村""旅游扶贫村+特色馆"立体扶贫，为乡村旅游发展进一步拓宽渠道③。2017年中央一号文件提出，促进新型农业经营主体、加工流通企业与电商企业全面对接融合，推动线上线下互动发展。进一步建立健全适应农产品电商发展的标准体系，建设农产品电商平台和乡村电商服务站点。推动商贸、供销、邮政、电商互联互通，深入完善从村到乡镇的物流体系，促进快递下乡工程进一步发展，并深入实施电子商务进农村综合示范。鼓励地方规范发展电商产业园，进行多功能服务。完善全国农产品流通骨干网络，完善鲜活农产品直供直销体系，推进"互联网+"现代农业行动④。2018年中央一号文件也指出，建设现代化农产品冷链仓储物流体系，打造农产品销售公共服务平台，支持供销、邮政及各类企业把服务网点延伸到乡村健全农产品产销稳定衔接机制，大力建设具有广泛性的促进农村电子商务发展的基础设施，鼓励支

---

① 中共中央 国务院关于加大改革创新力度加快农业现代化建设的若干意见[EB/OL]. (2015-02-01). http://www.gov.cn/zhengce/2015-02/01/content_2813034.htm.
② 中共中央 国务院关于落实发展新理念加快农业现代化 实现全面小康目标的若干意见[EB/OL]. (2016-02-29). http://www.gov.cn/gongbao/2016-02/29/content_5045927.htm.
③ 关于印发乡村旅游扶贫工程行动方案的通知[EB/OL]. (2016-08-11). http://www.cpad.gov.cn/art/2016/8/11/art_1747_672.html.
④ 中共中央 国务院关于深入推进农业供给侧结构性改革 加快培育农业农村发展新动能的若干意见[EB/OL]. (2017-02-05). http://www.gov.cn/zhengce/2017-02/05/content_5165626.htm.

持各类市场主体创新发展基于互联网的新型农业产业模式,深入实施电子商务进农村综合示范,加快推进农村流通现代化①。

目前国内的乡村电商仍处于探索阶段,主要特征表现为草根创业、作坊式生产、同种产业集聚和协同发展特点。目前乡村电商发展问题较多,总结来看主要表现为:农民对于电商发展思想观念转变较慢,在乡村推广阻碍较多;涉及农村、农产品等的相关网站较少,且专业水平相对较低;乡村电商基础设施较为薄弱,网络通信等有待进一步完善;乡村电商专业人才缺乏,且农民上网数量少,文化水平普遍较低,需要进行相关知识的普及等②。也有学者指出,农村电商发展的核心问题是人才和消费市场不足,农村人口大量流失导致乡村空心化是乡村产业发展缓慢的症结所在,因此乡村电商的持续发展需要同时发展农村网购网销,人才吸引和需求创造是其"双驱动力"③。不同地区乡村电商发展也存在差异:有学者对四川乡村电商研究指出四川乡村电商呈现"电商集聚园区""物流企业+农村网点+电商服务企业""农产品流通企业+万村千乡承办企业合作共建""电子商务团队服务""农村电商与脱贫攻坚深度融合发展""农村电商与农村金融融合发展"农旅融合电商模式等7种特色发展模式。目前产业发展仍存在基础设施不完善、线上交易质量保障体系不健全、资源和力量整合不够、金融支持力度不够、专业人才不足等问题,还需要实施针对性的发展对策④。有学者对湖南省乡村电商和物流协同发展进行研究发现:乡村电商与物流需求释放与需求拉动不足,即农产品网购需求较大,但网购普及率不高;供给过剩与供给短缺并存,即农产品质量难以保障,呈现高品质产品供给不足,低品质产品供给过剩;发展模式简单与发展动能缺乏,即乡村电商目前规模小、发展不规范、同质化经营严重,而且与物流配送融合困

---

① 中共中央 国务院关于实施乡村振兴战略的意见[EB/OL].(2018-02-04).http://www.xinhuanet.com/politics/2018-02/04/c_1122366449.htm.
② 李华龙,张银银,江冰,等.我国农村电子商务发展文献综述[J].商场现代化,2017(16):34-35.
③ 张柯.农村电商"双驱模式"路径探索[J].商业经济研究,2016(12):160-162.
④ 刘可,庞敏,刘春晖.四川农村电子商务发展情况调查与思考[J].农村经济,2017(12):108-113.

难，无法做到线上线下的"无缝联结"①。有学者对江苏省宿迁市宿豫区"一村一品一店"农村电商发展模式研究指出，该地区本土特色农产品品牌已初步形成，依托京东电商平台，聚合相关政策，乡村电商发展良好，但目前仍存在政策不够完善、产品结构不优、品牌影响不大等问题，还需要实施乡村特色产业优化，网络销售载体和多元销售主体建设等相关措施②。也有学者对山东和江苏等的研究指出，人才紧缺且专业素质不高、基础和配套设施不完善、同质化严重、产品质量缺乏保障等问题③④，进一步说明乡村电商发展问题较为普遍，需要进一步探索乡村电商发展新模式。

还有较多学者对"淘宝村"的发展模式和空间分布进行研究指出：中国淘宝村数量增速在放缓，但聚集程度不断增强，以江浙沪为核心形成圈层扩散结构；空间分布上呈现由东向西数量逐步减少，"秦岭—淮河"一线两侧"南多北少"。在全国和省域尺度呈现明显扩散特征，而市域则表现为集聚特征；其中浙江省"淘宝村"数量最多，仅台州、温州和金华3市占全国淘宝村数量的四分之一左右⑤。有学者对其驱动因素进行分析，指出"淘宝村"快速发展与互联网行业发展、政府政策支持和相关资源投入极度相关。同时，"邻里效应"和"商业文化传统"以及具有商业经营思维的高水平人才等社会因素对"淘宝村"的发展也具有一定的促进作用⑥⑦。有学者研究发现，"淘宝村"因自然和

---

① 黄福华,龚瑞风,蒋雪林. 农村电商与农村物流协同发展模式研究:以湖南省为例[J]. 商业经济研究,2017(22):114-116.
② 王超,龙飞扬."一村一品一店"农村电商发展模式浅析——以江苏宿迁市宿豫区为例[J]. 江苏农业科学,2017,45(4):293-295.
③ 王波,王兴帅. 新常态下农村电商发展研究——以山东省为例[J]. 商业经济研究,2018(3):160-163.
④ 胡永盛. 江苏农村电商典型模式分析与创新探讨[J]. 江苏农业科学,2017,45(20):319-321.
⑤ 赵军阳,丁疆辉,王新宇. 不同尺度下中国"淘宝村"时空分布及演变特征[J]. 世界地理研究,2017,26(6):73-82.
⑥ 徐智邦,王中辉,周亮,等. 中国"淘宝村"的空间分布特征及驱动因素分析[J]. 经济地理,2017,37(1):107-114.
⑦ 辛向阳,乔家君. 淘宝村集聚的时空演变及形成机制[J]. 地域研究与开发,2018,37(1):11-15+30.

人文条件的差异，其发展模式差别较大，指出经济基础较好、贴近市场的淘宝村经济偏向以工业生产发展本地经济，而偏远地区、经济基础薄弱的淘宝村则主要依靠本地的农业禀赋、传统资源与文化等优势。并指出现行电商发展模式存在较多隐患，提出乡村电商的"共生"发展模式①。

国内目前乡村物流发展模式主要包括邮政物流模式、以地级市为物流枢纽的农村物流园区模式、连锁超市主导型模式、契约型模式和借助于农村客运汽车站站点模式5类②，其主要呈现季节性（农产品播种与收获的季节性）、分散性（农业生产用地和村民居住的分散性）和多样性（农业生产方式和农产品种类的多样性）特点③。乡村物流现阶段的发展呈现物流需求不断扩张、网站平台日益多样化、政策扶持力度增强和各大电商扩展支持的良好发展态势④，但整体还存在诸如基础设施不完善、流通渠道不顺畅、高素质专业人才缺乏、政府政策和资金等支持不足、信息化建设程度低等相关问题⑤。有学者认为，目前乡村电子商务物流模式存在同"城"化、同质化、多"类"化等问题，指出影响乡村电商物流模式选择的因素主要包括乡村电商的交易金额、村民消费理念和习惯、村民居住地分散程度及物流基础设施的完善程度等，并据此提出可以通过配送资源整合提升企业物流效率，还可以采取差异化的物流模式，塑造双向、低碳与绿色的物流价值链，构建第四方物流生态体系等方式促进乡村电商物流发展⑥。多数学者提出，需要从完善乡村物流基础设施建设、提高乡村物流金融支持、加强专业人才培训、提升

---

① 郭承龙. 农村电子商务模式探析:基于淘宝村的调研[J]. 经济体制改革,2015(5):110-115.
② 郑远红. 我国农村物流发展模式的选择分析[J]. 农业经济,2011(12):87-89.
③ 焦瑞,余晓琼. 我国农村物流发展存在的问题及对策[J]. 安徽农业科学,2011,39(21):13202-13204.
④ 朱世友. 农村电商发展对物流业的影响及农村物流体系构建[J]. 价格月刊,2016(3):75-78.
⑤ 李想. 移动互联网背景下我国农村物流与电子商务的协调发展研究[J]. 商业经济研究,2016(21):107-109.
⑥ 华慧婷,郝渊晓. 基于利润最大化的农村电商物流模式选择[J]. 中国流通经济,2018,32(4):70-76.

乡村物流技术水平等方面解决乡村物流面临的困境①②。也有学者指出，发展乡村物流金融"地融仓"模式［宏观层面指金融机构应用开发农地（权证）质押融资产品业务，组织协调农村物流领域的货币资金运动，提高金融机构资金运行效率及赢得更多利润商机；微观层面指农民或农户将自己拥有的农地（权证）质押给金融机构，由金融机构向农村物流企业给农户开具物流仓单或提单，为农村物流开展"融资信贷、支付结算、分散风险"综合业务服务，从而解决弱质的农村物流企业、农民或农户"融资难"问题③］可以使得农村物流、资金流、土地流和信息流等高效融合，具有促进乡村物流融资和盘活农村土地双重作用④。

整体来看，国内乡村电商和物流产业发展迅速，受各大电商平台支持力度较强，但受到乡村本身发展缓慢、基础设施不完善和专业人才匮乏等因素影响，其整体发展模式和产业结构有待进一步改进和优化。目前国内对于乡村电商和物流产业的研究多集中在产业发展的问题探讨和对策解决方面，且所得结论大同小异，还需要从产业用地、空间布局以及发展规划等方面多角度透视乡村新型产业的发展。

5. 乡村新型农业经营主体

党的十八大报告指出："培育新型经营主体，发展多种形式规模经营，构建集约化、专业化、组织化、社会化相结合的新型农业经营体系。"其指明了未来农业体制机制创新和现代农业的发展方向。新型农业经营主体是相对于传统农户的概念，其"新"在与现代农业发展和家庭经营制度及市场经巧体制相适应⑤。新型农业经营主体应该具备适度规模和专业化生产、集约化经营、市场化程度高3个特征⑥。具体而

---

① 刘晨光,李玉民. 面向农业现代化的农村物流发展策略分析[J]. 吉首大学学报(社会科学版),2014,35(S1):81-84.
② 周才云,张毓卿. 新型城镇化进程中农村物流发展的困境与对策[J]. 农业经济,2014(4):121-122.
③ 胡愈. 农村物流金融模式的选择研究[J]. 经济理论与经济管理,2009(12):37-41.
④ 胡愈,许红莲. 农村物流金融"地融仓"模式运行的博弈分析[J]. 系统工程,2013,31(5):47-53.
⑤ 郭庆海. 新型农业经营主体功能定位及成长的制度供给[J]. 中国农村经济,2013(4):4-11.
⑥ 张照新,赵海. 新型农业经营主体的困境摆脱及其体制机制创新[J]. 改革,2013(2):78-87.

言,现阶段新型农业经营主体主要指专业大户、农民专业合作社、农业龙头企业以及家庭农场:专业大户主要指家庭劳动时间大部分用于农业中的某一产业,且收入占总收入80%以上的纯农户,包括规模化种植农户和专业化生产农户两种;农民专业合作社是在农村家庭承包经营基础上,同类农产品的生产经营者或者同类农业生产经营服务的提供者、利用者,自愿联合、民主管理的互助性经济组织,其成员就是专业农户;农业龙头企业是指采用现代企业经营方式,进行专业分工协作,从事商业性农业生产及其相关活动,并实行独立经营、自负盈亏的经济组织;家庭农场是指以家庭成员为劳动力、以农业收入为主要来源的农业经营单位。四者之间有不同的分工和功能定位,家庭农场主要从事具体的第一产业的生产活动;农民专业合作社和农业龙头企业除了少数从事第一产业生产活动外,其他主要为较小规模的专业农户提供产前、产中和产后服务[1]。其中专业大户和家庭农场是未来农业生产的基本主体,农民合作社主要功能是提供社会化服务给生产经营主体,对各个农业经营主体起联结作用,龙头企业则主要作为农产品加工和流通领域的基本主体[2]。乡村新型农业经营主体发展相关政策文件及内容见表2-5。

表2-5 乡村新型农业经营主体发展相关政策文件及内容

政策文件	相关内容
《中共中央 国务院关于加快发展现代农业 进一步增强农村发展活力的若干意见》 (2012-12-31)[3]	创新农业生产经营体制,稳步提高农民组织化程度:稳定农村土地承包关系,坚持依法自愿有偿原则,引导农村土地承包经营权有序流转,鼓励和支持承包土地向专业大户、家庭农场、农民合作社流转,发展多种形式的适度规模经营,并结合农田基本建设,鼓励农民采取互利互换方式,解决承包地块细碎化问题;努力提高农户集约经营水平;大力支持发展多种形式的新型农民合作组织;培育壮大龙头企业

---

[1] 楼栋,孔祥智.新型农业经营主体的多维发展形式和现实观照[J].改革,2013(2):65-77.
[2] 孟丽,钟永玲,李楠.我国新型农业经营主体功能定位及结构演变研究[J].农业现代化研究,2015,36(1):41-45.
[3] 中共中央 国务院关于加快发展现代农业 进一步增强农村发展活力的若干意见[EB/OL].(2012-12-31).http://www.gov.cn/gongbao/content/2013/content_2332767.htm.

续表

政策文件	相关内容
《关于引导农村土地经营权有序流转 发展农业适度规模经营的意见》（2014-11-20）①	加快培育新型农业经营主体：发挥家庭经营的基础作用，鼓励各地整合涉农资金建设连片高标准农田，并优先流向家庭农场、专业大户等规模经营农户；探索新的集体经营方式，有条件的地方根据农民意愿，可以统一连片整理耕地，将土地折股量化、确权到户，经营所得收益按股分配，也可以引导农民以承包地入股组建土地股份合作组织，通过自营或委托经营等方式发展农业规模经营；加快发展农户间的合作经营；鼓励发展适合企业化经营的现代种养业；加大对新型农业经营主体的扶持力度；加强对工商企业租赁农户承包地的监管和风险防范
《关于加大改革创新力度 加快农业现代化建设的若干意见》（2015-02-01）②	坚持和完善农村基本经营制度，坚持农民家庭经营主体地位，引导土地经营权规范有序流转，创新土地流转和规模经营方式，积极发展多种形式适度规模经营。鼓励发展规模适度的农户家庭农场，完善对粮食生产规模经营主体的支持服务体系。引导农民专业合作社拓宽服务领域，实行年度报告公示制度，深入推进示范社创建行动。推进农业产业化示范基地建设和龙头企业转型升级。引导农民以土地经营权入股合作社和龙头企业。鼓励工商资本发展适合企业化经营的现代种养业、农产品加工流通和农业社会化服务

---

① 中共中央办公厅、国务院办公厅印发《关于引导农村土地经营权有序流转 发展农业适度规模经营的意见》[EB/OL].（2014-11-20）. http://www.gov.cn/xinwen/2014-11/20/content_2781544.htm.

② 中共中央 国务院关于加大改革创新力度 加快农业现代化建设的若干意见[EB/OL].（2015-02-01）. http://www.gov.cn/zhengce/2015-02-01/content_2813034.htm.

第二章 国内外农村新产业新业态发展及用地情况

续表

政策文件	相关内容
《中共中央 国务院关于落实发展新理念 加快农业现代化实现全面小康目标的若干意见》（2016-01-27）①	坚持以农户家庭经营为基础，支持新型农业经营主体和新型农业服务主体成为建设现代农业的骨干力量，充分发挥多种形式适度规模经营在农业机械和科技成果应用、绿色发展、市场开拓等方面的引领功能。完善财税、信贷保险、用地用电、项目支持等政策，加快形成培育新型农业经营主体的政策体系，进一步发挥财政资金引导作用，撬动规模化经营主体增加生产性投入。适应新型农业经营主体和服务主体发展需要，允许将集中连片整治后新增加的部分耕地，按规定用于完善农田配套设施。探索开展粮食生产规模经营主体营销贷款改革试点。积极培育家庭农场、专业大户、农民合作社、农业产业化龙头企业等新型农业经营主体。支持多种类型的新型农业服务主体开展代耕代种、联耕联种、土地托管等专业化规模化服务。完善工商资本租赁农地准入、监管和风险防范机制。健全县乡农村经营管理体系，加强对土地流转和规模经营的管理服务
《关于完善农村土地所有权承包权经营权分置办法的意见》（2016-10-30）②	始终坚持农村土地集体所有权的根本地位；严格保护农户承包权；加快放活土地经营权，经营主体有权使用流转土地自主从事农业生产经营并获得相应收益，经承包农户同意，可依法依规改良土壤、提升地力，建设农业生产、附属、配套设施，并依照流转合同约定获得合理补偿；有权在流转合同到期后按照同等条件优先续租承包土地。承包农户流转出土地经营权的，不应妨碍经营主体行使合法权利。加强对土地经营权的保护，引导土地经营权流向种田能手和新型经营主体。支持新型经营主体提升地力、改善农业生产条件、依法依规开展土地经营权抵押融资

---

① 中共中央 国务院关于落实发展新理念 加快农业现代化实现全面小康目标的若干意见[EB/OL]. (2016-01-27). http://www.gov.cn/zhengce/2016/01/27/content_5036698.htm.
② 中共中央办公厅 国务院办公厅印发《关于完善农村土地所有权承包权经营权分置办法的意见》[EB/OL]. (2016-10-30). http://www.gov.cn/zhengce/2016/10/30/content_5126200.htm.

续表

政策文件	相关内容
《关于加快构建政策体系培育新型农业经营主体的意见》(2017-05-31)①	发挥政策对新型农业经营主体发展的引导作用：引导新型农业经营主体多元融合发展；引导新型农业经营主体多路径提升规模经营水平；引导新型农业经营主体多模式完善利益分享机制；引导新型农业经营主体多形式提高发展质量。建立健全支持新型农业经营主体发展政策体系：完善财政税收政策；加强基础设施建设；改善金融信贷服务；扩大保险支持范围；鼓励拓展营销市场；支持人才培养引进

2013年中央一号文件指出，要创新农业生产经营体制，鼓励支持发展多种形式的新型农民合作组织和培育壮大龙头企业②。2014年11月中共中央办公厅、国务院办公厅印发了《关于引导农村土地经营权有序流转 发展农业适度规模经营的意见》，提出从发挥家庭经营的基础作用、探索新的集体经营方式、加快发展农户间的合作经营、鼓励发展适合企业化经营的现代种养业、加大对新型农业经营主体的扶持力度、加强对工商企业租赁农户承包地的监管和风险防范等方面加快培育新型农业经营主体③。2016年中央一号文件在资金、用地、科技和服务等多方面给予新型农业经营主体发展以政策支持④。2016年10月中共中央办公厅、国务院办公厅印发《关于完善农村土地所有权承包权经营权分置办法的意见》，实施所有权、承包权和经营权分置并行，进一步深化农村土地制度改革，推进农业现代化，为新型农业经营主体的土

---

① 中共中央办公厅 国务院办公厅印发《关于加快构建政策体系 培育新型农业经营主体的意见》[EB/OL]. (2017-05-31). http://www.gov.cn/xinwen/2017-05/31/content_5198567.htm.

② 中共中央 国务院关于加快发展现代农业 进一步增强农村发展活力的若干意见[EB/OL]. (2012-12-31). http://www.gov.cn/gongbao/content/2013/content_2332767.htm.

③ 中共中央办公厅 国务院办公厅印发《关于引导农村土地经营权有序流转 发展农业适度规模经营的意见》[EB/OL]. (2014-11-20). http://www.gov.cn/xinwen/2014-11/20/content_2781544.htm.

④ 中共中央 国务院关于落实发展新理念 加快农业现代化 实现全面小康目标的若干意见[EB/OL]. (2016-02-29). http://www.gov.cn/gongbao/2016-02/29/content_5045927.htm.

地利用作出合理部署安排①。2017年5月中共中央办公厅、国务院办公厅印发了《关于加快构建政策体系　培育新型农业经营主体的意见》，指出要发挥政策对新型农业经营主体多元融合发展、多路径提升规模经营水平、多模式完善利益分享机制和多形式提高发展质量的作用，要从完善财政税收政策、加强基础设施建设、改善金融信贷服务、扩大保险支持范围、鼓励拓展营销市场、支持人才培养引进6个方面建立健全支持新型农业经营主体发展政策体系，以此提升新型农业经营主体适应市场和带动农民增收致富的能力，促进现代农业发展，为新型农业经营主体提供了更为完善的政策支持②。2017年12月召开的国务院会议指出，培育新型农业经营主体，加快发展现代农业，是落实党的十九大精神、实施乡村振兴战略的重要内容，并确定实施新型农业经营主体培育工程、开展新型主体带头人轮训计划、落实财政扶持、税费减免、设施用地、电价优惠等政策和创新金融服务等具体措施促进新型农业经营主体发展③。

不同学者对于新型农业经营主体的培育和发展问题进行了较为详细的探讨：有研究提出，人口结构变化促进土地流转规模不断扩大，从而对新型农业经营主体数量和规模扩张起到促进作用。研究发现，家庭农场和农民合作社增长最快，而专业大户呈现减少趋势。未来产业发展将形成以家庭承包经营为基础，专业大户、家庭农场、农民专业合作社、农业龙头企业为主体，其他组织形式为补充的新型农业经营体系。因此，对于新型农业经营主体的发展需要坚持家庭经营的基础地位，并且重点扶持家庭农场、农民专业合作社和做强农业产业化龙头企业，同时还需要政府在法律和制度上合力推进④。有学者认为，农地流转呈现自

---

① 中共中央办公厅 国务院办公厅印发《关于完善农村土地所有权承包权经营权分置办法的意见》[EB/OL].（2016-10-30）. http://www.gov.cn/zhengce/2016-10/30/content_5126200.htm.
② 中共中央办公厅 国务院办公厅印发《关于加快构建政策体系　培育新型农业经营主体的意见》[EB/OL].（2017-05-31）. http://www.gov.cn/xinwen/2017/05/31/content_5198567.htm.
③ 培育新型农业经营主体，加快现代农业发展[EB/OL].（2017-12-14）. http://www.xinhuanet.com/mrdx/2017-12/14/c_136824693.htm.
④ 郝志瑞. 山西省新型农业经营体系构建问题研究[J]. 中国农业资源与区划,2016,37(10):151–156.

发分散型、自发规模型和外力推动规模型三种流转形式，进而形成"新中农"、种植大户和承包大户三种农业生产经营主体，而前两种是适度规模经营的有效载体①。有学者指出，新型农业经营主体在生产和经营等多方面较传统农户有明显优势，是中国现阶段农业发展的中坚力量，但在资本、土地和人才等方面仍面临困难和挑战。加快生产要素配置市场取向改革，转变政府扶持方式，营造创业与就业环境，建立经营者退出与进入机制是现阶段培育与发展新型农业经营主体的关键②。也有学者研究发现，以工商资本为经营主体的农业大规模经营并不能取得良好的成效，反而造成了资本和资源浪费、粮食安全问题严重、农户利益受损，以致造成经济发展入不敷出的情况，而小农和中农并存的格局对于各类农户利益、农村的稳定和农业的发展都会有积极效应③。还有研究指出，种养业生产环节采取家庭经营方式更加有效，种养专业户、家庭农场等应该是未来的重点培育对象。农资采购、农产品销售和农业生产性服务环节适宜采用合作经营方式，未来应重点培育农民合作社和其他各类农业社会化服务组织。农产品加工、物流环节适宜采取公司制经营，做大做强农业产业化龙头企业是发展重点④。

新型产业的发展总是伴随着各种困境与挑战，通过梳理相关研究发现，关于新型农业经营主体的培育和发展问题主要表现为政府资金扶持落实不到位、产业经营存在乱收费现象、市场竞争力不强、农业服务和保险等体系建设不完善等方面⑤⑥。其中新型农业经营主体的融资困难是产业发展急需解决的问题，也是多数学者研究的重点。新型农业经营

---

① 袁明宝,朱启臻. 农地流转实践表达与农业经营主体的生成逻辑分析[J]. 古今农业,2014(1):1-7.

② 黄祖辉,俞宁. 新型农业经营主体:现状、约束与发展思路:以浙江省为例的分析[J]. 中国农村经济,2010(10):16-26.

③ 孙新华. 我国应选择哪种农业经营主体？[J]. 南京农业大学学报(社会科学版),2013(6):18-21.

④ 陈晓华. 大力培育新型农业经营主体:在中国农业经济学会年会上的致辞[J]. 农业经济问题,2014(1):4-7.

⑤ 汪发元. 新型农业经营主体成长面临的问题与化解对策[J]. 经济纵横,2015(2):31-35.

⑥ 郝志瑞. 山西省新型农业经营体系构建问题研究[J]. 中国农业资源与区划,2016,37(10):151-156.

主体自身所有资金有限,但在发展过程中生产基地建设、加工设备配置和仓储物流完善等方面均需要大量的资金投入,因此融资问题成为阻碍规模农业发展的瓶颈①。融资困难的原因主要来自新型农业经营主体自身、银行等金融机构和政府政策等3个方面:首先是新型农业经营主体存在所需资金额度较大且期限较长、现阶段发展不完善,经济效益和项目盈利性均不能达到预期效果、管理规范水平不高、经营证件不全等问题;其次是银行等金融机构目前还缺少针对新型农业经营主体的信贷融资产品和服务,同时贷款过程较为复杂且利率偏高;最后是政府农业补贴政策落实不到位,而且对于新型农业经营主体融资资格的定位模糊。因此,对于新型农业经营主体的培训和发展需要从多方面制定对策:首先是产业自身管理和经营能力的提升,以及拓展产业链和引进专业人才等;其次是构建完善的新型农业经营主体金融体系,包括创新农村金融产品和服务方式,发展多种形式的农村金融机构和农业保险等;最后是政府方面要加强对新型农业经营主体的引导与支持,包括加强财政支持力度、建立完善的信用评价机制和注重专业人才培训等②③。

整体来看,我国新型农业经营主体呈现良好发展态势,在数量和质量上具有较快的提升。但由于我国新型农业经营主体发展时间较短,在政策支持、资金筹备和土地利用等方面还存在较多问题,需要从产业、乡村和政府等多个角度多方面采取措施完善新型农业经营主体的发展。目前国内对于新型农业经营主体的研究多集中在乡村振兴背景下乡村新型农业经营主体的功能地位和发展对策方面,新型农业经营主体是我国建设现代农业的重要力量,产业发展涉及的乡村土地流转和产业融资是现阶段亟须解决的问题。

---

① 李雪松,王琳丽. 三权分置视域下新型农业经营主体成长面临的问题及化解[J]. 农业经济,2018(2):85-86.
② 汪来喜. 新型农业经营主体融资难的成因与对策[J]. 经济纵横,2016(7):70-73.
③ 林乐芬,法宁. 新型农业经营主体融资难的深层原因及化解路径[J]. 南京社会科学,2015(7):150-156.

6. 农业生产性服务业

生产性服务是指作为商品或其他服务生产过程的投入而发挥作用的服务，其包括内部化、非市场化的非独立形态和外部化、市场化的独立形态两种。农业生产性服务业主要指后者，即通过农业生产性服务为农业提供中间投入，包括将科技、信息、资金、人才等要素有效植入农业产业链、提高农业作业效率、促进农产品供求衔接以及提升农业产业链协调性和价值链等。农业生产性服务业种类较多，贯穿整个农业生产过程。如面向农业特定作业环节的农资供应服务业、植保服务业和农机服务业，为农业生产过程提供高级、专业化生产要素的农业金融保险服务业、农业人力资本服务业、农业科技服务业，协调规制农业产业链的农业供应链管理服务业、食品安全服务业等[①]。农业生产性服务业产业发展相关政策文件及内容见表2-6。

2014年11月印发的《关于引导农村土地经营权有序流转 发展农业适度规模经营的意见》提出建立健全农业社会化服务体系，分别从服务组织培育、农民教育培训和供销合作社发展等方面提出建设措施[②]。2015年2月印发的《中共中央 国务院关于加大改革创新力度 加快农业现代化建设的若干意见》提出，从基层农技推广、中央财政政策、邮政和气象系统等方面强化农业社会化服务，为现代农业发展提供了技术和信息等要素支持[③]。2017年8月印发的《农业部 国家发展改革委 财政部关于加快发展农业生产性服务业的指导意见》也指出，"农业生产性服务是指贯穿农业生产作业链条，直接完成或协助完成农业产前、产中、产后各环节作业的社会化服务"。意见提出要积极拓展农业生产性服务业服务领域，主要包括农业市场信息服务、农资供应服务、农业绿色生产技术服务、农业废弃物资源化利用服务、农机作业及

---

① 姜长云. 关于发展农业生产性服务业的思考[J]. 农业经济问题,2016,37(5):8-15+110.
② 中共中央办公厅 国务院办公厅印发《关于引导农村土地经营权有序流转 发展农业适度规模经营的意见》[EB/OL]. (2014-11-20). http://www.gov.cn/xinwen/2014-11/20/content_2781544.htm.
③ 中共中央 国务院关于加大改革创新力度 加快农业现代化建设的若干意见[EB/OL]. (2015-02-01). http://www.gov.cn/zhengce/2015-02/01/content_2813034.htm.

维修服务、农产品初加工服务和农产品营销服务等，为新产业的发展指明了前进方向，也为农业生产的整个过程提供了极大便利①。

表2-6　农业生产性服务业产业发展相关政策文件及内容

政策文件	相关内容
《关于引导农村土地经营权有序流转　发展农业适度规模经营的意见》（2014-11-20）②	建立健全农业社会化服务体系：培育多元社会化服务组织；开展新型职业农民教育培训；发挥供销合作社的优势和作用
《关于加大改革创新力度　加快农业现代化建设的若干意见》（2015-02-01）③	强化农业社会化服务。稳定和加强基层农技推广等公益性服务机构。采取购买服务等方式，鼓励和引导社会力量参与公益性服务。加快研究出台对地方特色优势农产品保险的中央财政以奖代补政策。支持邮政系统更好地服务"三农"。创新气象为农服务机制
《农业部　国家发展改革委　财政部关于加快发展农业生产性服务业的指导意见》（2017-08-23）④	积极拓展服务领域，立足服务农业生产产前、产中、产后全过程：农业市场信息服务；农资供应服务；农业绿色生产技术服务；农业废弃物资源化利用服务；农机作业及维修服务；农产品初加工服务；农产品营销服务

根据相关研究，我国农业生产性服务业自改革开放以来共经历5个发展阶段，分别为：农业公共服务机构和体系恢复建设，经营性农业生产性服务萌发和自发发展阶段（20世纪70年代末至80年代中期）；农

---

① 农业部　国家发展改革委　财政部关于加快发展农业生产性服务业的指导意见[EB/OL]．(2017-08-23)．http://www.moa.gov.cn/govpublic/NCJJTZ/201708/t20170823_5791602.htm.

② 中共中央办公厅　国务院办公厅印发《关于引导农村土地经营权有序流转　发展农业适度规模经营的意见》[EB/OL]．(2014-11-20)．http://www.gov.cn/xinwen/2014-11/20/content_2781544.htm.

③ 中共中央　国务院关于加大改革创新力度　加快农业现代化建设的若干意见[EB/OL]．(2015-02-01)．http://www.gov.cn/zhengce/2015-02/01/content_2813034.htm.

④ 农业部　国家发展改革委　财政部关于加快发展农业生产性服务业的指导意见[EB/OL]．(2017-08-23)．http://www.moa.gov.cn/govpublic/NCJJTZ/201708/t20170823_5791602.htm.

业公共服务机构开启体制机制改革，服务职能逐渐推向市场阶段（20世纪80年代中期至80年代末期）；农业公共服务机构改革继续深入，经营性服务主体多元化发展提速阶段（20世纪90年代初期至90年代末期）；健全公益性农业生产性服务体系，发展经营性农业生产性服务产业体系阶段（20世纪90年代末期到2008年）；农业生产性服务业日益成为现代农业产业体系建设的突出亮点阶段（2008年以来）[1]。整体来看，我国农业生产性服务业发展历程较长，逐步拓展出多种发展模式，诸如政府主导的公共农业生产性服务模式、农民专业合作社引领的内在扩张模式、农业产业化龙头企业的外部拉动模式、农产品市场带动与新型农业服务组织模式、传统服务组织的创新发展模式等[2]。对于农业发展的促进效果明显，包括农业产业结构调整、农民增收和农业效率提升等[3]，而且对于农业技术进步也有较强推动作用[4]。近年来，我国针对农村和农业发展制定了一系列的政策与措施来推动产业发展，农业中间投入率从1987年的30.79%上升为2012年的45.56%，但与发达经济体相比仍存在较大差距（美国1990年农业的中间投入率就已达到59.60%）[5]。有研究指出，我国农业生产性服务业内部结构有待调整，而且在农业生产中的投入与OECD发达经济体相比差距较大，制约了我国农业生产经营方式的转变[6][7]。也有学者指出，目前农业生产的产前产中服务取得了一定的发展成效，而产后加工、储藏、销售等环节的服

---

[1] 芦千文,姜长云.我国农业生产性服务业的发展历程与经验启示[J].南京农业大学学报（社会科学版），2016,16(5):104-115+157.
[2] 肖卫东,杜志雄.农业生产性服务业发展的主要模式及其经济效应：对河南省发展现代农业的调查[J].学习与探索,2012(9):112-115.
[3] 郝爱民.农业生产性服务业对农业的影响：基于省级面板数据的研究[J].财贸经济,2011(7):97-102+136.
[4] 郝爱民.农业生产性服务对农业技术进步贡献的影响[J].华南农业大学学报（社会科学版），2015,14(1):8-15.
[5] 郝爱民.提升农业生产性服务业外溢效应的路径选择[J].农业现代化研究,2015,36(4):580-584.
[6] 汪建丰,刘俊威.中国农业生产性服务业发展差距研究：基于投入产出表的实证分析[J].经济学家,2011(11):52-57.
[7] 汪小勤,汪娟.产业融合视角下探究农业供给侧结构性改革[J].商业经济研究,2017(6):143-146.

务存在损耗严重和效率不高问题,制约了现代农业的发展。同时农产品生产具有资源密集型、劳动密集型和资本密集型等不同方式,所需的生产性服务也应不同,因此对于不同类型的农业生产所提供的差异化服务有待进一步提升①。目前农业生产性服务业发展出现的普遍问题还包括农业政策支持不足、基础设施建设落后、服务提供主体(政府)单一、金融保险发展滞后、科技人才匮乏和信息化建设落后、农业经营主体培训力度有待加强等,还需要从创新组织模式、加强基础设施和信息化建设、完善农业金融服务体系等方面促进农业生产性服务业完善和发展②③。

整体来看,我国农业生产性服务业发展历程较长,同时贯穿于农业生产的产前、产中和产后的整个过程,因此发展模式相对多样。但由于乡村经济和技术等发展相对滞后,使得国内产业发展与发达经济体还有较大差距。目前对于农业生产性服务业的研究还多集中在产业发展限制瓶颈以及相关解决对策方面,对于产业发展趋势、空间分布、土地等资源配置等的研究还有待丰富和完善。

7. 乡村特色产品与手工业(食品、手工艺品、副业等)

乡村特色产品与手工业和乡村传统文化联系相对密切,包括乡村特色食品如茶品和酒类等、乡村手工艺品如瓷器和木质工艺品以及部分家庭手工业等。乡村特色产品与手工业产业发展相关政策文件及内容见表2-7。

2016年中央一号文件提出振兴中国传统手工艺计划④。2016年12月印发的《国务院办公厅关于进一步促进农产品加工业发展的意见》指出,要推进农产品加工的多种业态发展,并将农产品加工业列入土地

---

① 张红宇,孙涛,孙秀艳,等. 农业大县如何发展农业生产性服务业:四川省的调研与思考[J]. 农村经济,2015(10):3-7.
② 成丽,邵文武,张波. 农业生产性服务业发展对策研究[J]. 农业经济,2017(11):7-9.
③ 刘楠,张平. 我国农业生产性服务业发展存在的问题及对策[J]. 经济纵横,2014(8):65-68.
④ 中共中央 国务院关于落实发展新理念加快农业现代化 实现全面小康目标的若干意见[EB/OL].(2016-02-29). http://www.gov.cn/gongbao/2016-02-29/content_5045927.htm.

利用总体规划和年度计划,明确了产业发展方向和用地保障①。2017年中央一号文件提出,发展农产品加工业产业集群,并完善农产品产地初加工补助政策②。2018年中央一号文件也指出,要振兴传统工艺,实现乡村经济多元化。为乡村特色产品与手工业等的发展提供了政策和资金等方面的支持③。乡村特色产品与手工业等种类相对繁多,本书仅选取部分典型乡村特色产品及产业发展现状和模式进行梳理。

表2-7 乡村特色产品与手工业产业发展相关政策文件及内容

政策文件	相关内容
《中共中央 国务院关于落实发展新理念 加快农业现代化实现全面小康目标的若干意见》(2016-01-27)④	实施休闲农业和乡村旅游提升工程、振兴中国传统手工艺计划。开展农业文化遗产普查与保护
《国务院办公厅关于进一步促进农产品加工业发展的意见》(2016-12-17)⑤	推进多种业态发展:支持农民合作社等发展加工流通;鼓励企业打造全产业链;创新模式和业态;推进加工园区建设。将农产品加工用地列入土地利用总体规划和年度计划,认真落实农产品初加工用地政策,优先安排园区用地。支持农村集体经济组织以集体建设用地使用权入股、联营等形式与其他单位、个人共同兴办农产品加工企业。城乡建设用地增减挂钩节余的用地指标要重点支持农产品产地初加工发展

---

① 国务院办公厅关于进一步促进农产品加工业发展的意见[EB/OL].(2016-12-17).http://www.gov.cn/zhengce/content/2016-12/28/content_5153844.htm.
② 中共中央 国务院关于深入推进农业供给侧结构性改革 加快培育农业农村发展新动能的若干意见[EB/OL].(2017-02-05).http://www.gov.cn/zhengce/2017-02/05/content_5165626.htm.
③ 中共中央 国务院关于实施乡村振兴战略的意见[EB/OL].(2018-02-04).http://www.xinhuanet.com/politics/2018-02/04/c_1122366449.htm.
④ 中共中央 国务院关于落实发展新理念 加快农业现代化实现全面小康目标的若干意见[EB/OL].(2016-01-27).http://www.gov.cn/zhengce/2016-01/27/content_5036698.htm.
⑤ 国务院办公厅关于进一步促进农产品加工业发展的意见[EB/OL].(2016-12-17).http://www.gov.cn/zhengce/content/2016-12/28/content_5153844.htm.

续表

政策文件	相关内容
《中共中央 国务院关于深入推进农业供给侧结构性改革 加快培育农业农村发展新动能的若干意见》（2017-02-05）①	引导加工企业向主产区、优势产区、产业园区集中，在优势农产品产地打造食品加工产业集群。完善农产品产地初加工补助政策
《中共中央 国务院关于实施乡村振兴战略的意见》（2018-02-04）②	加强扶持引导服务，实施乡村就业创业促进行动，大力发展文化、科技、旅游、生态等乡村特色产业，振兴传统工艺。培育一批家庭工场、手工作坊、乡村车间，鼓励在乡村地区兴办环境友好型企业，实现乡村经济多元化，提供更多就业岗位
《中共中央 国务院关于坚持农业农村优先发展 做好"三农"工作的若干意见》（2019-02-19）③	加快发展乡村特色产业。因地制宜发展多样性特色农业，倡导"一村一品""一县一业"。积极发展果菜茶、食用菌、杂粮杂豆、薯类、中药材、特色养殖、林特花卉苗木等产业。支持建设一批特色农产品优势区。创新发展具有民族和地域特色的乡村手工业，大力挖掘农村能工巧匠，培育一批家庭工场、手工作坊、乡村车间。健全特色农产品质量标准体系，强化农产品地理标志和商标保护，创响一批"土字号""乡字号"特色产品品牌

昆明花卉

近年来，昆明花卉产业发展较快，已形成了以鲜切花为主体，热带兰花、盆花以及观赏园艺植物共同发展的产品结构布局。回顾发展历程，1980—1993年为昆明花卉产业发展的起步阶段，其中1984年云南省成立花卉协会，1988年1月花卉协会印发了"发展花卉产业、振兴

---

① 中共中央 国务院关于深入推进农业供给侧结构性改革 加快培育农业农村发展新动能的若干意见[EB/OL]. (2017-02-05). http://www.gov.cn/zhengce/2017/02/05/content_5165626.htm.

② 中共中央 国务院关于实施乡村振兴战略的意见[EB/OL]. (2018-02-04). http://www.xinhuanet.com/politics/2018/02/04/c_1122366449.htm.

③ 中共中央 国务院关于坚持农业农村优先发展 做好"三农"工作的若干意见[EB/OL]. (2019-02-19). http://www.xinhuanet.com/2019-02/19/c_1210063174.htm.

云南经济"的倡议，提出将花卉产业作为云南新兴产业发展①。1993—2000年为花卉产业成长阶段，这一时期花卉种植面积和销量均有很大提升，同时由于运输成本过高和技术落后等原因，小规模农户逐步退出花卉市场，花卉产业规模扩大，形成产业集群。2000年以后，花卉产业进入稳定阶段，昆明花卉国际市场不断扩大②。目前花卉产业共有批发市场、零售市场、拍卖市场和专营店四大类交易市场③。产业发展的流通模式主要有"农户+花卉公司+市场"模式、"农户+协会+品牌"模式和"培育+生产+销售为一体"经营模式3种，其中：第一种模式是花卉流通市场最常见的模式，主要针对大多数散户花农；第二种模式将个体的分散生产转变为联合生产，利于创建和发展花卉品牌；第三种模式为专业化生产，花卉生产规模大、栽培管理先进、科技研发能力强、能够自行培育新品种、销售渠道健全，便于形成自主品牌④。目前花卉产业发展还存在生产力低下、收益较低、流通体系不健全、创新能力弱等问题，因此，需要在充分发挥区域优势的基础上，实施加强花卉产业科技发展、进一步完善市场流通体系、加大政府产业扶持力度等措施以促进花卉产业的二次腾飞⑤。

义乌小商品市场

义乌中国小商品城成立于1982年，陆立军等将其发展划分为萌芽与创建阶段（1978—1985年）、稳步发展阶段（1986—1991年）、全面拓展阶段（1992—2001年）和国际化发展阶段（2002年至今）4个发展阶段⑥，也有学者从演化视角给出不同的划分方式⑦。目前主要经营轻工日用消费品贸易，包括43个产业、1900种大类、4000多个种类、

---

① 中国人民政治协商会议云南省昆明市委员会.昆明文史资料集萃：第六卷[M].昆明：云南科技出版社，2009：4939.
② 《东陆学林》编委会.东陆学林（第24辑）[M].昆明：云南大学出版社，2015.
③ 徐聪聪,李东徽,徐凯利.昆明市花卉产业研究[J].花卉,2017(12)：172-173.
④ 谭清春.昆明花卉继续走规模化道路[N].云南经济日报,2010-12-03(A02).
⑤ 万红敏.昆明市花卉产业发展现状和策略研究[D].南京：南京农业大学,2013.
⑥ 陆立军,王祖强,杨志文.义乌模式[M].北京：人民出版社,2008.
⑦ 王雨莹.专业市场转型升级的影响因素研究[D].江南大学,2016.

170万个单品,涉及的商品种类包括工艺品、家用百货、纺织和五金类众多的日用工业品。目前随着"互联网+"时代的到来,电子商务将对义乌市场的转型升级产生巨大的推动作用,同时义乌市场转型升级也面临外贸依存度高、产业创新能力弱、同质化竞争严重和新业态冲击等问题,需要在业态融合、加强创新和提高管理等方面实施相关措施和政策以确保市场稳步转型和升级。义乌小商品市场演化阶段和过程见表2-8。

表2-8 义乌小商品市场演化阶段和过程[①]

演化阶段	发生事件	演化过程
形成期 (1982—1986年)	1982年义乌提出"四个允许"; 1984年义乌提出"兴商建市"	从间歇式集贸市场演变为马路市场,拥有固定的交易场所,兼有批发和零售,为单一业态
成长期 (1987—1993年)	5次搬迁,7次扩建; "新四个允许"和五项扶持政策; 1993年实施"管办分离"	市场规模和辐射范围扩大,由单一业态向混合业态过渡,市场由政府管理逐渐转化为企业自主经营
成熟期 (1994—2003年)	1994年实施"划行规市、分类经营"; 1995年举办义博会; 20世纪90年代初,实施"以商促工、工商联动"	市场功能和服务多元化,逐步向外向型贸易市场发展。产业集群和专业市场相互作用,会展和电子商务开始兴起,交易方式和市场业态得以创新
转型发展期 (2004年至今)	国际商贸城投入使用; 2006年"义乌指数"发布; 2011年开展国际贸易综合改革试点	业态功能进一步丰富,物流业、旅游业、会展和电子商务进一步繁荣,市场转向外向型服务一体化方向,进行转型再发展

义乌市为迎合小商品市场的发展,其旧村改造采用自下而上的改造模式,以村集体、村民为主体,宅基地集体所有权权属不变,宅基地指

---

① 王雨莹.专业市场转型升级的影响因素研究[D].江南大学,2016.

标按户分配。村民多在相关规划建设文件指导下在所属宅基地建设四层半房屋,然后通过自营或招租引入混合的产居功能,即典型的"多合一"模式。受益于义乌发达的商业环境,产业和居住空间需求大,村民自留部分房屋作为居住生活空间,另外出租给批发商、工厂主作为产业空间或者租给外来务工人员居住,形成一种地域特色鲜明的空间现象,当地人俗称为"四层半"。一间"四层半"属于一户,权属单一,一幢农民住房中容纳产居多种功能,自住与租住混合构成"四层半"最核心特征①,为义乌当地的产业发展提供了便利。

(三) 国内农村新产业新业态组织方式

1. 产业融合

通过对中国乡村新业态主要形式进行梳理发现,乡村新业态发展主要依托产业链延伸和一二三产业融合。乡村产业融合是以农业为基础,以新型农业经营主体为主导,以利益联结机制为纽带,以技术、制度和商业模式创新为动力,以延伸产业链、扩展产业功能和构建新业态为特征,以乡村资源和产业有机整合为目标,以实现"三农"繁荣为最终目的的过程②。2015年12月印发的《国务院办公厅关于推进农村一二三产业融合发展的指导意见》指出,"推进农村一二三产业融合发展,是拓宽农民增收渠道、构建现代农业产业体系的重要举措,是加快转变农业发展方式、探索中国特色农业现代化道路的必然要求"。意见从发展多类型农村产业融合方式、培育多元化农村产业融合主体、建立多形式利益联结机制、完善多渠道农村产业融合服务和健全农村产业融合推进机制5个方面对乡村产业融合发展进行了详细安排③。国内学界对乡村产业融合研究主要分为3个阶段:20世纪90年代中期至20世纪末,

---

① 高慧智. 义乌"四层半"景观格局的空间生产解析[D]. 南京大学,2015.
② 孟秋菊. 农村产业融合的内涵研究[J]. 四川理工学院学报(社会科学版),2018,33(2):76-83.
③ 国务院办公厅关于推进农村一二三产业融合发展的指导意见[EB/OL]. (2016-01-04). http://www.gov.cn/zhengce/content/2016-01/04/content_10549.htm.

第二章 国内外农村新产业新业态发展及用地情况

江登斌[①]针对农村经济从单纯的大田作业到一二三产业的多元发展,提出了农村多元经济协调发展和经济融合的思想,使农村产业融合的内涵初见端倪。21世纪初至2015年,随着日本"第六产业"理论的引入和国内农业产业化实践的深入,国内学者从不同角度对农村产业融合进行研究,使农村产业融合内涵渐趋明朗。有学者提出,乡村产业融合是农业与二三产业在技术、产品、服务、市场等方面相互融合为一体,从而发展出新的产业或合成产业[②],其不仅拓展了农业经营理念,而且改变了农业经济的属性,是实现农业产业化的新路径[③]。2015年至今,中央一号文件首提农村一二三产业融合发展,使得农村产业融合上升到国家发展战略高度,该阶段的研究者在已有相关研究基础上,进一步丰富完善了农村产业融合研究。相关研究指出,产业融合发展是农村一二三产业之间的融合渗透和交叉重组,实现产业链延伸、产业范围拓展、产业功能转型和发展方式转变[④],其以农业为基本依托,通过产业、技术和体制优化等方式,将资本、技术和资源要素在乡村整合集成和优化重组,使农业和第二、三产业有机地整合在一起[⑤]。乡村产业融合发展将是农业转型升级、促进农业现代化、催生农村新业态和实现城乡一体化的重要途径[⑥]。2017年12月《国土资源部 国家发展改革委关于深入推进农业供给侧结构性改革 做好农村产业融合发展用地保障的通知》从发挥土地利用总体规划的引领作用、因地制宜编制村土地利用规划、加强建设用地计划指标支持、规范设施农用地类型、改进设施农用地监督管理、鼓励土地复合利用、夯实基础工作和强化部门协同配合8个方面提出完善农村土地用途管制具体措施,为乡村一二三产业融合发展提

---

① 江登斌. 试论农村多元经济融合[J]. 经济问题,1994(8):10-12.
② 孙中叶. 农业产业化的路径转换:产业融合与产业集聚[J]. 经济经纬,2005(4):37-39.
③ 李世新. 产业融合:农业产业化的新路径[J]. 甘肃农业,2006(2):42-43.
④ 姜长云. 推进农村一二三产业融合发展新题应有新解法[J]. 中国发展观察,2015(2):18-22.
⑤ 马晓河. 推进农村一二三产业深度融合发展[J]. 中国合作经济,2015(2):43-44.
⑥ 国家发展改革委宏观院和农经司课题组. 推进我国农村一二三产业融合发展问题研究[J]. 经济研究参考,2016,(4):3-28.

供用地政策保障[1]。

目前用地困难是阻碍乡村产业融合发展的重要因素。农村地区在最严格的耕地保护制度和节约用地制度以及土地的用途管制制度管制下，产业融合发展中涉及的建设用地和农业设施用地审批问题复杂烦琐。而且农村土地权属呈现碎片化空间分布，难以集中利用。部分违法违规用地挤占了产业发展用地空间，造成乡村产业融合发展用地的供需关系矛盾[2]。同时，乡镇土地利用总体规划随意性较大、农村土地确权登记颁证存在各种瑕疵、农村产业用地的权利与国有土地不平等、农村产业用地的支持和管理有待加强等问题也极为显著[3]。

2. 农村再生

"农村再生"是在我国台湾地区农村用于解决村庄空心化、老龄化、居住环境质量衰退以及内卷化问题时提出的，指通过农民行使规划权利实现村庄的"自下而上"发展，改善农村生产条件，恢复农村发展活力，旨在促进农业生产由"传统型"向"优质型""体验型"转变，最后实现向"精致型"转变[4]。乡村建设需要重视村民的需求与目标，配合地方产业特色，建构集生产、生活和生态"三生"功能于一体的活力乡村[5]。我国台湾农村发展政策经历了以产业发展为核心的增长型—以提高农民所得为核心的均衡型—以"三生"并重为目标的调整型—以社区营造为手段的再生型等4次变迁，再生型即"农村再生"强调社区营造、自下而上的共同参与，农村往多功能方向发展，产业发

---

[1] 国土资源部 国家发展改革委关于深入推进农业供给侧结构性改革 做好农村产业融合发展用地保障的通知[EB/OL].(2017-12-07). http://www.mlr.gov.cn/zwgk/zytz/201712/t20171221_1710420.htm.

[2] 卢新海,杨喜."土地整治+产业融合"：基于乡村振兴战略视角[EB/OL].(2018-04-14). https://mp.weixin.qq.com/s/Ebx7ezeAxAM6os6-P9BMPg.

[3] 韩立达,韩冬,刘春梅,等. 基于乡村振兴视角下的农村产业用地案例研究[EB/OL].(2018-04-10). https://mp.weixin.qq.com/s/HMFcD3A3M_cMXxGx27Bnsw.

[4] 刘钊启,刘科伟. 乡村规划的理念、实践与启示：台湾地区"农村再生"经验研究[J]. 现代城市研究,2016(6):54-59.

[5] 许标文,刘荣章,曾玉荣. 台湾"自下而上"乡村发展政策的演进及其启示[J]. 农业经济问题,2014,35(4):37-43.

第二章 国内外农村新产业新业态发展及用地情况

展更加多元化[①]。乡村产业的永续发展是我国台湾地区乡村规划的永恒主题[②],有学者借鉴我国台湾农村再生计划,提出乡村规划应注重乡村社会而非"城镇化",要将乡村营造纳入规划研究的范畴,并指出产业发展要有特色,做到因地制宜,宜农则农、宜工则工、宜商则商、宜游则游[③]。

(四)国内农村新产业新业态发展及用地情况总结

通过梳理当前乡村新业态相关研究,可以发现国内乡村新业态发展主要形式包括休闲农业、乡村旅游、现代农业、农村电商和物流产业等,该类新业态的产生均缘于传统乡村产业已不能满足乡村振兴战略背景下乡村发展的需要,既包括乡村人口对乡村经济加速发展的需求,又包括城市人口回归乡村、体验乡土风情的需求,还包括城乡一体化发展战略实施的需求。乡村新业态发展主要依托乡村产业链的延伸和融合,如"农业+旅游业"形成的休闲农业和乡村旅游、"农业+工业"形成的现代农业、"农业+零售业"形成的农村电商等。国内乡村新业态多处于起步阶段,发展水平良莠不齐,理论研究相对丰富,实践中仍存在较多问题。包括新产业新业态的内涵与分类界定不清,造成各类新业态的遍地开花、无序恶性竞争,用地效益难以保障;用地增减挂钩中耕地占补平衡完全停留在数量的平衡上,忽略质量、生态的全方位占补;现行的土地利用规划中制定的土地用途分类体系无法适应多业态土地利用的复合性和多样性;农村新产业新业态发展中土地利用的风险评估和土地利用监管力度有待加强,不仅要包括生态风险,也应包括对区域耕地生产基本功能损害的风险,还应包括对传统建筑与文化的破坏风险;现行农村土地使用制度难以适应实际的需求,农村新产业新业态发展用地

---

① 周琼,曾玉荣.台湾农村发展政策变迁、成效及走向分析[J].农业经济,2017(1):24-26.
② 蔡宗翰,刘娜,丁奇.台湾地区乡村规划政策的演进研究:基于经济社会变迁视角[J].国际城市规划,2016,31(6):30-34.
③ 余侃华,刘洁,蔡辉,等.基于人本导向的乡村复兴技术路径探究:以"台湾农村再生计划"为例[J].城市发展研究,2016,23(5):43-48.

的供给缺乏政策依据，造成产业发展中涉及的诸如经营性集体建设用地入市、经营性集体建设用地管理、宅基地的超标使用等问题调解困难①②。面对乡村新产业、新业态发展用地问题，有研究提出了相关解决对策。如编制村级层面规划，统一多项规划乡村产业及土地的空间管制③；创新用地模式和用地政策，拓宽新型产业用地获取途径，并盘活乡村存量土地④⑤；优化新产业发展用地指标供给，完善相关制度降低用地成本；细化土地分类，明确界定农村新产业新业态的内涵、分类、用地需求及标准；等等⑥。这些对策为乡村振兴大背景下产业兴旺发展提供了参考途径。

国内对于乡村新业态的研究在研究主题上相对丰富，涉及乡村新业态发展的概念界定、类型划分、影响因素和发展对策等诸多方面；在研究对象上，多能抓住乡村新业态发展的乡村性特点，但研究对象以单体居多，对比分析有待加强；在研究方法上相对单一，多以定性分析为主，缺乏定量结果支持；在研究过程中，理论目标导向性较强，而问题导向性较弱，导致新业态发展过程中出现的现实问题得不到针对性的和有效的解决。因此，后期对于乡村新业态的研究应注重定量方法的运用，可以从不同乡村类型不同乡村产业形态对比和乡村新业态发展过程中的问题解决等方面展开相关研究。

---

① 陈美球. 农村新业态新产业用地保障的几点思考[EB/OL]. (2018-04-09). https://mp.weixin.qq.com/s/2SLzxshPt1oWBZes0J9M-g.

② 侯学平. 广东农村新产业新业态发展问题及思考[EB/OL]. (2018-04-15). https://mp.weixin.qq.com/s/ZKlUk07RHfTfl5hS53Z1Eg.

③ 匡英剑. 编制新时代村规，引领农村产业发展[EB/OL]. (2018-04-16). https://mp.weixin.qq.com/s/T6BwGJuy9kHCAW8vIXpeNA.

④ 於忠祥. 基于发展不充分不平衡视角的农村土地政策创新研究[EB/OL]. (2018-04-18). https://mp.weixin.qq.com/s/GScAwaQZCifvpBieufjTpA.

⑤ 谭荣. 浙江省农村产业用地政策创新的案例分析与比较[EB/OL]. (2018-04-19). https://mp.weixin.qq.com/s/-tdjqYx6zpQBL_fgC-cPtA.

⑥ 杨庆媛,毕国华,曾潍嘉. 乡村振兴战略实施中加强农村新产业新业态用地保障的思考及建议[EB/OL]. (2018-09-28). https://mp.weixin.qq.com/s/goetVm9BgKJFRVsKG9fFyw.

二、国外农村新产业新业态发展及研究动态

(一) 国外农村新产业新业态发展的研究价值

2010年以来,中央发布了诸多政策,探索乡村以及农业新的发展道路,主要涉及新型农业经营主体、设施农业、休闲农业、乡村旅游及农业生产性服务业等。党的十九大报告提出"乡村振兴"战略,也涉及诸多新类型的乡村产业。农业(种植业)一元化到产业多样化,是乡村产业发展的趋势,国内各地对于乡村新产业的建设大多处于探索阶段,而由于历史等诸多原因,国外乡村产业的多样化经营已形成一定的模式,国外学者对乡村新产业、新业态的研究已有相当一段时间。厘清国外乡村新产业的类型、发展特点与研究进展,对我国当前制定乡村产业政策和用地政策将会提供一定的参考依据。

(二) 国外农村新产业新业态相关定义

"新产业、新业态"在不同地区有着不同的内涵。经合组织(Organization for Economic Cooperation and Development,OECD)在其刊物中对乡村经济发展的模式作比较,认为旧有模式中的主要目标部门是农业,而新途径则包含了乡村旅游业、乡村制造业、信息和通信技术行业[1],具体如表2-9所示。加里(Gary)和罗杰(Roger)认为,从现有的对于农业经济多样化增长的研究可以发现,新产业主要涉及旅游业、家庭企业和乡村创意产业。他们还提出,对于乡村产业的定义和分类,应至少满足以下三个条件中的两个,分别是"服务于农业人口""位于农村地区"和"销售农业相关的产品"[2],如图2-1所示。

---

[1] OECD. Innovation and Modernising the Rural Economy, OECD Rural Policy Reviews [M/OL]. Paris: OECD Publishing. http://dx.doi.org/10.1787/9789264205390-en.

[2] Gary B, Roger T. Interrogating the meaning of a rural business through a rural capitals framework [J/OL]. Journal of Rural Studies, 2016, 60: 1-10. https://doi.org/10.1016/j.jrurstud.2018.02.002.

表2-9 经合组织对新旧农村发展模式的比较

	旧有模式	新模式
对象	平等、农业收入、农业竞争力	农村地区竞争力、地方资产均衡化、未利用资源开发
目标领域	农业	农村经济的各个部门（乡村旅游业、乡村制造业、信息和通信科技行业等）
主要工具	补贴	投资
关键角色	地方政府、农民	各级政府（国家、地方）、各利益相关者（公众、私人、非政府组织）

来源：OECD (2006), The New Rural Paradigm: Policies and Governance, OECD Publishing, Paris, France.

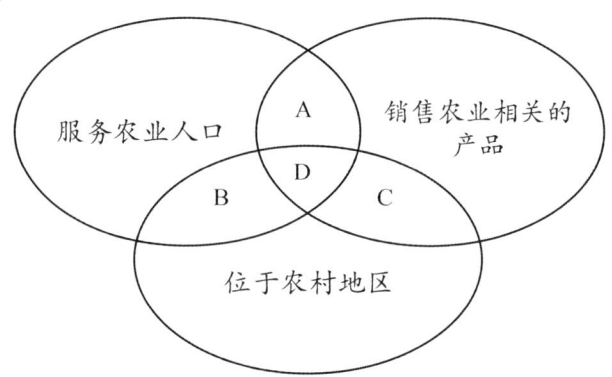

注：图中所有的交集A、B、C、D均为乡村产业。

图2-1 加里·博斯沃萨和罗杰·特恩伯对乡村产业定义的韦恩图

对于国外学者和政策制定者来说，新产业、新业态的定义基于学者收集的资料或政策施行的范围内旧有的产业和业态给出，在某一国家或地区属于新产业、新业态的产业类型，在另一国家可能是常态产业，甚至可能是淘汰产业。本书基于国外乡村新产业的发展经验对我国当前的乡村产业应当有一定的预见性和参考意义这一出发点，将国外已有但我国尚无，或国外已取得一定发展经验而我国还处于探索阶段的产业认为是新产业、新业态。结合现有文献和以上定义，可以得出目前国外乡村新产业主要有乡村旅游、休闲渔业和乡村创意产业等。

(三) 国外农村新产业新业态发展状况及研究进程

1. 乡村旅游

(1) 乡村旅游的概念界定与发展概述。

乡村旅游的英文表达一般为"rural tourism",但基于在乡村旅游时客体差异的区分,也有"farm tourism"和"agritourism"的说法,意即农场旅游和农业旅游。结合第一部分对于乡村产业的定义,我们可以发现,乡村性(rurality)是乡村产业的核心,国外学者对于乡村旅游的定义和研究,也紧紧围绕着乡村性展开。整理部分政府部门和学者的研究,对于乡村旅游的定义列举如表2-10所示。

表2-10 国外对于乡村旅游的定义列举

定义主体	定义表述	关键词
印度政府 乡村旅游部 (2011)	任何展示乡村的生活、艺术、文化和文化遗产,促进乡村经济与社会发展、促进游客与当地居民互动的旅游活动都可以称为乡村旅游,它以体验为导向,目标区域通常人口较少,具有一定的季节性,重视保护文化、文化遗产和地方传统	互益性体验 导向文化和 文化遗产
经合组织 (OECD,1994) 和欧盟(EU,1994)	乡村旅游指发生在乡村的一系列旅游活动,乡村性是乡村旅游整体推销的核心和独特卖点	乡村性旅游 活动
德诺 (Dernoi,2001)	乡村旅游是发生在非城市地区的旅游活动,它与土地密切相关,这里居住着永久性居民,永久性居民是乡村旅游发展的必要条件	非城市地区 永久性居民
巴斯比 (Busby,2000)	乡村旅游是乡村生活体验的商品化和模式化	商品化
芬兰乡村发展委员会 (2003)	乡村旅游是全面开发乡村资源,创造出口产品的途径和工具,通过量和质两个方面增加努力,乡村旅游可以被建设成为乡村就业和收入的基本源泉	乡村旅游的 经济功能
世界 旅游组织	乡村旅游是旅游者在乡村及其附近逗留、学习、体验乡村生活模式的活动,该村庄也可以作为旅游者探索附近地区的基地	体验、探索
拉脱维亚 乡村旅游协会	乡村旅游为消费者提供个性化的假日产品、为当地居民提供就业和收入,依赖当地的社会、文化和自然资源,以可持续发展原则进行开发	假日就业可 持续发展

从以上定义可以看出，除乡村性外，经济功能是乡村旅游的重要组成部分。具体表现在，乡村旅游为当地居民提供就业机会和收入来源，乡村独特的自然景观和文化魅力给旅游者提供身心上的放松与愉悦，居民与旅游者之间是互惠关系。乡村旅游通常依赖于资源禀赋，不论是自然景观还是文化传统、文化遗产，都很难在短时间内人为创设，这表明在发展乡村旅游时，要注意防范"千村一面"的现象，挖掘当地独具特色的景观或人文卖点，保持异质性才能使乡村对外具有足够且持久的吸引力。季节性是乡村旅游的又一特征。乡村旅游的客流通常在节假日较为充沛，在非节假日或旅游淡季，当地部分就业人口和景观设施处于待业和闲置状态，在制定产业政策时，要考虑客流欠丰时的人力成本和运营成本，通过产业互补、多产业协同发展等方式，提高人员、场地和设备的运行效率。此外，相关主体还关注乡村旅游的可持续性，在进行旅游开发时，注意保护当地独特的生态环境、文化遗产和传统等，以可持续发展原则进行开发。

综合来看，国外对乡村旅游的定义并非采取归纳概括的方法，而是依据乡村旅游的具体参与主体和环境要素给出，是相对狭义的概念界定[①]。

乡村旅游在各地的起源不同，"在英国，乡村旅游起源于11世纪贵族的狩猎；在德国，自1873年开始为公务员提供乡村休闲，1914年为白领提供收费度假服务；在加拿大，乡村旅游的主要形式是度假农庄和土著旅游，1977年成立的乡村度假农庄协会（CVA）为度假农庄提供有偿服务；美国在1992年成立了国家乡村旅游基金会，促进乡村旅游的发展；韩国和日本的乡村旅游大多以观光农场的形式出现，包括农产品提供型、农村空间提供型、体验交流型等"[②]。欧洲被认为是乡村旅游发展较成功的地区，在政策方面，欧盟制定了第五框架协议，提出了欧洲综合乡村旅游管理方针，并在资金、政策、教育培训等多方面给予

---

① 于永福,刘锋. 乡村旅游概论[M]. 北京:中国旅游出版社,2017:4.
② 邹统钎,等. 乡村旅游:理论·案例[M]. 天津:南开大学出版社,2008:7-9.

乡村旅游以支持①。"美洲的乡村旅游发展极不平衡,美国和加拿大重视乡村旅游的宣传和教育,在各个主要乡村社区向旅游者提供乡村自助游的宣传手册;墨西哥由于可进入性差,同时受一些在墨西哥旅行危险的宣传影响,乡村旅游发展比较缓慢;阿根廷政府推出的'南美土著部落''马背上的阿根廷'等乡土气息浓厚的乡村旅游项目,吸引了广大的国内外游客;南非国家白皮书中明确将发展乡村旅游作为南非经济发展的主要方式,南非的很多自然资源独特或文化底蕴深厚的乡村社区均通过开展野生动植物的观赏和博彩业等乡村旅游活动来提高社区生活水平;马来西亚乡村旅游则充分体现花卉之国特色,大力发展农场花卉旅游业"②。在一些国家,农宿融入乡村旅游中,成为其特色标签,如奥地利的"农场假日"、瑞典的"留在农场"。此外,有些乡村旅游还涉及宗教、具体的农业生产体验等③。

在乡村旅游的主题和要素方面,早期学者受限于乡村旅游的发展水平,认为住宿和住宿相关的活动是乡村旅游的核心要素④⑤。随着乡村旅游的发展和研究的不断深入,乡村旅游包含的内容也逐渐扩大,主要涉及乡村自然风光、乡村文化遗产(遗迹)、乡村生活和乡村活动等,如图2-2所示。

---

① Saxena G, Clark G, Oliver T. Conceptualizing integrated rural tourism[J]. Tourism Geographies, 2007,9:347-370.
② 卢小丽,成宇行,王立伟. 国内外乡村旅游研究热点:近20年文献回顾[J]. 资源科学, 2014,36(1):200-205.
③ Cawley M. International Encyclopedia of Human Geography[J]. Tourism, Rural. Elsevier, 2009: 313-317. https://doi.org/10.1016/B978-008044910-4.00909-3.
④ Clarke J. Farm tourism[J]. Insights, 1996, D19-24.
⑤ Clarke J. Farm accommodation and the communication max[J]. Tourism Management, 1996,17 (8), 611-616.

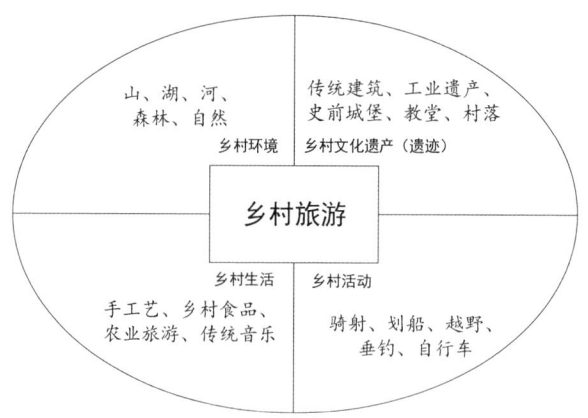

图 2-2　乡村旅游的构成要素

资料来源：邹统钎，等. 乡村旅游：理论·案例［M］. 天津：南开大学出版社，2008：4.

(2) 乡村旅游的研究动态。

在乡村旅游发展的动因方面，沃尔泽（Walzer）基于美国伊利诺伊州的调查认为，自20世纪70年代以来的经济结构调整和农业危机导致农村社区的经济发展机会较少，一些农业家庭不得不放弃农业经营，通过非农就业增加收入，而农村地区的文化、历史、民族和地理特征对旅游者有独特的吸引力，这促进了乡村旅游业的发展[①]。威尔逊（Wilson）等学者对乡村旅游成功发展的影响因素作了分析，认为完整的旅游套餐、良好的社区领导、乡村旅游企业家之间的协调与合作等10项因素最为重要[②]。艾比（Abby）基于对马来西亚吉打州（Kedah）的分析，认为种族差异、文化差异、宗教差异、管理者重视程度低等是当地乡村旅游业发展的阻碍因素[③]。

---

① Walzer N. "Introduction." In Economic Development in Small Illinois Communities［D］. Macomb：Illinois Institute for Rural Affairs, Western Illinois University, 1993：1-12.

② Wilson S, Fesenmaier D R, Fesenmaier J, et al. Factors for Success in Rural Tourism Development［J］. Journal of Travel Research, 2001, 40：132-138.

③ Abby Liu. Tourism in rural areas：Kedah, Malaysia［J］. Tourism Management, 2006, 27：878-889.

在旅游业与农业的关系方面，亦有诸多学者做过研究。丽贝卡（Rebecca）指出，在某些情况下，旅游业会吸引土地和劳动力远离农业部门而对当地的农业生产造成伤害，政府应该将农业发展纳入最初的旅游业规划当中[1]。亚历克斯（Alex）等基于希腊的案例，研究发现旅游业对农业的发展有一定的支持作用，但关系较弱，大多数的旅游业发展收益并非由当地居民所得[2]。也有学者发现，大多数农民希望将农业作为其核心业务，而旅游服务的提供通常由其女性伴侣负责，大多数女性也表示旅游业务的工作为其提供了工作满足感与独立感，旅游业与农业表现出一定的分离[3]。阿利萨（Aliza）和阿纳特（Anat）的研究表明，农场在乡村旅游中的角色越来越弱，农场活动不再是乡村旅游的必要组成部分，而农村住宿成为更重要的内容，体现出农业与旅游业的联系呈减弱的状态[4]。

在乡村旅游的社区影响方面，有学者基于美国的数据采用回归分析对乡村旅游给当地社会经济状况带来的影响进行评价，认为乡村旅游总体上改善了社会福祉，但不同地区存在显著差异。具体来说，乡村旅游有益于当地就业率的提升，同时促进了居民收入的增加；旅游区域的生活成本通常会因为旅游开发而上升，但对于当地居民而言，其收入增加的部分通常高于生活成本上涨的部分；由于从事职业的改变，居民的健康水平和受教育水平也会有所改善。然而，乡村旅游也有许多需要警惕的问题，如其可能加大乡村的基础设施压力，带来交通拥堵等。乡村旅游的影响具有地区差异，其对滑雪区和博彩业区域的贡献较大，对于阿

---

[1] Rebecca Torres. Linkages between tourism and agriculture in Mexico[J]. Annals of Tourism Research, 2003, 30: 546-566.

[2] Alex Koutsouris, et al. The phantom of (agri)tourism and agriculture symbiosis? A Greek case study[J]. Tourism Management Perspectives, 2014, 12: 94-103.

[3] Richard Sharpley, Adrian Vass. Tourism, farming and diversification: An attitudinal study[J]. Tourism Management, 2006, 27: 1040-1052.

[4] Aliza Fleischer, Anat Tchetchik. Does rural tourism benefit from agriculture?[J]. Tourism Management, 2005, 24: 493-501.

巴拉契亚山南部的山区以及五大湖地区则影响较小①。

在研究方法上,现有文献大多采用数量模型与统计方法,多调研,定性研究较少。在研究重点方面,以2000年为界,在此之前,国外学者对乡村旅游的主题、社会影响、管理战略等方面研究较多,更专注于乡村旅游"是什么",而在2000年之后,乡村旅游的研究重点集中于其动机、绩效、满意度等方面②。或许由于中外土地制度的差异性,国外现有乡村旅游的研究对土地利用问题关注较少。

(3) 乡村旅游的政策与案例。

由于乡村旅游对地区资源禀赋有较大依赖,故不同地区乡村旅游的对象、要素和政策都有着诸多不同,下面选取部分地区的乡村旅游案例作介绍。

印度乡村旅游。2011年的印度人口普查显示,印度约有70%的人口住在农村地区,城市化率约30%,较中国有较大幅度的落后。由于土地政策、户籍制度等诸多因素,印度产生了较多贫民窟。为了防止人口过多地涌入城市,同时提振经济,发展"乡村旅游"是政府的选择之一③。印度政府旅游部和联合国开发计划署于2003年发起名为"内生性旅游项目——乡村旅游计划"的合作项目,已在印度全国范围内的36个地区实施,旨在促进乡村旅游的发展以及了解乡村旅游发展过程中的可持续性、性别平等、群体权利和文化问题④,并摆脱以基础设施为中心的发展模式。该项目的认知背景是世界范围内旅游的内涵正在发生转变,即体验式旅游越来越受到人们的重视。传统意义的旅游目的地通常为设有五星级酒店的发达地区或富含阳光与沙子的海滨地区,而现代游客更倾向于选择具备独特文化与传统的乡村作为出游目的地,人

---

① Richard J, Reeder, Dennis M, Brown. A Report from the Economic Research Service, Recreation, Tourism, and Rural Well-Being[R]. U. S. Department of Agriculture, Economic Research Service, 2005.
② 于永福,刘锋. 乡村旅游概论[M]. 北京:中国旅游出版社,2017:23-26.
③ Drăgulănescu I V, & Druțu, M. Rural tourism for local economic, development[J]. International Journal of Academic Research in Accounting, Finance and Management Sciences,2012, 2(1):196-203.
④ Ministry of Tourism, Government of India, 2008[R]. Redefining Tourism - Experiences and Insights from Rural Tourism Projects in India.

们不再是去到景点合影留念,而是体验乡村生活,与乡村元素进行互动。

在执行方式上,印度乡村旅游选择的是示范推动加自主发展的模式,政府扮演推动者和催化剂的角色,但并不起主导作用。印度旅游部仅对全国范围内28个联邦的153个乡村旅游项目进行支援,其中包括ETP-RTS项目选中的36个项目[①],但政府并未在更大的范围内开展此类计划,而是通过树立典型以对其他适宜地区产生示范作用,引导其发展。非政府组织在旅游项目的建设过程中发挥着重要作用,在宣传、沟通大众及政府官员等非基础设施建设层面,非政府组织联结和构建了旅游项目所需的软件生态。发展中国家的乡村旅游通常面临营销困境。印度乡村旅游在营销方面,并未将游客作为"被动消费者"来看待,而是试图吸引甚至改变游客,使游客与景点形成双向互动。乡村旅游不是在乡村创造出类似城市的生活环境,游客在进行乡村旅游的过程中,体验到的不仅是当地景色,还包括乡村建设的活动参与,这种体验式旅游使游客获得对当地发展的贡献感,旅途更加"物有所值"。不同地区的旅游主题有所不同,如印度东北部地区主要为部落旅行,而带有冒险性质的旅游则多位于喀拉拉邦和西孟加拉邦等,步行的导览活动则分布于喜马拉雅山脉和塔尔沙漠[②]。

印度乡村旅游业亦面临着诸多不利因素,如印度乡村地区卫生、水资源、电力、现代通信等基础设施建设较差,此外也缺乏训练有素的导游和其他人力资源。

2. 休闲渔业

根据欧洲垂钓者联盟(EAA)的定义,休闲渔业与商业捕捞相区别,渔民和垂钓者不会出售其捕获的鱼以获取收入;在人数和产值方面,欧洲有800万—1000万的垂钓者,其产值规模达到了8亿—10亿

---

① Ministry of Tourism, Government of India[EB/OL]. http://tourism.gov.in/rural-tourism.
② Singh K, Gantait A, Puri G, et al. Rural Tourism: Need, Scope and Challenges in Indian Context. Hospitality and Tourism: Challenges, Innovation, Practices and Product Development[M]. New Delhi: Adhyayan Publishers and Distributors, 2016.

欧元[1]。休闲渔业在发达国家较为常见[2]，并可能导致鱼类资源的减少，如墨西哥湾地区的休闲垂钓比例达到了64%，涉及多种过度捕捞的物种[3]。

现有研究较多集中于休闲渔业的生态视角或其自身的管理机制。费德里科（Federico）和比阿特丽兹（Beatriz）基于对马略卡岛（位于地中海西部）垂钓者的电话采访，勾勒出垂钓者主要是中产阶级的中年男性，具备基本的教育水平；在管理方式中，只有一半的受访者对许可证制度表示认同，其他的防止过度捕获的手段还有袋子限制、按比例放生等。麦克菲（McPhee）等基于澳大利亚的案例，认为休闲垂钓者通常成功地将公众注意力引到商业性捕鱼上，休闲渔业受到的审查较少，如果不改变这种状况，休闲渔业在生态上不具有可持续性，呼吁应当将休闲渔业纳入监测和管理，考察其对生态环境的影响[4]。施罗德（Schroeder）和洛夫（Love）基于加利福尼亚州的案例，认为发展休闲垂钓对长寿鱼种的死亡率造成了潜在的破坏性影响，相比商业捕捞，休闲垂钓对16种鱼类有着更高的死亡率威胁[5]。约翰（John）和布瑞恩（Brian）分析了水质对于休闲垂钓的影响，分析表明，对于游戏倾向性的垂钓者，水质与垂钓需求正相关，但对于粗糙垂钓者则正好相反，平均而言，游戏垂钓者的支出要大于粗糙垂钓者[6]。

现有文献对休闲渔业的经济价值有一定关注，但视角并不集中在乡

---

[1] European Anglers Alliance. What is recreational fishing? [EB/OL]. [2018-05-21]. https://www.eaa-europe.org/topics/what-is-recreational-fishing/.

[2] Arlinghaus R. A conceptual framework to identify and understand conflicts in recreational fisheries systems, with implications for sustainable management[J]. Aquatic Resources, Culture and Development, 2005,1:145-174.

[3] Coleman, F C, et al. The impact of United States recreational fisheries on marine fish populations [J]. Science, 2009,305:1958-1960.

[4] McPhee D P, et al. Swallowing the bait: Is recreational fishing in Australia ecologically sustainable? [J]. Pacific Conservation Biology, 2002,8:40-51.

[5] Schroeder D M, Love M S. Recreational fishing and marine fish populations in California[J]. California Cooperative Oceanic Fisheries Investigations Reports, 2002,43:182-190.

[6] John C, Brian S. Water quality and recreational angling demand in Ireland[J]. Journal of Outdoor Recreation and Tourism, 2016,14:27-34.

村。约翰(John)等评估了乡村社区休闲渔业对地方经济的影响,以 Waterville 地区为例,垂钓者对当地经济的贡献为每次 41—58 欧元或每垂钓日 8—11 欧元[1]。托伊沃宁(Toivonen)等评估了北欧国家不同主体在休闲渔业中的经济收益:在丹麦,少数渔民得到了较高的收益;在芬兰,渔民的收入较高;瑞典渔民的平均收益最低,但其收益分化程度也较小[2]。比阿特丽兹(Beatriz)等基于马略卡岛的调查,估计得出居民休闲垂钓的支出达到了 5700 万欧元(约占马略卡经济的 1%),而在垂钓动力方面,对于当地居民,其主要动力是享受宁静,其次是捕食消费,而对于游客来说,垂钓并不成为其访问马略卡岛的动力[3]。

综合来看,在地域上,现有研究关注临海地区,如近地中海的马略卡岛和加州海岸;其研究视点则集中于休闲渔业的生态影响与管理机制,对于休闲渔业的经济价值,亦有一定的研究。在研究方法上,多通过电话、邮件等方式进行调研,对于休闲渔业经济价值的测算,多采用计量分析。

3. 乡村创意产业

创意产业指那些源于个人的创造力、技术和才能,并且通过知识产权的获取具有创造财富和就业机会的产业,主要包括广告、建筑、设计、音乐、表演等[4]。旧有的创意产业往往集中在城市,然而随着网络技术的发展,创意产业可以在很大程度上摆脱地理位置的束缚。乡村为创意产业的从业者提供了优于城市的创作环境,如宁静的景观和悠闲的生活方式等,但同时也为创意产业从业者带来了挑战。创意产业可以与旅游业协调开展,通过提供具有当地特色的创意产品,可以吸引游

---

[1] John Curtis, et al. The economic contribution of a recreational fishery in a remote rural economy [J]. Water Resources and Rural Development, 2017,10:14-21.

[2] Toivonen A L, et al. The economic value of recreational fisheries in Nordic countries[J]. Fisheries Management and Ecology, 2004,11:1-14.

[3] Beatriz Morales-Nin, et al. How relevant are recreational fisheries? Motivation and activity of resident and tourist anglers in Majorca[J]. Fisheries Research, 2015,164:45-49.

[4] DCMS Creative Industries Task Force. Creative Industries: Mapping Document[R]. DCMS, 1998.

客①。由于创意产业表达了当地居民的身份和社会凝聚力,对居民的生活质量有很重要影响,创意产业也可以增强农村社区的社会可持续性②。在组织方式上,安德森(Andersson)和亨利克森(Henrekson)的研究表明,创意经济并非自组织,适当的环境对其发展具有重要的意义③。英国是创意产业发展较早和较成功的国家,1970年后,农村地区的经济出现下滑,农业结构开始调整以寻找出路,"后生产主义农村"产生,即当地的经济基础部分依靠农业,农村成为消费、旅游和娱乐的场所,创意产业被纳入农业多样化政策之中④。2006年英格兰地区召开文化峰会,发布了多项政策和文件致力于提升乡村地区的创造力。农村创意经济中,工作室之旅、艺术旅游和环境艺术等成为其独特的卖点⑤。

在政策方面,大卫(David)和马克(Mark)以英国农村创意部门面临的一些独特问题为例,认为当前的政策并没有充分考虑城市和乡村创意产业的区别,呼吁政策制定者重新制定对农村创意产业的政策⑥。网络在乡村创意产业中扮演着重要基础设施的角色,莱恩(Leanne)等的研究表明,至少每秒2兆比特的下载速度的宽带对于创意产业的从业者来说至关重要⑦。

综合来看,现有研究集中于乡村创意产业所需的基础设施方面,对于乡村创意产业的其他方面研究较少。

---

① Anderson L. Magic light, silver city: The business of culture in Broken Hill[J]. Aust. Geogr, 2010,41:71-85.

② Kazana V, Kazaklis A. Exploring quality of life concerns in the context of sustainable rural development at the local level: A Greek case study[J]. Reg. Environ. Change,2009,9:209-219.

③ Andersson, Martin, Magnus Henrekson. Local Competiveness Fostered through Local Institutions for Entrepreneurship[J]. Research Institute on Industrial Economics Work, 2014:0-57.

④ Wilson G A. From productivism to post-productivism and back again? Exploring the (un)changed natural and mental landscape of European agriculture[J]. Transactions of the Institute of British Geographers, 2001,26:77-102.

⑤ Matarasso F. Only connect: Arts touring and rural communities[R]. Report for the National Rural Touring Forum,2004.

⑥ David Bell, Mark Jayne. The creative countryside: Policy and practice in the UK rural cultural economy[J]. Journal of Rural Studies. 2010,26:209-218.

⑦ Leanne Townsend, et al. Broadband and the creative industries in rural Scotland[J]. Journal of Rural Studies, 2017,54:451-458.

（四）国外农村新产业新业态发展与研究特点

乡村新产业与农业多样化有着密切联系。如欧盟共同农业政策要求提升农村地区创新力，发展新产业[①]；澳大利亚、加拿大和英国亦有相关政策鼓励乡村新产业的发展。乡村新产业发展的一个趋势是传统农业（种植业）产值比重下降，联合国粮农组织关于农业三阶段的表述认为，随着乡村经济的发展，以旅游业为代表的乡村非农产业的比重会逐渐上升，农业收入结构调整呈现多样化的态势[②]。乡村新产业的发展契合了农村家庭多样化的状况，同时，多样化的产业对于克服农业市场不完善具有一定作用[③]。

综观现有关于乡村新产业的研究，可以发现以下几个特点。

一是宏观层面的研究较少。即已有研究大多将乡村新产业细化考虑，如考察乡村旅游的经济价值、休闲渔业的生态影响等，鲜有将乡村新产业进行整体考虑，测算其相关经济社会影响等。政府部门在宏观政策中偶有提及乡村新产业，对于各细化的产业类型，会出台详细的政策进行指导。

二是研究方法侧重于计量模型与调研、访谈等。学者们常通过电话、邮件访谈等形式，收集一手资料进行研究。

三是研究角度覆盖全面。除去乡村新产业的经济价值，学者们还关注部分新产业的生态影响与社会影响，如对休闲渔业的生态影响，女性在乡村旅游和休闲渔业中的角色等。

四是乡村新产业的产生和发展具有较大的自发性或自然性。如欧洲乡村旅游业的兴起有其深厚的历史背景，创意产业由城市蔓延到乡村有着通信、交通等现代基础设施不断完善的背景。政策层面，各地区很少

---

① European commission. Agriculture and Rural Development[EB/OL]. https://ec.europa.eu/agriculture/rural-development-2014-2020_en.

② FAO. The state of food and agriculture: Rural non-farm income in developing countries[R]. Rome: Food and Agriculture Organization, 1998.

③ Benjamin Davis, et al. A Cross-Country Comparison of Rural Income Generating Activities[J]. World Development, 2010, 38: 48-63.

刻意去从无到有地定义新产业,而是等待新产业自然发展后总结概括和制定政策。

三、国内外农村新产业新业态发展及研究对比

新旧产业的划分在国内外有着不同的标准。一般而言,新产业基于新的市场环境、新的技术手段与新的产业政策孕育而生,而不同国家和地区间的地理区位、资源禀赋、市场环境、科技实力、政策导向有着诸多差别,相应而生的产业类型也有各自的特点,在一地区被视作新产业的产业类型,可能在另一地区早已存在甚至被视为落后产业。以下对比所述的新产业均基于各国家或地区已有的产业背景。新产业的区域横向比较有利于发现我国现有产业的薄弱环节,对后续产业的诞生和发展有着启示作用(见表2-11)。

(一)产业类型及动因对比

表2-11 国内外产业类型对比

产业类型	产业性质		国外代表国家或地区
	国内	国外	
乡村旅游	新	新	英国、法国、美国
休闲农业	新	成熟	意大利、法国①
乡村电商及物流产业	成熟	待建设	
新型农业经营主体	新	成熟	美国
农业生产性服务业	新	成熟	美国
乡村特色产品与手工业	新	成熟	印度
休闲渔业	待建设	新	美国西海岸、地中海、新西兰
乡村创意产业	待建设	新	英国乡村
乡村养老产业	待建设	成熟	美国南部海岸
乡村能源产业	待建设	成熟	美国

---

① 詹玲,蒋和平,冯献. 国外休闲农业的发展概况和经验启示[J]. 世界农业,2009(10):47-51.

性质含义：

新：所述产业类型处于新兴发展阶段，已有一定基础，但离产业成熟还有一定差距；

成熟：所述产业类型在相应地区已有较强的产业基础，形成了完整的商业体系；

待建设：所述产业类型处于缺失或萌发阶段。

1. 数量比较

被选取的10类产业中，我国有5项处于新兴发展阶段，4项处于待建设阶段，1项处于成熟阶段；国外有6项处于成熟阶段，3项处于新兴发展阶段，1项处于待建设阶段。国外乡村成熟产业的数量较多，对我国乡村新产业的建设有着较大的借鉴作用。我国的乡村创意产业、养老产业和能源产业，处于缺失或萌芽状态，在乡村振兴和人口结构转型的大背景下，此类产业亟须开展潜能挖掘。

2. 乡村产业的特殊背景

地理要素等对产业形成的影响与借鉴。意大利和法国南部的地中海气候为其休闲农业的繁荣提供了优越的气候条件，而自古希腊时期积淀起的文化又为休闲农业的发展提供了文化吸引力；由于人口和地形等条件的不同，美国形成了以家庭农场为主体的农业发展模式，我国目前大力培育的新型农业经营主体中，家庭农场是一个重要组成部分，借鉴美国家庭农场运作模式的成熟经验，有利于提升我国家庭农场的生产组织水平；美国西海岸、地中海地区及新西兰，有着良好的水域条件，开阔的海岸线及众多的岛屿，为休闲渔业的发展提供了契机。

历史文化因素对产业的形成与发展有着重要影响。英国是世界上最早开展乡村旅游的地区之一，贵族们从11世纪起便有在乡村从事狩猎休闲的活动，这为乡村旅游的发展提供了社会潮流动力。我国受宗法制及儒家文化的影响，形成了较强的宗亲观念，宗族是乡土势力的重要组件，宗亲聚居是乡村群落的基本模式，在此过程中，养老的任务由子女晚辈完成，现代以来，我国的宗族观念整体上有了很大的弱化，但家庭观念仍被很好地保留了下来。但随着生育政策的改变和人口结构的转型，年轻人面临的养老负担越来越大，而乡村养老产业可能是减轻年轻人负担的有效尝试。

行业协会和非政府组织对产业发展有着重要的指导作用。如1885年德国农业协会就制定了乡村旅游品质认证制度，对当地度假农场的品质提升起到了监督作用；美国国家乡村旅游基金（NRTF）致力于鼓励乡村旅游和提供各种服务，如提供网络信息服务、推广国际旅游项目等；法国农会常设委员会在1953年起，对乡村旅游业进行了系统整合，并对遗产建筑提供维修费用。我国目前新产业的发展过程中，行业协会参与较少甚至处于缺失状态，建立规范的行业协会，有利于更好地发挥市场作用推动新产业发展。

此外，由于人力成本等因素，电商物流在我国发展较好，这促进了物流产业向乡村地区延伸，解决物流配送"最后一公里"的问题，国人有着更好的思路。

3. 政府推动孵化与自发形成

综观各产业的成因与发展可以发现，我国的乡村产业有着较强的政策驱动性，而国外的产业形成则大多遵循市场路线。如新型农业经营主体及其构成，在名词上，有着政策文件建构的过程，党的十八大提出要大力构建新型农业经营主体，此后这一话题越加受到关注，学者们对其内涵机制等进行了详尽的研究，而其包含的家庭农场、种养大户、农民专业合作社和农业产业化龙头企业等，亦有着较强的政策背景。在我国的产业发展过程中，政府扮演了重要的指导角色，而行政干预较弱的国家和地区，产业较多地依赖成熟的市场环境发展。

（二）研究重点对比

研究深度的差异。我国乡村新产业尚处于起步阶段，国内学者对于乡村新产业的研究大多停留在理论层面，对于产业实践的研究有着较大的缺失，针对实践中产生的新产业内涵界定不清、政策鼓励下的盲目发展等问题研究较少。

国内外对乡村新产业的整体研究都处于空缺状态。国内有较多的政策文件将乡村新产业作为整体的施政对象，但在研究层面，学者大多聚焦于具体的产业类型，极少将各新产业整体考虑进行研究。

自然与人文关怀的差异。国内针对具体乡村新产业类型的研究，大多集中于经济层面的考量，如研究乡村旅游对村民收入与就业的影响、研究新型农业经营主体的政府补贴与组织效率等，鲜有研究涉及新产业的生态环境影响。而国外学者的研究中，休闲渔业和乡村旅游的环境影响是重要环节，此外，亦考察研究对象的社会影响，如研究乡村旅游中女性角色地位等，体现了东西方研究者的价值差异与人文关怀。

第三章 农村新产业新业态用地管理问题和挑战

一、当前农村新产业新业态用地管理存在的主要问题

（一）规划编制与实施问题

1. 各级规划重总量控制轻指标的城乡分配

目前涉及土地利用规划的技术文件主要有以下几项：国土资源部发布的《市（地）级土地利用总体规划编制规程（TD/T 1023—2010）》，国土资源部发布的《县级土地利用总体规划编制规程（TD/T 1024—2010）》，国土资源部发布的《乡镇土地利用总体规划编制规程（TD/T 1025—2010）》，国土资源部发布的《市县乡级土地利用总体规划编制指导意见》，国土资源部发布的《关于有序开展村土地利用规划编制工作的指导意见》，国土资源部发布的《村土地利用规划编制技术导则》。

从已有的技术规程以及所收集的土地利用总体规划来看，目前各级土地利用总体规划对用地总量、用地规模控制比较重视，但对于指标的城乡（城市-乡村）分配、村镇（镇区-村）分配重视不够，这使得远离集镇以及单独选址项目难以获得用地指标。现有土地利用总体规划规程涉及用地指标分解的内容见表3-1。

表 3-1 现有土地利用总体规划规程涉及用地指标分解的内容

序号	文件名称	涉及指标分解的内容	现实普遍做法
1	《市（地）级土地利用总体规划编制规程（TD/T 1023—2010）》	(1) 有乡村建设用地需求预测的内容 (2) 在市层面城镇建设用地和农村居民点规模分类 (3) 在区县层面城乡建设用地规模合并	(1) 将城乡建设用地指标合并 (2) 新增建设用地指标不对城乡加以区别
2	《县级土地利用总体规划编制规程（TD/T 1024—2010）》	在县层次城镇建设用地和农村居民点用地规模分列、在乡镇层次城镇村用地规模合并	新增建设用地指标不对城乡加以区别
3	《乡镇土地利用总体规划编制规程（TD/T 1025—2010）》	围绕新农村建设和城乡统筹发展，落实村庄和集镇建设用地的规模和范围，结合实际划定村镇规模边界和扩展边界，形成允许建设用地区、有条件建设用地区；结合规划控制指标和农村居民点整理潜力调查结果，明确村镇拆并的位置、范围及时序安排	在乡镇级土地利用总体规划编制中，因用地指标紧缺，一般优先保障重点项目和集镇，用地指标分配具有明显的"集镇偏向"
4	《市县乡级土地利用总体规划编制指导意见》	城乡建设用地规模边界。按照土地利用总体规划确定的城乡建设用地面积指标，划定城、镇、村、工矿建设用地边界	(1) 通过规模边界标示城、镇、村、工矿用地规模 (2) 新增建设用地指标不对城乡加以区别
5	《村土地利用规划编制技术导则》	对农村居民点内部用地区分了宅基地、公共服务设施用地等	目前地籍数据还难以支撑《村土地利用规划编制技术导则》用地规模控制分类

2. 规划与计划衔接的问题："规划内计划外用地"现象长期存在

国土资源部发布的《土地利用年度计划管理办法》第四条明确了年度计划指标的类型，主要有四类：一是新增建设用地计划指标，包括新增建设用地总量和新增建设占用农用地及耕地指标；二是土地整治补充耕地计划指标；三是耕地保有量计划指标；四是城乡建设用地增减挂钩指标和工矿废弃地复垦利用指标。各地可以根据实际需要，在上述分类的基础上增设控制指标。

《土地利用年度计划管理办法》明确了土地利用年度计划管理应当遵循的原则之一是"严格控制农村集体建设用地规模"。基于这一原则,各地在分配用地计划指标时优先保障城镇和重点项目用地获得用地指标,甚至有的地方长期未审批宅基地。这使得部分地方"规划内计划外用地"现象长期存在。导致这一现象的原因既有控制农村集体建设用地规模政策及其实施的因素,也有缺乏有效的存量用地挖潜激励机制的因素。

3. "城市偏向"和"集镇偏向"的用地指标分配规则难以适应新产业新业态发展需求

"城市偏向"和"集镇偏向"是当前建设用地指标分配的基本格局。由于用地指标偏紧以及贯彻"严格控制农村集体建设用地规模"的原则,有限的建设用地计划指标被优先分配于城镇和集镇,形成了"城市偏向"和"集镇偏向"的分配格局。"城乡建设用地增加挂钩"的政策设计也是为了通过农村集体建设用地减少和城镇建设用地增加挂钩来控制区域建设用地总量。

"城市偏向"和"集镇偏向"的建设用地指标分配规则使得在"控制农村建设用地规模"和"保障乡村发展用地"之间取得平衡,这使得事实上形成了"增量保城镇发展、存量保乡村发展"的用地需求保障格局。采用存量保障用地需求往往要比采用增量保障用地需求的成本较高、需要较强的经济实力,而这与城乡经济实力显然是倒挂的。在"城市偏向"和"集镇偏向"用地计划指标分配规则下,乡村用地发展需求难以得到保障。

中共中央、国务院印发的《乡村振兴战略规划(2018—2022年)》有关加强乡村振兴用地保障政策总体框架是"完善农村土地利用管理政策体系,盘活存量,用好流量,辅以增量,激活农村土地资源资产,保障乡村振兴用地需求"。也就是说在乡村振兴战略实施背景下,保障乡村建设用地需求的总体思路是"存量为主、增量为辅"。

概括而言,"城市偏向"和"集镇偏向"的用地指标分配难以适应

《乡村振兴战略规划（2018—2022年）》有关培育新产业新业态的要求。在《乡村振兴战略规划（2018—2022年）》中的"第十六章 推动农村产业深度融合"的第二节具体说明了在2018—2022年农村新产业新业态培育的重点领域。这些重点领域主要有：农村电子商务发展基础设施，农村新型流通业态，休闲农业和乡村旅游，新型农业社会化服务体系。其中休闲农业和乡村旅游可能会有较大的用地需求，新型农业生产性服务业用地可以相对集中在镇区和集镇。"城市偏向"和"集镇偏向"的用地指标分配使得零星分散、单独选址的休闲农业和乡村旅游所需用地难以得到保障。

4. 现有土地利用规划难以适应新产业新业态发展的用地新特点

按照当前的建设用地管理制度，不少农村新产业新业态发展的不少类型用地需要办理建设用地审批，这些需要审批的建设项目又常具有用地面积小和用地分散不集中的特点[①]。但在土地利用总体规划编制时又往往难以对零散用地加以布局，这就使得即使有建设用地年度计划指标支持，也面临着不符合用地规划的风险[②]。

除面积小用地零散之外，目前农村新产业新业态用地也呈现出多用途复合、更高容积率的特点。如有调研表明：在一些养殖场地中，场房不再是之前的单层场房而是多层场房乃至七八层场房，兼有农业养殖、农产品加工和办公等用途[③]。这一用地特点也使得国土空间用途管制面临着新问题和新情况，不仅需要从地类上加以管制，可能还需要从用地强度上加以管制。

5. 自上而下的规划和年度计划编制模式难以适应自下而上的参与需求

一是乡村发展利益相关主体更加多样化。与过去（10年前）相比较，目前乡村产业发展态势有新变化。之前乡村人口、资本外流，目前返乡回乡创业人员增加、资本回乡下乡增加，这使得传统的自上而下的

---

① 赖文浩. 华南地区农村新产业新业态用地情况调查[J]. 中国土地，2018(2):45-48.
② 同①.
③ 同①.

规划体系难以适应目前乡村产业发展中利益相关主体显著增加的情形。

二是农村新产业新业态呈现的新用地特点使得传统的用地需求管理模式难以适应。如前文所述，目前农村新产业新业态用地需求具有在空间上具有零散性、在时间上具有不确定性、在规模上单个面积小等特点。

上述两个原因使得传统自上而下的规划管控和用地计划编制模式难以适应当前农村新产业新业态用地需求管理。

6. 农村新产业新业态用地类型缺乏认定标准

对农村新产业新业态缺乏针对性的管理制度。有专家认为目前"农村新产业新业态用地的类型认定、使用条件、规模约束等缺乏具体的规范和标准指导，具体项目的选址、设计、规划等也缺乏科学的评估与审定，致使新产业新业态发展处于无序化状态"①。目前有关新产业新业态用地管理的政策文件主要是《国土资源部 国家发展改革委关于深入推进农业供给侧结构性改革 做好农村产业融合发展用地保障的通知》（国土资规〔2017〕12号），但该文件主要是针对城镇非农产业性质的新产业新业态用地，对于农村新产业新业态用地并无多少内容。就农村新产业新业态用地而言，《国土资源部 农业部关于进一步支持设施农业健康发展的通知》（国土资发〔2014〕127号）也不足以涵盖当前多样的农村新产业新业态用地。因此，总体而言，从已有的政策文件来看，目前还缺乏对农村新产业新业态用地具有针对性的管理政策和制度，缺乏相应的对农村新产业新业态用地的认定标准。

（二）设施农用地中附属设施用地复合利用管理问题

1. 复合利用中土地用途和利用类型认定及监管问题

《国土资源部 农业部关于进一步支持设施农业健康发展的通知》对设施农用地范围界定加以了明确。该通知将设施农用地划分为生产设

---

① 杨庆媛，毕国华，曾潍嘉. 乡村振兴战略实施中加强农村新产业新业态用地保障的思考及建议[EB/OL]. https://mp.weixin.qq.com/s/goetVm9BgKJFRVsKG9fFyw.

施用地、附属设施用地和配套实施用地。从三大类设施用地分类下所列举的分类来看,生产设施用地定义清楚,在实践中容易界定,对土地利用强度也作了较为明确的规定,例如"育种育苗场所、简易的生产看护房(单层,小于15平方米)用地等"。

然而,附属设施用地和配套设施用地均可能出现复合利用的情况。附属设施包括三小类:一是设施农业生产中必须配套的检验检疫监测、动植物疫病虫害防控等技术设施以及必要管理用房用地;二是设施农业生产中必须配套的畜禽养殖粪便、污水等废弃物收集、存储、处理等环保设施用地,生物质(有机)肥料生产设施用地;三是设施农业生产中所必需的设备、原料、农产品临时存储、分拣包装场所用地,符合"农村道路"规定的场内道路等用地。配套设施用地则包括晾晒场、粮食烘干设施、粮食和农资临时存放场所、大型农机具临时存放场所等用地。《国土资源部 农业部关于进一步支持设施农业健康发展的通知》也明确"以下用地必须依法依规按建设用地进行管理:经营性粮食存储、加工和农机农资存放、维修场所;以农业为依托的休闲观光度假场所、各类庄园、酒庄、农家乐;以及各类农业园区中涉及建设永久性餐饮、住宿、会议、大型停车场、工厂化农产品加工、展销等用地"。但问题是,如果《国土资源部 农业部关于进一步支持设施农业健康发展的通知》中明确必须依法依规按建设用地进行管理的用地类型和附属设施用地或者配套设施用地出现复合利用时(如用地的第一层为附属设施用地或者配套设施用地,第二层及以上利用超出附属设施用地和配套设施用地,且为必须按照建设用地进行管理的用途)。目前对这类复合利用的情况还缺乏相应的配套制度。

需要从价值取舍角度考虑对乡村复合用地的管控制度设计。目前对于复合用地中用地类型的认定及其使用条件和用地强度管控还缺乏相应的标准。乡村振兴战略规划的实施推进,使得制定农村新产业新业态用地管控制度的迫切性提高,对于复合用地的管控可能是农村新产业新业态用地管控的难点和重点。制度设计可能需要在严格控制和放任自流之间寻找一个平衡:过严,可能会使得农村新产业新业态发展受到很大限制；过松，可能会使乡村产业用地乃至整个乡村用地失控。对于乡村产业用地强度的管控可能也是当前政策设计时需要考虑价值选择的问题：是要在景观上模糊城乡界限，允许乡村有零散分布的高楼大厦；还是要在景观上维持城乡之间的区分，使得城市是城市乡村是乡村。这些价值取舍决定农村新产业新业态用地管理制度的基本框架。

2. 设施农用地用途转用监管问题

2018年9月农业农村部、自然资源部印发了《〈关于开展"大棚房"问题专项清理整治行动坚决遏制农地非农化的方案〉的通知》（农农发〔2018〕3号），要求2018年9月至12月在全国范围内集中开展"大棚房"问题专项清理整治行动。该通知认为"近年来，一些地方的工商企业和个人借建农业大棚之名，占用耕地甚至永久基本农田，违法违规建设'私家庄园'等非农设施，严重冲击了耕地红线"。大棚房现象表明以下几个问题。

（1）设施农用地转用监管的困境。与传统农用地转用相比较，设施农用地的转用监管要困难得多。

（2）设施农用地政策制度存在被滥用，成为变相增加非农建设用地的通道。2007年国家质量监督检验检疫总局和国家标准化管理委员会发布《土地利用现状分类》（GB/T 21010—2007）以及2010年《国土资源部 农业部关于完善设施农用地管理有关问题的通知》（国土资发〔2010〕155号）以来，为便利排查乡村和农业发展的设施农用地政策和制度在一定程度上被滥用，成为变相增加非农建设用地的工具。

（三）新产业新业态用地支持政策落地的难题

前面的分析表明，在顶层设计层面，国家业已出台了支持农村新产业新业态发展的用地政策。如前面所分析的多项"一定比例"的用地政策，目前这些"一定比例"的用地政策还很难落地。主要原因有：各项政策所要求的年度计划中"一定比例"用地指标落地往往意味着地方要调整之前编制的土地利用总体规划；现实中设施农用地需求中不少与基本农田相重合，这使得《国土资源部 农业部关于进一步支持设施农业健康发展的通知》所规定的"一定比例"用于设施农业的用地政策难以落地。《国土资源部 农业部关于进一步支持设施农业健康发展的通知》规定,"合理控制附属设施和配套设施用地规模。进行工厂化作物栽培的,附属设施用地规模原则上控制在项目用地规模5%以内,但最多不超过10亩;规模化畜禽养殖的附属设施用地规模原则上控制在项目用地规模7%以内(其中,规模化养牛、养羊的附属设施用地规模比例控制在10%以内),但最多不超过15亩;水产养殖的附属设施用地规模原则上控制在项目用地规模7%以内,但最多不超过10亩"。同时也明确,"对于平原地区从事规模化粮食生产涉及的配套设施建设,选址确实难以安排在其他地类上、无法避开基本农田的,经县级国土资源主管部门会同农业部门组织论证确需占用的,可占用基本农田。占用基本农田的,必须按数量相等、质量相当的原则和有关要求予以补划。各类畜禽养殖、水产养殖、工厂化作物栽培等设施建设禁止占用基本农田"。因此,有研究认为,"虽然为支持设施农业发展允许有5%的附属设施用地和辅助设施用地,但苦于设施农业落在基本农田内,这个用地比例政策很多时候实际上落不了地"[①]。

(四)土地管理人员对农村新产业新业态用地政策的掌握程度有待提高

1. 一线土地管理人员政策掌握程度有待提高

根据土地管理人员对农村新产业新业态用地政策认知问卷调查结果,对于《国土资源部 国家发展改革委关于深入推进农业供给侧结构性改革 做好农村产业融合发展用地保障的通知》比较了解与非常了解的为43%,对《国土资源部 农业部关于进一步支持设施农业健康发展的通知2018》比较了解与非常了解的为58%,对《国土资源部 发展改革委 科技部 工业和信息化部 住房和城乡建设部 商务部

---

① 韩俊.返乡创业促进农村新产业新业态发展[EB/OL]. http://www.rmzxb.com.cn/c/2017-02-20/1352500_2.shtml.

关于支持新产业新业态发展促进大众创业万众创新用地的意见》比较了解与非常了解的为40%，而对于国家统计局制定的《新产业新业态新商业模式统计分类（2018）》比较了解与非常了解的则只有22%；对前述几项文件非常了解的分别是15%、22%、12%和6%（见节末表3-3）。这些数据表明，当前一线土地管理人员对于农村新产业新业态用地政策的掌握程度有待提高。这可能是因为农村新产业新业态用地政策分散在不同的政策文件，也可能是《国土资源部 农业部关于进一步支持设施农业健康发展的通知》等文件发布时间较短的原因所导致的。

2. 对一线土地管理人员相关政策咨询回复的重视程度有待提高

一线土地管理管理人员对于相关政策把握不准的时候，有部分土地管理人员会通过网络等渠道向上级有关部门咨询，但从所收集到有关网络咨询的情况来看，对于一线土地管理人员政策咨询的回复中，"有答复、无答案"现象比较普遍（尽管对相关的咨询进行答复，但并没有真正解答所咨询的问题、解决咨询人员的疑惑）。政策的有效性在于实施，及时给予政策实施人员以指导也是提高政策实施效果的重要保障和手段。

（五）设施农用地转用监管可能存在的漏洞

依据自然资源部土地调查成果共享应用服务平台，整理设施农用地转用后的用地类型，如表3-2所示。

表3-2　2010—2017年设施农用地转出整理表

地类	耕地	园地	林地	草地	交通运输用地	水域及水利设施用地	其他土地	城镇村及工矿用地	总计
转出量（公顷）	13833.07	172.48	575.6	303.6	4391.58	1209.76	477.96	54506.77	75470.82
比例（%）	18.33	0.23	0.76	0.40	5.82	1.60	0.63	72.22	100

可以发现，设施农用地转用后的主要地类为城镇村及工矿用地，占

比达 72.22%，而转为耕地的仅占 18.33%，意味着监管层面可能存在一定的漏洞，致使大量耕地可经设施农用地转为非农用地，威胁耕地保护及粮食安全。

二、当前农村新产业新业态用地管理面临的形势与挑战

（一）乡村振兴战略的实施对农村新产业新业态用地提出了新要求

2018 年中共中央、国务院印发的《乡村振兴战略规划（2018—2022 年）》中有专门章节和规划指标对农村新产业新业态的发展进行了陈述。具体来说，相关规划内容和可能的用地影响主要有以下几个方面。

1. 休闲农业和乡村旅游用地可能会显著增加

在《乡村振兴战略规划（2018—2022 年）》的"乡村振兴战略规划主要指标"中显示：休闲农业和乡村旅游接待人次从 2016 年的 21 亿人次增加到 2022 年的 32 亿人次，增加 52%（11 亿人次）。休闲农业和乡村旅游发展也很可能会突破这一规划指标，如农业部的数据显示 2018 年 1—6 月休闲农业和乡村旅游接待 16 亿人次[①]。《乡村振兴战略规划（2018—2022 年）》实施推动休闲农业乡村旅游业的发展可能会导致对相对休闲农业和乡村旅游用地大量的需求，并可能对耕地保护形成一定的压力。

2. 既要保护耕地又要大力发展新产业新业态

在《乡村振兴战略规划（2018—2022 年）》中也明确粮食综合生产能力要保持在 6 亿吨以上。自 2013 年以来，我国粮食产量基本上稳定在 6.0 亿—6.2 亿吨，这也说明如在相关技术无显著突破的条件下，目

---

① 农村新产业新业态持续快速发展［EB/OL］. http://www.gov.cn/shuju/2018-07/16/content_5306781.htm.

前的耕地利用勉强能够满足粮食综合生产能力保持在 6 亿吨以上的约束性要求。这就使得农村新产业新业态发展面临着很强的耕地保护约束，农村新产业新业态的发展不能以牺牲耕地为代价。

3. 对乡村空间规划覆盖提出了具体要求

据住房和城乡建设部发布的《城乡建设统计年鉴》，2016 年行政村村庄规划覆盖率约为 62%、自然村村庄规划覆盖率约为 32%。《乡村振兴战略规划（2018—2022 年）》要求村庄规划覆盖率 2020 年达到 80%、2022 年达到 90%，并要求统筹城乡发展空间、优化乡村发展布局。

4. 对农村新产业新业态用地保障提出了具体要求

（1）"各地年度新增建设用地计划指标，要确定一定比例用于支持农村新产业新业态发展。落实好减税降费政策，支持农村创新创业"。（2）从土地利用总体规划、年度计划、多功能复合利用等几个方面提出了要求，"乡镇土地利用总体规划可以预留一定比例的规划建设用地指标，用于农业农村发展。根据规划确定的用地结构和布局，年度土地利用计划分配中可安排一定比例新增建设用地指标专项支持农业农村发展。对于农业生产过程中所需各类生产设施和附属设施用地，以及由于农业规模经营必须兴建的配套设施，在不占用永久基本农田的前提下，纳入设施农用地管理，实行县级备案。鼓励农业生产与村庄建设用地复合利用，发展农村新产业新业态，拓展土地使用功能"。

5. 需要设计存量建设用地支持农村新产业新业态发展的新机制

《乡村振兴战略规划（2018—2022 年）》提出"在符合土地利用总体规划前提下，允许县级政府通过村土地利用规划调整优化村庄用地布局，有效利用农村零星分散的存量建设用地。对利用收储农村闲置建设用地发展农村新产业新业态的，给予新增建设用地指标奖励"。

（二）"预留"和"单列"用地指标政策需要精细化的制度安排

梳理近 5 年的有关政策文献，共有 9 项文件涉及，具体是：《中共中央　国务院关于实施乡村振兴战略的意见》、《乡村振兴战略规划（2018—2022 年）》、《国务院办公厅关于推进农村一二三产业融合发展的指导意见》、《国务院办公厅关于支持返乡下乡人员创业创新促进农村一二三产业融合发展的意见》、《国土资源部 国家发展改革委关于深入推进农业供给侧结构性改革 做好农村产业融合发展用地保障的通知》（国土资规〔2017〕12号）、《国土资源部 发展改革委 科技部 工业和信息化部 住房和城乡建设部 商务部关于支持新产业新业态发展促进大众创业万众创新用地的意见》（国土资规〔2015〕5号）、《国土资源部 国务院扶贫办 国家能源局关于支持光伏扶贫和规范光伏发电产业用地的意见》（国土资规〔2017〕8号）、《国土资源部 住房和城乡建设部 国家旅游局关于支持旅游业发展用地政策的意见》（国土资规〔2015〕10号）、《国土资源部 农业部关于进一步支持设施农业健康发展的通知》（国土资发〔2014〕127号）。

梳理上述文件，主要有以下几项内容（具体见节末表3-4、表3-5）：

1. "一定比例"年度计划指标用地支持政策

有多个文件提及将年度用地指标中的"一定比例"用于支持农村新产业新业态发展；主要有：（1）《国务院办公厅关于推进农村一二三产业融合发展的指导意见》规定"在各省（自治区、直辖市）年度建设用地指标中单列一定比例，专门用于新型农业经营主体进行农产品加工、仓储物流、产地批发市场等辅助设施建设"；（2）《国务院办公厅关于支持返乡下乡人员创业创新促进农村一二三产业融合发展的意见》规定"县级人民政府可在年度建设用地指标中单列一定比例专门用于返乡下乡人员建设农业配套辅助设施"；（3）《国土资源部 国家发展改革委关于深入推进农业供给侧结构性改革 做好农村产业融合发展用地保障的通知》（国土资规〔2017〕12号）规定"安排一定比例年度土地利用计划，专项支持农村新产业新业态和产业融合发展"；（4）《乡村振兴战略规划（2018—2022年）》规定"各地年度新增建设用地计划指标，要确定一定比例用于支持农村新产业新业态发展。落实好减税降费政策，支持农村创新创业"，"根据规划确定的用地结构和布局，年度土地利用计划分配中可安排一定比例新增建设用地指标专项支持农业农村发展"。

2. "预留规划建设用地指标"政策

如《国土资源部 国家发展改革委关于深入推进农业供给侧结构性改革 做好农村产业融合发展用地保障的通知》(国土资规〔2015〕12号)中规定"各地区在编制和实施土地利用总体规划中,要适应现代农业和农村产业融合发展需要,优先安排农村基础设施和公共服务用地,乡(镇)土地利用总体规划可以预留少量(不超过5%)规划建设用地指标,用于零星分散的单独选址农业设施、乡村旅游设施等建设"。

3. "一定比例"用地鼓励生态治理、公益林和高标准农田建设政策

主要有:(1)《乡村振兴战略规划(2018—2022年)》规定"鼓励各类社会主体参与生态保护修复,对集中连片开展生态修复达到一定规模的经营主体,允许在符合土地管理法律法规和土地利用总体规划、依法办理建设用地审批手续、坚持节约集约用地的前提下,利用1%—3%治理面积从事旅游、康养、体育、设施农业等产业开发"。(2)《国务院办公厅关于推进农村一二三产业融合发展的指导意见》规定"对社会资本投资建设连片面积达到一定规模的高标准农田、生态公益林等,允许在符合土地管理法律法规和土地利用总体规划、依法办理建设用地审批手续、坚持节约集约用地的前提下,利用一定比例的土地开展观光和休闲度假旅游、加工流通等经营活动"。

4. 鼓励"复合用地"政策

《乡村振兴战略规划(2018—2022年)》规定"鼓励农业生产与村庄建设用地复合利用,发展农村新产业新业态,拓展土地使用功能";《国土资源部 发展改革委 科技部 工业和信息化部 住房和城乡建设部 商务部关于支持新产业新业态发展促进大众创业万众创新用地的意见》(国土资规〔2015〕5号)规定"光伏、风力发电等项目使用戈壁、荒漠、荒草地等未利用土地的,对不占压土地、不改变地表形态的用地部分,可按原地类认定,不改变土地用途,在年度土地变更调查时作出标注"。

上述几类政策，尤其是上述三项"一定比例"政策需要更为精细的制度安排，以便地方国土资源部门以及今后地方自然资源管理部门在实际工作中能够直接参照执行。

（三）乡村振兴战略实施增加了对参与式国土空间规划的需求

一是对"自下而上"与"自上而下"相结合的国土空间规划模式的需求增强。随着乡村振兴战略实施推进，对乡村空间、自然资源的利用会从传统的以农业为主的利用方式向发掘乡村空间和自然资源新功能新价值转变，在乡村空间和自然资源利用中会有更多的利益相关者，这些利益相关者对乡村空间和自然资源利用主张和设想会更加多样化。这些多样化的乡村空间和自然资源利用的主张使得传统的自上而下的规划模式变得难以适应，不同利益群体对参与国土空间规划的诉求会明显提高，需要有"自下而上"和"自上而下"相结合的国土空间规划模式创新。

二是"远程参与"国土空间规划的需求会增加。从目前乡村就业结构来看，不少农村家庭处于学者所称的"半工半农"和"半城半乡"模式，即既有家庭成员在农村从事农业生产活动又有家庭成员在城镇从事非农业生产经营活动。那些在外地从事非农生产经营活动的人员往往对于乡村国土空间规划和资源利用规划有较为强力的参与意愿和意见表达愿望，这就使得"远程参与"国土空间规划的需求会显著增加。

（四）需求的不确定性给用地预测和指标分配带来挑战

与传统产业用地相比较，农村新产业新业态用地在时间与空间上的不确定性更强，这种不确定性使得现有的用地需求预测方法难以适应，迫切需要在用地需求预测理论和方法上加以创新。正因为农村新产业新业态用地需求预测难，这使得现有的用地指标分配也难以适应农村新产业新业态的发展需要。

（五）机构改革为农村新产业新业态用地安排提供了更灵活的空间

这一轮机构改革和职能调整之后，规划相关的职能向一个部门集中，有利于统筹不同资源、不同空间的规划，有利于通过规划拓展土地功能、统筹发挥自然资源多重效益。

（六）ICT技术的发展和应用为国土空间规划新方法的形成提供了可能

目前已有国际组织开展了基于ICT（Information Communications Technology）的参与式土地登记（land registration）的技术方法研究。因此，我们完全有可能开发出基于ICT的参与式国土空间规划技术方法以及基于ICT的参与式乡村用地需求预测方法。基于ICT的参与式国土空间规划方法可以能够较好地应对前面提到的乡村国土空间规划的"远程参与"需求，较好地解决农村新产业新业态用地需求预测困难的挑战。

（七）城乡建设用地需求同步增加的压力会更加明显

随着城市化进程的推进，城镇人口增加、农村人口减少，伴随这一人口变化趋势，乡村建设用地会减少。但无论从发达地区来看还是欠发达地区来看，尽管乡村常住人口在减少，但是乡村建设用地并未减少，乡村建设用地的需求也并未降低。目前部分地区大致呈现城乡建设用地需求同步增加的局面[1]。随着乡村振兴战略规划的实施、农村新产业新业态培育工作的推进，保障乡村建设用地需求的压力会进一步加大。

（八）设施农用地对耕地保护的双重效应

设施农用地作为农业生产的主体用地或附属配套，其直接功能是服

---

[1] 赖文浩. 华南地区农村新产业新业态用地情况调查[J]. 中国土地, 2018(2):45-48.

务农业生产，促进农业生产效率的提升。实践层面，由于监管审批等原因导致设施农用地存在一定程度的"农地非农用"现象，威胁耕地保护与粮食安全。然而在面临耕地抛荒问题时，将抛荒地转为设施农用地则促进了土地利用效率的提升。下面基于遥感图像的比对作举例说明。

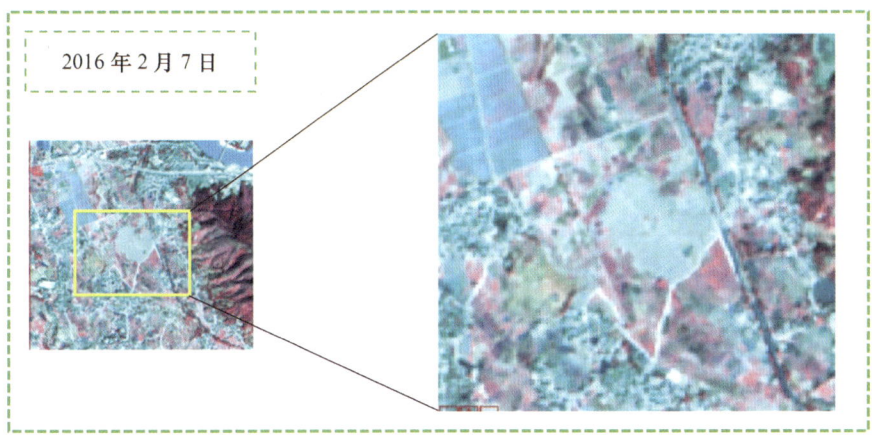

图 3-1　江西省赣州市于都县下潭村某地块 2016 年 2 月遥感图像

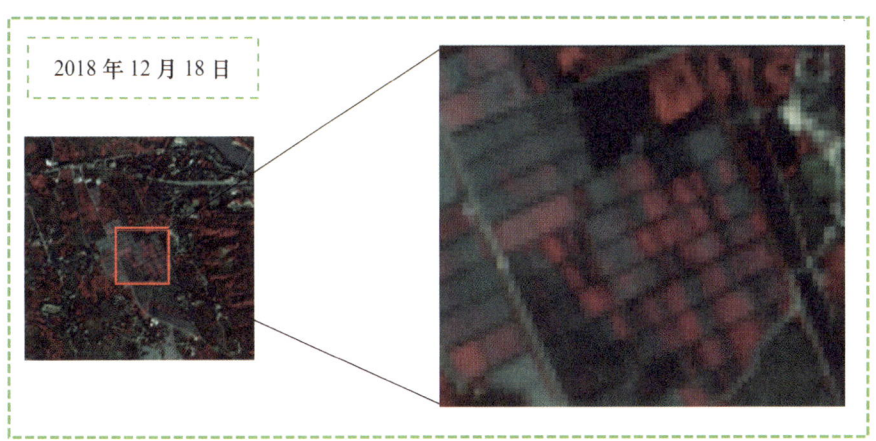

图 3-2　江西省赣州市于都县下潭村某地块 2018 年 12 月遥感图像

通过遥感解译可以发现，2016 年 2 月 7 日图示（黄色框内）地区出现了一定程度的抛荒现象，然而 2018 年 12 月 18 日，原有抛荒地转为设施农用地（红色框内），用于生物育种等农业生产活动。

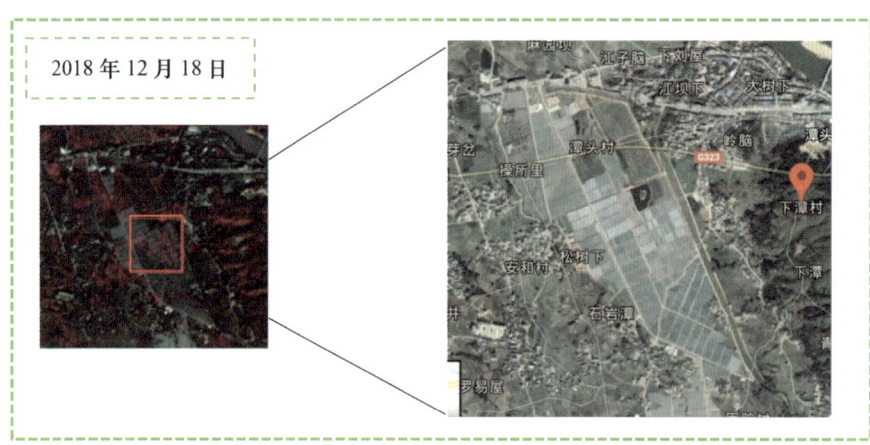

图 3-3 江西省赣州市于都县下潭村某地块 2018 年 12 月遥感解译图像

抛荒地转为设施农用地提升用地效率的案例同期还发生在江西省赣州市于都县梓山村、排脑村和岗脑村。

抛荒地转为设施农用地客观上改进了原有地块的土地利用效率，但与之伴随的是设施农用地转用的监管难、查处难的问题，如果放宽抛荒地转为设施农用地的备案审批标准，则可能造成大量的"农地非农用"现象，对耕地保护和粮食安全构成挑战。

三、农民工职住代际差异与乡村图景展望

（一）农民工职住代际差异

人口是影响乡村产业形态和土地结构的重要因素。随着地区经济发展转型，人口结构也不断发生变化，对于乡村而言，农民工的外出流与返乡流是人口流动的重要组成部分。已有文献对农民工的代际划分有较多关注，学界通常将 1980 年以后出生的农民工称为新生代农民工，而将 1980 年以前出生的农民工称为老一代农民工。也有学者将农民工划

分为"农一代"和"农二代"①,2010 年中央一号文件②首提"新生代"农民工这一概念,此后关于农民工代际差异的研究越来越多。一般认为,新生代农民工与农二代意义相同。

农民工外出流与返乡流构成其人口流动的两个方向,其返乡流受多种因素影响,除房价、居住认同和文化习惯等,现有研究表明流出地经济状况③、社会保障④⑤、家庭人力资本⑥等因素亦会影响农民工返乡意愿。以上因素的改变使新生代农民工与老一代农民工面临着不同的外部环境,并由此导致二者返乡后的职住选择差异。

1. 农民工回乡潮背景下的居住选择差异

在居住选择方面,农民工群体呈现出一定的代际差异,有学者基于 2014 年全国流动人口监测专题数据,认为新生代农民工回乡建房的比例低于老一代农民工,而回乡购房的比例高于老一代农民工⑦。刘守英教授团队的研究支持了这一观点,认为农民工在城里购房与乡下建房行为呈此涨彼落的态势⑧。农民工群体居住意愿的改变会在一定程度上改变乡村景观格局。这意味着,新生代农民工原有宅基地作为主要居住场所的地位在降低,反之,其在城里购房的行为对当地实际人口城镇化率的上升有正向的推动作用。

---

① 刘守英,王一鸽. 从乡土中国到城乡中国:中国转型的乡村变迁视角[J]. 管理世界,2018,34(10):128-146+232.
② 中共中央 国务院关于加大统筹城乡发展力度进一步夯实农业农村发展基础的若干意见[EB/OL]. http://www.gov.cn/gongbao/content/2010/content_1528900.htm.
③ 赵翌. 农民工返乡意愿影响因素分析:基于代际的视角[J]. 兰州学刊,2015(10):202-207.
④ 秦雪征,周建波,辛奕,等. 城乡二元医疗保险结构对农民工返乡意愿的影响:以北京市农民工为例[J]. 中国农村经济,2014(2):56-68.
⑤ 余运江,孙斌栋,孙旭. 社会保障对农民工回流意愿有影响吗?——基于上海调查数据的实证分析[J]. 人口与经济,2014(6):102-108.
⑥ 石智雷,杨云彦. 家庭禀赋、家庭决策与农村迁移劳动力回流[J]. 社会学研究,2012,27(3):157-181+245.
⑦ 李君甫,齐海岩. 农民工住房区位选择意向及其代际差异研究[J]. 华东师范大学学报(哲学社会科学版),2018,50(2):159-168+173.
⑧ 刘守英,王一鸽. 从乡土中国到城乡中国:中国转型的乡村变迁视角[J]. 管理世界,2018,34(10):128-146+232.

2. 农民工返乡就业/创业的代际差异

伴随着制造业的转型升级，农民工外出就业的"孔雀东南飞"现象逐渐减弱，返乡就业、回乡创业越来越成为新生代农民工的就业选择。

农民工返乡后的就业选择通常有回归第一产业和城镇就近就业两类，对于老一代农民工而言，其身体素质可能无法支持其从事大规模高强度的农业劳动，自给型的农业种植成为其家庭食品的重要支撑，城镇内部分较为轻松的工作岗位为其提供工资收入。相反，新生代农民工返乡后更偏向于任务相对较重的城镇工作岗位。新生代农民工的回乡创业意愿亦要强于老一代农民工[①]，且其创业区位受当地地形、城镇距离等多因素影响[②]。在县域竞争背景下，招商引资催生了大量的产业园区，这为新生代农民工提供了丰裕的就业机会和创业空间。不论是老一代农民工还是新一代农民工，其就业空间与居住场所的分离都更加常态化。

（二）乡村图景展望

结合乡村振兴战略"产业兴旺、生态宜居、乡风文明、治理有效、生活富裕"的总要求和农民工返乡职住分离的背景，从乡村景观格局优化的角度，本书提出以下未来乡村图景的基本设想。

1. 农业生产区与居住区适度交叉

"乡村振兴并不意味着要消灭乡村"，现有诸多观点认为应当改变原有乡村风貌，通过大规模土地调整等手段推进农村居民集中居住，然而这种做法会破坏乡村原有的景观格局，致使乡村性下降。政策层面，应当允许适当的分散居住，维持具有一定乡土气息的村容村貌。

2. 新型农业经营主体生产角色地位进一步提高

随着农村土地承包经营权流转的推进，家庭农场、种养大户和农业产业化龙头企业等新型农业经营主体将会以更大规模从事农业生产，并

---

① 吕诚伦.农民工返乡创业意愿的影响因素分析——基于湖南省482位返乡农民工调查数据[J].求索,2016(9):139-143.

② 王肖芳.创业区位影响农民工创业动机吗?:基于河南省379位返乡创业农民工的实证研究[J].经济经纬,2017,34(6):38-43.

以此带动现代农业的进步。

3. 小范围自给型农业留存

餐桌是家庭生活的重要构件,农家菜应是自家产,通过自留地等,满足基本的菜品自给。

4. 农村居民更大范围的职住分离

依前文所述,现代农村居民,尤其是返乡农民工,其就业已有相当一部分脱离第一产业,工业园区及城镇吸纳了较多的农村劳动力。未来农村居民的职住分离现象更加普遍,其通勤时间应在半小时左右,离家的同时可以顾家。

表3-3 土地管理人员对农村新产业新业态相关的主要用地政策认知情况(%)

文件名称	发布时间	非常了解	比较了解	一般了解	基本不了解	完全不了解	非常与比较了解合计
《中共中央 国务院关于实施乡村振兴战略的意见》	2018年2月	15.20	38.95	39.67	4.75	1.43	54.15
《国土资源部 发展改革委 科技部 工业和信息化部 住房城乡建设部 商务部关于支持新产业新业态发展促进大众创业万众创新用地的意见》	2015年9月	11.64	28.74	38.48	16.15	4.99	40.38
《国土资源部 国家发展改革委关于深入推进农业供给侧结构性改革 做好农村产业融合发展用地保障的通知》	2017年12月	14.49	28.03	40.62	14.01	2.85	42.52
《国土资源部 农业部关于进一步支持设施农业健康发展的通知》	2014年10月	22.33	36.1	30.64	9.03	1.9	58.43
《新产业新业态新商业模式统计分类(试行)》	2017年3月	5.94	15.91	35.39	32.78	9.98	21.85

表 3-4 有关支持农村新产业新业态发展用地政策内容

序号	文件名称	有关内容
1	《中共中央 国务院关于实施乡村振兴战略的意见》	【预留指标政策】在符合土地利用总体规划前提下，允许县级政府通过村土地利用规划，调整优化村庄用地布局，有效利用农村零星分散的存量建设用地；预留部分规划建设用地指标用于单独选址的农业设施和休闲旅游设施等建设 【新增建设用地指标奖励】对利用收储农村闲置建设用地发展农村新产业新业态的，给予新增建设用地指标奖励。进一步完善设施农用地政策
2	《乡村振兴战略规划（2018—2022年）》	【总体框架】完善农村土地利用管理政策体系，盘活存量，用好流量，辅以增量，激活农村土地资源资产，保障乡村振兴用地需求 【一定比例支持政策】适当放宽返乡创业园用电用水用地标准，吸引更多返乡人员入园创业。各地年度新增建设用地计划指标，要确定一定比例用于支持农村新产业新业态发展。落实好减税降费政策，支持农村创新创业 【农村新增用地保障机制】统筹农业农村各项土地利用活动，乡镇土地利用总体规划可以预留一定比例的规划建设用地指标，用于农业农村发展。根据规划确定的用地结构和布局，年度土地利用计划分配中可安排一定比例新增建设用地指标专项支持农业农村发展。对于农业生产过程中所需各类生产设施和附属设施用地，以及由于农业规模经营必须兴建的配套设施，在不占用永久基本农田的前提下，纳入设施农用地管理，实行县级备案。鼓励农业生产与村庄建设用地复合利用，发展农村新产业新业态，拓展土地使用功能 【新增建设用地指标奖励】在符合土地利用总体规划前提下，允许县级政府通过村土地利用规划调整优化村庄用地布局，有效利用农村零星分散的存量建设用地。对利用收储农村闲置建设用地发展农村新产业新业态的，给予新增建设用地指标奖励 【生产服务设施用地多元利用】进一步盘活森林、草原、湿地等自然资源，允许集体经济组织灵活利用现有生产服务设施用地开展相关经营活动 【生态治理用地指标奖励政策】鼓励各类社会主体参与生态保护修复，对集中连片开展生态修复达到一定规模的经营主体，允许在符合土地管理法律法规和土地利用总体规划、依法办理建设用地审批手续、坚持节约集约用地的前提下，利用1%—3%治理面积从事旅游、康养、体育、设施农业等产业开发 【养老服务用地支持政策】开发农村康养产业项目。鼓励村集体建设用地优先用于发展养老服务

第三章　农村新产业新业态用地管理问题和挑战

续表

序号	文件名称	有关内容
3	《国务院办公厅关于推进农村一二三产业融合发展的指导意见》（国办发〔2015〕93号）	【单列年度建设用地指标】在各省（自治区、直辖市）年度建设用地指标中单列一定比例，专门用于新型农业经营主体进行农产品加工、仓储物流、产地批发市场等辅助设施建设。健全农产品产地营销体系，推广农超、农企等形式的产销对接，鼓励在城市社区设立鲜活农产品直销网点 【规划衔接】加强农村产业融合发展与城乡规划、土地利用总体规划有效衔接，完善县域产业空间布局和功能定位。通过农村闲置宅基地整理、土地整治等新增的耕地和建设用地，优先用于农村产业融合发展 【高标准农田、生态公益林的建设占用】对社会资本投资建设连片面积达到一定规模的高标准农田、生态公益林等，允许在符合土地管理法律法规和土地利用总体规划、依法办理建设用地审批手续、坚持节约集约用地的前提下，利用一定比例的土地开展观光和休闲度假旅游、加工流通等经营活动
4	《国务院办公厅关于支持返乡下乡人员创业创新促进农村一二三产业融合发展的意见》（国办发〔2016〕84号）	在符合土地利用总体规划的前提下，通过调整存量土地资源，缓解返乡下乡人员创业创新用地难问题。支持返乡下乡人员按照相关用地政策，开展设施农业建设和经营。落实大众创业万众创新、现代农业、农产品加工业、休闲农业和乡村旅游等用地政策。鼓励返乡下乡人员依法以入股、合作、租赁等形式使用农村集体土地发展农业产业，依法使用农村集体建设用地开展创业创新。各省（自治区、直辖市）可以根据本地实际，制定管理办法，支持返乡下乡人员依托自有和闲置农房院落发展农家乐 【合作改建农民自住房】在符合农村宅基地管理规定和相关规划的前提下，允许返乡下乡人员和当地农民合作改建自住房 【单列年度建设用地指标】县级人民政府可在年度建设用地指标中单列一定比例专门用于返乡下乡人员建设农业配套辅助设施。城乡建设用地增减挂钩政策腾退出的建设用地指标，以及通过农村闲置宅基地整理新增的耕地和建设用地，重点支持返乡下乡人员创业创新 【支持共建】支持返乡下乡人员与农村集体经济组织共建农业物流仓储等设施。鼓励利用"四荒地"（荒山、荒沟、荒丘、荒滩）和厂矿废弃地、砖瓦窑废弃地、道路改线废弃地、闲置校舍、村庄空闲地等用于返乡下乡人员创业创新 【地价优惠】农林牧渔业产品初加工项目在确定土地出让底价时可按不低于所在地土地等别相对应全国工业用地出让最低价标准的70%执行

续表

序号	文件名称	有关内容
5	《国土资源部 国家发展改革委关于深入推进农业供给侧结构性改革做好农村产业融合发展用地保障的通知》（国土资规〔2017〕12号）	【预留规划建设用地指标5%】各地区在编制和实施土地利用总体规划中，要适应现代农业和农村产业融合发展需要，优先安排农村基础设施和公共服务用地，乡（镇）土地利用总体规划可以预留少量（不超过5%）规划建设用地指标，用于零星分散的单独选址农业设施、乡村旅游设施等建设。做好农业产业园、科技园、创业园用地安排，在确保农地农用的前提下，引导农村二三产业向县城、重点乡镇及产业园区等集中集聚，合理保障农业产业园区建设用地需求，严防变相搞房地产开发。省级国土资源主管部门制定用地控制标准，加强实施监管 加强建设用地计划指标支持。安排一定比例年度土地利用计划，专项支持农村新产业新业态和产业融合发展。对利用存量建设用地进行农产品加工、农产品冷链、物流仓储、产地批发市场等项目建设或用于小微创业园、休闲农业、乡村旅游、农村电商等农村二三产业的市、县，可给予新增建设用地计划指标奖励
6	《国土资源部 发展改革委 科技部 工业和信息化部 住房城乡建设部 商务部关于支持新产业新业态发展促进大众创业万众创新用地的意见》（国土资规〔2015〕5号）	【复合利用管理】光伏、风力发电等项目使用戈壁、荒漠、荒草地等未利用土地的，对不占压土地、不改变地表形态的用地部分，可按原地类认定，不改变土地用途，在年度土地变更调查时作出标注，用地允许以租赁等方式取得，双方签订好补偿协议，用地报当地县级国土资源部门备案 【混合利用管理】推动功能混合和产城融合。单一生产功能的开发区、产业集聚区，可按照统一配套、依法供应、统筹管理的原则，在符合城乡规划的前提下，适当安排建设用地用于商品零售、住宿餐饮、商务金融、城镇住宅等建设，推动相关区域从单一生产功能向城市综合功能转型

第三章　农村新产业新业态用地管理问题和挑战

续表

序号	文件名称	有关内容
7	《国土资源部 国务院扶贫办 国家能源局关于支持光伏扶贫和规范光伏发电产业用地的意见》（国土资规〔2015〕8号）	【按建设用地管理光伏发电用地】除本文件确定的光伏扶贫项目及利用农用地复合建设的光伏发电站项目（以下简称光伏复合项目）外，其他光伏发电站项目用地应严格执行国土资规〔2015〕5号文件规定，使用未利用地的，光伏方阵用地部分可按原地类认定，不改变土地用途，用地允许以租赁等方式取得，双方签订补偿协议，报当地县级国土资源主管部门备案，其他用地部分应当办理建设用地审批手续；使用农用地的，所有用地均应当办理建设用地审批手续。新建、改建和扩建地面光伏发电站工程项目，按建设用地和未利用地管理的，应严格执行《光伏发电站工程项目用地控制指标》（国土资规〔2015〕11号）要求，合理利用土地 【规划计划保障】对深度贫困地区脱贫攻坚中建设的光伏发电项目，以及国家能源局、国务院扶贫办确定下达的全国村级光伏扶贫电站建设规模范围内的光伏发电项目，变电站及运行管理中心、集电线路杆塔基础用地按建设用地管理，各地在编制土地利用总体规划和年度土地利用计划中应予以重点保障，并依法办理建设用地审批手续；场内道路用地可按农村道路用地管理；光伏方阵使用永久基本农田以外的农用地的，在不破坏农业生产条件的前提下，可不改变原用地性质；采用直埋电缆方式敷设的集电线路用地，实行与项目光伏方阵用地同样的管理方式 【光伏复合项目用地管理】对使用永久基本农田以外的农用地开展光伏复合项目建设的，省级能源、国土资源主管部门商同级有关部门，在保障农用地可持续利用的前提下，研究提出本地区光伏复合项目建设要求（含光伏方阵架设高度）、认定标准，并明确监管措施，避免对农业生产造成影响。其中对于使用永久基本农田以外的耕地布设光伏方阵的情形，应当从严提出要求，除桩基用地外，严禁硬化地面、破坏耕作层，严禁抛荒、撂荒。对于符合本地区光伏复合项目建设要求和认定标准的项目，变电站及运行管理中心、集电线路杆塔基础用地按建设用地管理，依法办理建设用地审批手续；场内道路用地可按农村道路用地管理；利用农用地布设的光伏方阵可不改变原用地性质；采用直埋电缆方式敷设的集电线路用地，实行与项目光伏方阵用地同样的管理方式

续表

序号	文件名称	有关内容
8	《国土资源部 住房和城乡建设部 国家旅游局关于支持旅游业发展用地政策的意见》（国土资规〔2015〕10号）	【增减挂钩支持旅游设施用地】在符合土地利用总体规划、县域乡村建设规划、乡和村庄规划、风景名胜区规划等相关规划的前提下，农村集体经济组织可以依法使用建设用地自办或以土地使用权入股、联营等方式与其他单位和个人共同举办住宿、餐饮、停车场等旅游接待服务企业。依据各省、自治区、直辖市制定的管理办法，城镇和乡村居民可以利用自有住宅或者其他条件依法从事旅游经营。农村集体经济组织以外的单位和个人，可依法通过承包经营流转的方式，使用农民集体所有的农用地、未利用地，从事与旅游相关的种植业、林业、畜牧业和渔业生产。支持通过开展城乡建设用地增减挂钩试点，优化农村建设用地布局，建设旅游设施
9	《国土资源部 农业部关于进一步支持设施农业健康发展的通知》（国土资发〔2014〕127号）	【以农业为依托的非农产业用地管理】严禁随意扩大设施农用地范围，以下用地必须依法依规按建设用地进行管理：经营性粮食存储、加工和农机农资存放、维修场所；以农业为依托的休闲观光度假所、各类庄园、酒庄、农家乐；以及各类农业园区中涉及建设永久性餐饮、住宿、会议、大型停车场、工厂化农产品加工、展销等用地 【配套实施用地规模控制】进行工厂化作物栽培的，附属设施用地规模原则上控制在项目用地规模5%以内，但最多不超过10亩；规模化畜禽养殖的附属设施用地规模原则上控制在项目用地规模7%以内（其中，规模化养牛、养羊的附属设施用地规模比例控制在10%以内），但最多不超过15亩；水产养殖的附属设施用地规模原则上控制在项目用地规模7%以内，但最多不超过10亩。根据规模化粮食生产需要合理确定配套设施用地规模。南方从事规模化粮食生产种植面积500亩、北方1000亩以内的，配套设施用地控制在3亩以内；超过上述种植面积规模的，配套设施用地可适当扩大，但最多不得超过10亩。从事设施农业和规模化粮食生产的，经营者必须按照协议约定使用土地，确保农地农用。设施农用地不得改变土地用途，禁止擅自或变相将设施农用地用于其他非农建设；不得超过用地标准，禁止擅自扩大设施用地规模或通过分次申报用地变相扩大设施用地规模；不得改变直接从事或服务于农业生产的设施性质，禁止擅自将设施用于其他经营

表 3-5　2009 年以来农村建设用地计划指标单列情况

序号	年度及文件名称	相关内容	来源
1	国土资源部《2009年全国土地利用计划（草案）》	须将农村建设用地计划指标单列，计划指标安排量不得低于国家下达当地新增建设用地计划总量的5%	http://www.mlr.gov.cn/tdzt/zdxc/lh/2009lh/gtzs/200903/t20090311_686064.htm.
2	国土资源部《关于下达〈2010年全国土地利用计划〉的通知》	须将农村建设用地计划指标单列，计划指标安排量不得低于国家下达当地新增建设用地计划总量的5%	http://www.nbd.com.cn/articles/2010-04-09/273087.html.
3	国土资源部《关于下达〈2011年全国土地利用计划〉的通知》	对农村建设用地实施计划指标单列	http://www.mlr.gov.cn/xwdt/jrxw/201105/t20110505_861804.htm.
4	国土资源部《关于下达〈2013年全国土地利用计划〉的通知》	对农村地区实行新增建设用地计划指标单列，单列规模不得低于国家下达计划指标总量的3%~5%，确保符合土地利用总体规划和一户一宅条件的农民建房用地，促进城乡统筹发展	http://www.gov.cn/govweb/gzdt/2013-04/27/content_2392187.htm.
5	国土资源部《关于下达〈2015年全国土地利用计划〉的通知》	对农村建设用地计划指标实行单列，单列指标不得低于国家下达计划总量的3%~5%。重点支持光伏等战略性新兴产业，以及养老、文化、医疗、旅游等现代服务业建设；对新型农业经营主体进行辅助设施建设用地，要单列安排用地计划指标	http://www.mlr.gov.cn/xwdt/jrxw/201505/t20150517_1350830.htm.
6	国土资源部《关于下达〈2016年全国土地利用计划〉的通知》	对农民住房，按下达各省区市用地计划总量的5%单列，不得挪作他用，如有节余须结转下一年度继续用于农民住房建设	http://china.chinadaily.com.cn/2016-05/11/content_25217203.htm.
7	国土资源部《关于下达〈2017年全国土地利用计划〉的通知》	单列安排农村一、二、三产业融合发展用地。积极支持农产品冷链物流、加工仓储、休闲采摘、旅游养老等产业发展和新型农业经营主体进行辅助设施建设	http://www.mlr.gov.cn/xwdt/kyxw/201705/t20170515_1507769.htm, http://www.sohu.com/a/141147635_498807.

第四章 基于土地管理人员问卷调查的规划与政策实施能力分析

（问卷见本书附件）

一、问卷调查的基本情况

（一）问卷调查的主要方式

本次问卷调查基于"问卷星"平台，借助规划院系统，通过 QQ、微信和电子邮件等方式将网络问卷发至目标人群填写，拟获取 400 份以上的调查问卷数据。

（二）问卷涉及的主要问题

问卷调查的主要目的是通过问卷调查获得一线土地管理人员对农村新产业新业态用地管理的态度和认知的信息，以此进一步分析农村新产业新业态用地需求管理中面临的能力建设挑战问题。因此本次调查问卷主要涉及 3 个部分内容。

1. 被访人员的基本情况

该部分主要包括被访人员所在区域、性别、年龄、工作年限、受教育程度以及所处岗位和职责等，主要用于配合调查研究不同属性的土地管理人员对农村新产业新业态用地管理态度和认知信息的具体情况及差异特点。

2. 乡村新产业、新业态的相关类型及用地管理认知

该部分为问卷调查的主要内容，主要包括对产业政策或发展规划的总体认知和对乡村新产业、新业态及用地管理的具体认知。其中产业政

策主要包括乡村振兴战略、产业用地意见、农业发展与改革以及产业分类等；乡村新产业、新业态经梳理主要包括乡村旅游、现代农业、乡村创意产业、新型农业经营主体、乡村特色产品与手工业、乡村电商及物流产业、农村生产性服务业以及其他类型的新产业、新业态等；管理认知主要包括政策了解情况、新产业了解情况和产业用地相关问题等。

3. 土地管理人员知识更新情况分析

该部分主要包括被访人员对于产业和用地具体情况和政策实施的了解渠道、学习和认知的积极性以及其他被访人员了解的调研未预见的产业发展及用地问题等。该部分主要用于对问卷主要内容的补充分析。

（三）回收问卷的基本情况

本次问卷调查实际获取有效问卷421份，样本的基本属性情况如下。

1. 地域分布

本次调研覆盖29个省自治区（直辖市）级行政区，其中安徽20份、北京1份、福建66份、甘肃6份、广东4份、广西4份、贵州10份、海南1份、河北6份、河南5份、黑龙江2份、湖北21份、湖南15份、吉林1份、江苏62份、江西46份、辽宁3份、内蒙古11份、宁夏12份、青海2份、山东57份、山西2份、陕西5份、上海6份、天津6份、新疆3份、云南3份、浙江21份和重庆20份。

2. 性别分布

本次调研男性298份，占比70.78%；女性123份，占比29.22%。

3. 年龄分布

30岁以下90份，占比21.38%；31—35岁121份，占比28.74%；36—40岁75份，占比17.81%；41—45岁73份，占比17.34%；46—50岁48份，占比11.40%；51岁以上14份，占比3.33%。参与调研的人群年龄主要在50岁以下，占比达到96.67%，原因可能在于问卷是通过微信等网络方式发放的，50岁以上的受众人群较少。见图4-1。

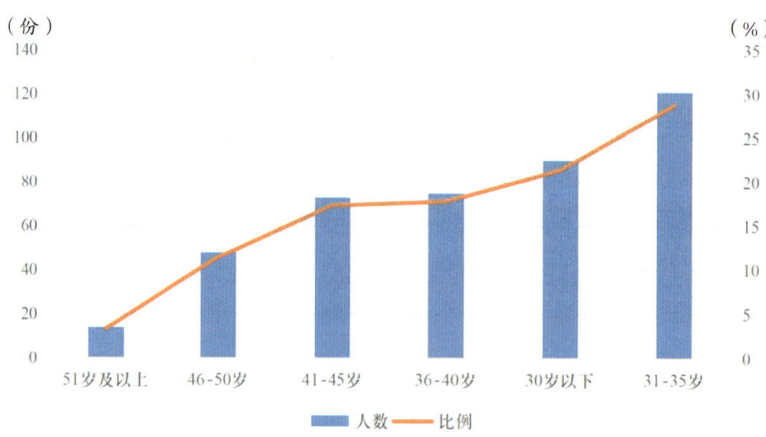

图 4-1　问卷被访者年龄分布

4. 工作年限分布

1 年以下 27 份，占比 6.41%；1—3 年 52 份，占比 12.35%；4—8 年 115 份，占比 27.32%；9—15 年 104 份，占比 24.70%；16 年以上 123 份，占比 29.22%。见图 4-2。

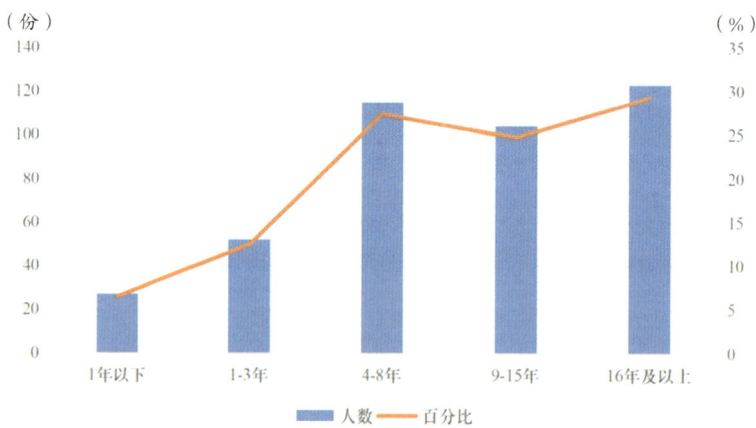

图 4-2　问卷受访者工作年限

5. 受教育程度分布

中专、高中及以下 9 份，占比 2.14%；大专 66 份，占比 15.68%；本科 219 份，占比 52.02%；硕士 109 份，占比 25.89%；博士 18 份，占比 4.28%。

第四章 基于土地管理人员问卷调查的规划与政策实施能力分析

6. 岗位分布

省级国土部门工作人员72份，占比17.10%；市级国土部门工作人员51份，占比12.11%；县级国土部门工作人员172份，占比40.86%；乡级国土部门工作人员90份，占比21.38%；其他工作人员36份，占比8.55%。

7. 职责内容

土地利用规划制定与实施人员134份，占比31.83%；政策、规划审批人员64份，占比15.20%；土地利用、规划实施情况调查131份，占比31.12%；土地执法检查89份，占比21.14%；登记（地籍）人员71份，占比16.86%；法务（政策法规）人员17份，占比4.04%；综合岗位人员103份，占比24.47%；耕地保护人员139份，占比33.02%；政策宣传人员61份，占比14.49%；其他69份，占比16.39%。

二、问卷调查结果分析

（一）产业政策或发展规划的总体认知结果分析

表4-1 政策及产业认知情况

政策及产业	非常了解	比较了解	一般了解	基本不了解	完全不了解
《中共中央 国务院关于实施乡村振兴战略的意见》	64份（15.20%）	164份（38.95%）	167份（39.67%）	20份（4.75%）	6份（1.43%）
《国土资源部 发展改革委 科技部 工业和信息化部 住房和城乡建设部 商务部关于支持新产业新业态发展促进大众创业万众创新用地的意见》	49份（11.64%）	121份（28.74%）	162份（38.48%）	68份（16.15%）	21份（4.99%）

续表

政策及产业	非常了解	比较了解	一般了解	基本不了解	完全不了解
《国土资源部 国家发展改革委关于深入推进农业供给侧结构性改革做好农村产业融合发展用地保障的通知》	61份（14.49%）	118份（28.03%）	171份（40.62%）	59份（14.01%）	12份（2.85%）
《国土资源部 农业部关于进一步支持设施农业健康发展的通知》	94份（22.33%）	152份（36.10%）	129份（30.64%）	38份（9.03%）	8份（1.90%）
《新产业新业态新商业模式统计分类（2018）（试行）》	25份（5.94%）	67份（15.91%）	149份（35.39%）	138份（32.78%）	42份（9.98%）
乡村新产业、新业态	43份（10.21%）	121份（28.74%）	205份（48.69%）	42份（9.98%）	10份（2.38%）

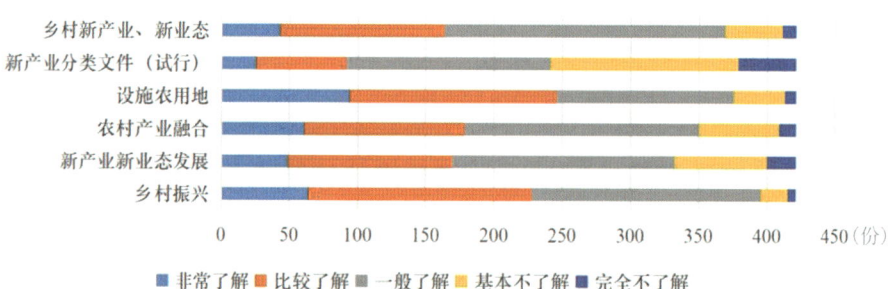

图 4-3　关键文件与名词了解程度

由表 4-1 可知，土地管理人员对于政策及产业了解情况良好，除试行的国家统计局制定的《新产业新业态新商业模式统计分类（2018）》外，其他政策达到一般了解程度的份数均超过 70%。其中《中共中央国务院关于实施乡村振兴战略的意见》被认知程度最高，仅有 6.18% 的人员基本不了解或完全不了解，说明国家的战略性政策的宣传和普及更为到位，影响力更强。对比来看，土地管理人员对于农业相关政策的了解程度高于新产业、新业态，说明乡村新产业、新业态的发展还未能达到农业发展的普及程度，新产业、新业态虽然对乡村农业发展产生了一定的冲击,但农业生产仍旧占据乡村产业的主导地位。

《新产业新业态新商业模式统计分类(2018)》被认知程度最低,一方面在于新型产业和业态出现的周期还相对较短,相关人员对其了解程度还不够;另一方面还在于该政策仍处于试行阶段,宣传和普及工作开展进度相对缓慢。土地管理人员对于乡村新产业、新业态的认知多处于一般了解状态(48.69%),仅少数人员(10.21%)非常了解。具体来看,乡村旅游了解人员 381 人,占比 90.50%;现代农业了解人员 337 人,占比 80.05%;乡村创意产业了解人员 122 人,占比 28.98%;新型农业经营主体了解人员 281 人,占比 66.75%;乡村特色产品与手工业了解人员 198 人,占比 47.03%;乡村电商及物流(快递)产业了解人员 188 人,占比 44.66%;农业生产性服务业了解人员 101 人,占比 23.99%;其他类型的新产业、新业态了解人员 27 人,占比 6.41%。整体来看,相关人员对于乡村旅游和现代农业最为了解,均超过 80%,乡村创意产业和农业生产性服务业被认知程度最低,不到 30%。一方面在于新产业本身在乡村发展的状态(数量和质量)不同;另一方面可能是由于新产业发展对于用地要求高低不同。

(二) 产业发展及用地的具体认知结果分析

1. 产业涉及主题及类型

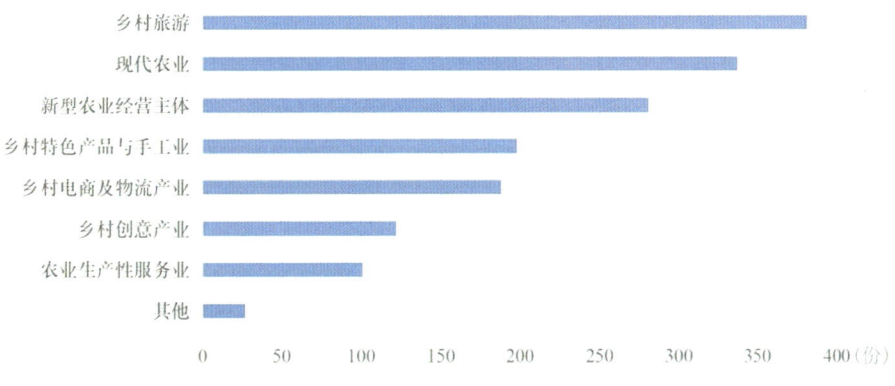

图 4-4 新产业、新业态总体认知情况

整体来看，由于各类新产业、新业态多涉及一、二、三产业的融合，因此在主题进而在类型上较传统农业更为丰富和多样。乡村新型产业在我国发展多处于起步阶段，因而相关人员所了解的产业主题和类型多以国家政策宣传及鼓励支持的产业主题和类型为主，如乡村旅游业、先进设施种植、专业种养大户等。具体来看，认为乡村旅游以乡村风情、民俗民风以及传统文化习俗为主题有352份，占比92.39%；以农业风光以及田园景观为主题有332份，占比87.14%；以农家美食为主题有250份，占比65.62%；以农庄农场及农事体验为主题有273份，占比71.65%；其他10份，占比2.62%。认为现代农业类型涉及先进设施种植有314份，占比93.18%；设施养殖273份，占比81.01%；设施水产养殖241份，占比71.51%；设施畜牧业230份，占比68.25%；生物育种203份，占比60.24%；其他19份，占比5.64%。认为乡村创意产业以绘画创作（如画家村等）为主题有100份，占比81.97%；以广告设计等为主题56份，占比45.90%；以音乐创作为主题50份，占比40.98%；以影视基地、取景地等为主题104份，占比85.25%；其他12份，占比9.84%。认为新型农业经营主体类型涉及家庭农场有206份，占比73.31%；专业种养大户234份，占比83.27%；农民专业合作社233份，占比82.92%；农业产业化龙头企业187份，占比66.55%；其他10份，占比3.56%。认为乡村特色产品与手工业涉及乡村特色食品（自酿酒、自制副食、茶叶）主题有181份，占比91.41%；乡村特色手工艺品（陶器、漆器、纺织刺绣）主题176份，占比88.89%；乡村闲时副业（剪线头、穿电子线等）主题106份，占比53.54%；其他12份，占比6.06%。认为农业生产性服务业类型涉及农业市场信息服务有81份，占比80.20%；农资供应服务82份，占比81.19%；农业绿色生产技术服务89份，占比88.12%；农业废弃物资源化利用服务77份，占比76.24%；农机作业及维修服务80份，占比79.21%；农产品初加工服务75份，占比74.26%；农产品营销服务83份，占比82.18%；其他6份，占比5.94%。

问卷得到的"其他"类型的新产业、新业态主要有田园综合体、

第四章 基于土地管理人员问卷调查的规划与政策实施能力分析

乡村娱乐产业、光伏产业和生态庄园等。

2. 出现时间及发展区位

据土地管理人员认知,整体而言各类乡村新产业、新业态多在2011年以后,即"十二五"规划以后乡村新型产业的发展得到了更多的关注和发展。具体来看,了解乡村旅游出现的重要或标志性时间点为20世纪90年代以前3份,占比0.79%;1990—2000年12份,占比3.15%;2001—2005年36份,占比9.45%;2006—2010年90份,占比23.62%;2011年及以后212份,占比55.64%;不了解22份,占比5.77%;其他6份,占比1.57%。了解新型农业经营主体出现的重要或标志性时间点为1990—2000年12份,占比4.27%;2001—2005年27份,占比9.61%;2006—2010年66份,占比23.49%;2011年及以后146份,占比51.96%;不了解27份,占比9.61%;其他3份,占比1.07%。了解乡村电商及物流(快递)产业出现的重要或标志性时间点为20世纪90年代以前2份,占比1.06%;1990—2000年4份,占比2.13%;2001—2005年8份,占比4.26%;2006—2010年32份,占比17.02%;2011年及以后134份,占比71.28%;不了解8份,占比4.26%。认为乡村电商与乡村物流两者基本同时出现100份,占比53.19%;乡村电商先出现45份,占比23.94%;乡村物流先出现43份,占比22.87%。

由于各类新型产业发展所依托的资源和政策等背景存在差异,其在乡村发展区位也会有差别。资源依托型产业多分布在乡村文化、农业资源相对富集区域,而由于乡村基础设施不完善、劳动力和人才等要素相对匮乏,资本、技术等要素依托型产业多集中在经济、技术发展相对较好以及交通便利区域。具体来看,了解的现有乡村旅游的发展区位是邻近城区,交通便利109份,占比28.61%;位置较远,自然风光好94份,占比24.67%;人文风情、历史传统丰富的区域173份,占比45.41%,其他5份,占比1.31%。说明乡村特色文化景观是旅游发展的主要依托资源,交通便利和自然风光是旅游发展的重要影响因素。了解的现有现代农业的发展区位是经济发达区域60份,占比17.80%;技术发达区域31份,占比9.20%;农业资源富集区域241份,占比

71.51%，其他 5 份，占比 1.48%。说明现代农业发展主要还是依托区域的资源禀赋，技术进步对于现代农业发展的推动作用还不够明显。了解的现有乡村创意产业的发展区位是经济发达区域 41 份，占比 33.61%；技术发达区域 8 份，占比 6.56%；历史文化资源富集区域 70 份，占比 57.38%，其他 3 份，占比 2.46%。乡村创意产业本身在国内发展较少，多以绘画、影视等形式出现，因而多集中在历史文化资源富集地区。了解的现有新型农业经营主体的发展区位是经济发达区域 61 份，占比 21.71%；技术发达区域 16 份，占比 5.69%；农业资源富集区域 200 份，占比 71.17%，其他 4 份，占比 1.42%。说明新型农业经营主体对农业资源依赖程度较高。了解的现有乡村特色产品与手工业的发展区位是经济发达区域 22 份，占比 11.11%；技术发达区域 12 份，占比 6.06%；文化传统资源富集区域 91 份，占比 45.96%；原材料物质资源富集区域 70 份，占比 35.35%；其他 3 份，占比 1.52%。说明乡村特色产品与手工业对文化传统资源和原材料物质资源依赖程度较高。认为乡村电商、物流（快递）的布局是在村委会所在地 98 份，占比 52.13%；靠近城区的位置 73 份，占比 38.83%；其他位置 17 份，占比 9.04%。认为乡村电商的货物存放地是农户家中 68 份，占比 36.17%；农户自有库房 95 份，占比 50.53%；村集体库房 96 份，占比 51.06%；非农村仓库（城镇区域等）54 份，占比 28.72%。说明乡村电商、物流的用地布局需要进一步统一规划，保证乡村电商货物的有序集散。认为乡村物流的寄送方式是寄件与收货都为上门服务 30 份，占比 15.96%；寄件时上门取货，收货时需到指定地点（村委会所在地、快递点、小卖部等）取货 51 份，占比 27.13%；寄件时需送达指定地点（村委会所在地、快递点、小卖部等），取货时送货上门 32 份，占比 17.02%；寄件和收货都需到达指定地点（村委会所在地、快递点、小卖部等）75 份，占比 39.89%。说明乡村物流发展有待完善，寄件和收件还不够便利，多依赖个人前往物流网点寄取货物。了解的现有农业生产性服务业的空间布局是村委会所在地 55 份，占比 54.46%；邻近城区位置 42 份，占比 41.58%；乡村分散布局 37 份，占比 36.63%；乡村集聚布局40份,占比39.60%;布局在非乡村区域(城区)17份,占比16.83%;其他3份,占比2.97%。认为农业生产性服务的提供主体是政府机关35份,占比34.65%;市场主体69份,占比68.32%;村集体或村民60份,占比59.41%。说明目前农业生产性服务多依赖市场和村集体,政府的引导作用有待加强,服务网点布局城乡相对均衡。

3. 用地情况及解决途径

表4-2 主要新产业用地情况调研

	主体/生产设施用地		配套设施用地				主体设施用地与配套设施用地存在空间布局差异
乡村旅游	充足	不足	充足	不足			
				需新建停车场	需新建员工宿舍	需新建其他	
	106份(27.82%)	375份(65.3%)	47份(12.34%)	232份(60.89%)	99份(25.98%)	218份(57.22%)	232份(60.89%)
现代农业	主体/生产设施用地		附属设施用地		配套设施用地		设施农用地未经许可做非农用地
	充足	不足	充足	不足	充足	不足	
	150份(44.51%)	187份(55.49%)	85份(25.22%)	252份(74.78%)	93份(27.6%)	244份(72.4%)	279份(82.79%)
	遇到过设施农用地未经许可做非农用地的情况						
	餐饮	农家乐	宅基地		乡村旅馆	其他	
	191份(68.46%)	251份(89.96%)	119份(42.65%)		147份(52.69%)	30份(10.75%)	
	设施农用地非法转用监管效果						
	非常有效	比较有效	一般有效	效果较差	没有效果	无监管	
	12份(4.3%)	33份(11.83%)	105份(37.63%)	110份(39.43%)	15份(5.38%)	4份(1.43%)	
	实际管理中对设施农用地与其他非农用地(如宅基地等)界限把握的难易程度						
	非常困难	较为困难	一般难度		较为容易	非常容易	
	15份(4.45%)	154份(45.7%)	98份(29.08%)		59份(17.51%)	11份(3.26%)	
新型农业经营主体	主体/生产设施用地				配套设施用地		
	充足	不足			充足	不足	
	111份(39.5%)	170份(60.5%)			75份(26.69%)	206份(73.31%)	

乡村旅游为乡村第一产业与第三产业融合产生，涉及主体设施和配套设施多种类型用地，因而在用地数量和位置上均有较为特殊的要求，用地供给不足和设施用地安置不匹配是其产业用地发展的主要问题。问卷显示，认为"乡村旅游"发展的主体设施用地充足 106 份，占比 27.82%；主体设施用地不足，需新增建设用地 375 份，占比 65.3%。认为"乡村旅游"发展的配套设施用地充足 47 份，占比 12.34%；配套设施用地不足，需新增用地建设停车场 232 份，占比 60.89%；配套设施用地不足，需新增用地建设员工宿舍 99 份，占比 25.98%；配套设施用地不足，需新增用地建设其他配套设施 218 份，占比 57.22%。232 份遇到过"乡村旅游"的主体设施用地与配套设施用地存在空间布局差异的情况，占比 60.89%。说明乡村旅游主体设施和配套设施用地均有待规划和调整，一方面体现在存量用地不足；另一方面体现在空间布局不匹配。其中停车场不足情况较为普遍，员工宿舍配套情况相对良好，整体配套设施用地情况不容乐观。

现代农业作为传统农业的价值延伸，其产业的发展对用地要求相对更高，不仅表现在生产设施用地的质量上，还表现在附属设施和配套设施用地的数量和匹配程度上。而且目前由于乡村产业用地的混合和复合使用造成用地类型界定困难，农用地违规使用情况相对严重，这也对其产业发展产生了一定的阻碍作用。具体来看，认为"现代农业"发展的生产设施用地充足 150 份，占比 44.51%；生产设施用地不足，需新增建设用地 187 份，占比 55.49%。认为"现代农业"发展的附属设施用地充足 85 份，占比 25.22%；附属设施用地不足，需新增建设用地 252 份，占比 74.78%。认为"现代农业"发展的配套设施用地充足 93 份，占比 27.60%；配套设施用地不足，需新增建设用地 244 份，占比 72.40%。现代农业在生产设施、附属设施和配套设施方面均出现用地不足情况，其中生产设施用地情况相对较好，可能在于乡村传统农业在向现代农业转变过程中，其用地多被用于生产设施发展，而对于附属设施和配套设施重视程度不够。279 份遇到过设施农用地未经许可做非农用地（如宅基地、乡村旅馆、餐饮、农家乐等）的情况，占比

82.79%。设施农用地未经许可转变后的其他用途为餐饮 191 份,占比 68.46%;农家乐 251 份,占比 89.96%;宅基地 119 份,占比 42.65%;乡村旅馆 147 份,占比 52.69%;其他 30 份,占比 10.75%。说明有较多设施农用地未经许可就被用于非农活动,多数被用于商业活动以获取较农业生产更大的收益,因而需要进行相应的用地监管。设施农用地未经许可做其他用途时,认为相应的监管效果非常有效 12 份,占比 4.3%;比较有效 33 份,占比 11.83%;一般有效 105 份,占比 37.63%;效果较差 110 份,占比 39.43%;没有效果 15 份,占比 5.38%;无监管 4 份,占比 1.43%。在实际管理中,对设施农用地与其他非农用地(如宅基地等)界限把握非常困难 15 份,占比 4.45%;较为困难 154 份,占比 45.70%;一般难度 98 份,占比 29.08%;较为困难 59 份,占比 17.51%;非常容易 11 份,占比 3.26%。说明设施农用地的用途转变本身有监管机制,但整体监管效果较差,其中对于设施农用地与其他非农用地界限把握困难是重要影响因素。

整体来看,乡村新产业、新业态的发展受用地限制作用较大,存量土地不足和位置不适宜不仅导致了产业发展的主体设施、生产设施、附属设施和配套设施的用地问题,还影响了各类用地之间的空间配置情况,因而需要从增量管控和存量优化等多方面共同调控乡村新产业用地发展,以适应乡村振兴战略。表 4-2 显示,认为"新型农业经营主体"发展的生产设施用地充足 111 份,占比 39.50%;生产设施用地不足,需新增建设用地 170 份,占比 60.50%。认为"新型农业经营主体"发展的配套设施用地充足 75 份,占比 26.69%;配套设施用地不足,需新增建设用地 206 份,占比 73.31%。新型农业经营主体用地情况与现代农业较为相似,生产设施较配套设施用地情况良好。乡村创意产业、乡村特色产品与手工业、乡村电商及物流(快递)产业和农业生产性服务业均表现为需要新增建设用地,一方面在于原有存量土地不足;另一方面还存在存量土地位置不适宜情况。

表 4-3 用地不足情况解决途径

产业类型	土地整治	土地增减"小挂钩"	新增建设用地	他处存量土地	其他
乡村旅游	247 份（72.01%）	248 份（72.30%）	112 份（32.65%）	184 份（53.64%）	12 份（3.50%）
现代农业	200 份（72.99%）	217 份（79.20%）	125 份（45.62%）	151 份（55.11%）	19 份（6.93%）
乡村创意产业	61 份（80.26%）	59 份（77.63%）	43 份（56.58%）	51 份（67.11%）	2 份（2.63%）
新型农业经营主体	160 份（75.12%）	168 份（78.87%）	108 份（50.70%）	119 份（55.87%）	7 份（3.29%）
乡村特色产品与手工业	105 份（73.94%）	119 份（83.80%）	68 份（47.89%）	87 份（61.27%）	6 份（4.23%）
乡村电商及物流(快递)产业	76 份（68.47%）	82 份（73.87%）	62 份（55.86%）	58 份（52.25%）	7 份（6.31%）
农业生产性服务业	53 份（76.81%）	54 份（78.26%）	41 份（59.42%）	48 份（69.57%）	7 份（10.14%）

由表 4-3 可知，对于乡村新产业、新业态用地不足情况，多数土地管理人员提出采用现有存量土地的整治和增减挂钩方式解决，说明现有土地利用主要问题在于存量土地资源的科学利用。具体来看，乡村旅游用地不足采用土地整治和土地增减"小挂钩"方式解决分别占比 72.01% 和 72.30%，而通过新增建设用地指标方式仅占比 32.65%；现代农业用地不足更倾向于土地增减"小挂钩"方式解决（79.20%），原因在于现代农业发展用地包括生产设施、附属设施和配套设施等多种用地类型，增减挂钩便于各类设施用地的集中安置以便于提高各类设施之间的生产协作效率；乡村创意产业用地更多需要土地整治处理（80.26%），该类产业在乡村发展多与地方文化、风俗等联系较为密切，土地整治可以在更大程度上优化用地结构，保障农村生态景观的持续稳定；新型农业经营主体、乡村特色产品与手工业、乡村电商及物流产业和农业生产性服务业均为土地增减"小挂钩"方式所占比重较大，说明乡村新产业发展用地障碍多为土地空间位置不适宜导致，各类产业均有超过 50% 的管理人员认为可以通过他处存量土地弥补用地不足，这也进一步说明乡村产业发展所需用地在很大水平上满足其数量需求，

而在用地结构需求方面还需要作较大程度的改进。

表 4-4 产业面临的用地问题

用地问题	无年度用地计划指标	无新增建设用地指标	无建设用地规模指标	可用地零星分布	与规划不协调	产权不清	用地冲突	征收风险	其他
(1)	125份(32.81%)	172份(45.14%)	143份(37.53%)	206份(54.07%)	218份(57.22%)	115份(30.18%)	243份(63.78%)	61份(16.01%)	17份(4.46%)
(2)	127份(37.69%)	147份(43.62%)	137份(40.65%)	183份(54.30%)	192份(56.97%)	109份(32.34%)	202份(59.94%)	50份(14.84%)	9份(2.67%)
(3)	42份(34.43%)	47份(38.52%)	55份(45.08%)	84份(68.85%)	62份(50.82%)	45份(36.89%)	56份(45.9%)	20份(16.39%)	5份(4.10%)
(4)	114份(40.57%)	130份(46.26%)	129份(45.91%)	160份(56.94%)	160份(56.94%)	92份(32.74%)	155份(55.16%)	44份(15.66%)	9份(3.20%)
(5)	80份(40.40%)	80份(40.40%)	96份(48.48%)	120份(60.61%)	110份(55.56%)	62份(31.31%)	102份(51.52%)	29份(14.65%)	7份(3.54%)
(6)	68份(36.17%)	84份(44.68%)	80份(42.55%)	96份(51.06%)	89份(47.34%)	60份(31.91%)	76份(40.43%)	29份(15.43%)	18份(9.57%)
(7)	36份(35.64%)	41份(40.59%)	46份(45.54%)	53份(52.48%)	59份(58.42%)	32份(31.68%)	56份(55.45%)	20份(19.80%)	7份(6.93%)

由表4-4可知，可用建设用地零星分布、与现有土地利用规划不协调、与现有政策保护区域存在用地冲突是目前农村新产业新业态发展面临的主要用地问题。乡村土地权属空间分割严重，建设用地碎片化程度较高，造成产业经营难度大，难以形成集聚效应和规模经济，增加了产业发展中的用地成本。同时新产业用地多呈现具有功能复合性、三产融合性等特征，而现行单一土地用途规划管制对非农建设用地和农用地之间转换进行了严格管控，同时农村地区又是耕地保护和生态保护的首要目标，新产业新业态多样化的用地需求无法通过现行审批途径得到保障，存在用地审批环节多、用地审批周期长、审批规模小等问题，而且其复合性用地需求缺乏依据，导致新型产业项目落实困难。具体来看，乡村旅游产业用地冲突问题受到较多重视，原因在于乡村旅游产业是建立在传统乡村农耕文化景观之上，土地复合利用情况较多，且规模相对较大，因而与基本农田保护和自然保护区等存在用地冲突。现代农业发展的用地问题在于其各类设施用地（生产设施、附属设施和配套设施）

与农用地之间空间布局存在冲突,一方面要保护农业生产用地;另一方面要兼顾农业生产过程中的效益问题。乡村创意产业、新型农业经营主体、乡村特色产品与手工业以及乡村电商及物流(快递)产业用地碎片化情况较为严重,而农业生产性服务业则主要表现为现有产业用地与规划不协调。

由表4-5可知,对于各类产业发展用地问题,多数土地管理人员均认为需要在编制土地利用规划(计划)时给予充分的重视,同时对所需建设用地指标予以倾斜。具体来看,乡村旅游、现代农业、新型农业经营主体、农业生产性服务业认为需要在规划时考虑产业用地问题问卷数均超过了解该类产业问卷总数的90%,而且75%以上认为需要在规划时给予用地倾斜;乡村创意产业、乡村特色产品与手工业、乡村电商及物流(快递)产业认为需要在规划时考虑产业用地问题问卷数均在了解该类产业问卷总数的80%以上,且70%以上认为需要在规划时给予用地倾斜。

表4-5 产业用地问题规划处理情况

产业类型	规划需要考虑相关问题	不了解是否需要考虑相关问题	需要规划给予用地倾斜	不了解规划是否需要给予用地倾斜
乡村旅游	356份(93.44%)	8份(2.10%)	309份(81.10%)	24份(6.30%)
现代农业	309份(91.69%)	9份(2.67%)	267份(79.23%)	17份(5.04%)
乡村创意产业	104份(85.25%)	2份(1.64%)	90份(73.77%)	4份(3.28%)
新型农业经营主体	254份(90.39%)	8份(2.85%)	220份(78.29%)	15份(5.34%)
乡村特色产品与手工业	171份(86.36%)	10份(5.05%)	153份(77.27%)	14份(7.07%)
乡村电商及物流产业	159份(84.57%)	5份(2.66%)	142份(75.53%)	7份(3.72%)
农业生产性服务业	91份(90.1%)	2份(1.98%)	79份(78.22%)	6份(5.94%)

（三）土地管理人员职业能力建设分析

1. 数据纵览

土地管理人员对于产业和土地政策了解渠道呈现多元化特点，网络、微信以及其他媒体的普及在一定程度上提升了相关政策的宣传效率，同时新颖、便捷的政策和信息传递方式也更加易于被欢迎和接纳，对相关人员获取信息的主动性提升有一定帮助。问卷显示，了解或学习相关产业政策、土地政策的渠道开会309份，占比73.40%；培训289份，占比70.78%；组织下发259份，占比61.52%；网络查找268份，占比63.66%；微信公众号226份，占比53.68%；其他29份，占比6.89%。了解或学习相关产业政策、土地政策的主动性是非常主动（除单位组织，自己会经常查找相关资料）87份，占比20.67%；较为主动（除单位组织，自己会偶尔查找相关资料）222份，占比52.73%；一般主动91份，占比21.62%；被动接受（被动接受单位组织的学习任务）16份，占比3.80%；较为抗拒（对于相关内容表现出抗拒情绪）5份，占比1.19%。了解或学习相关产业政策、土地政策的频率是平均每月3次及以下180份，占比42.76%；4—6次154份，占比36.58%；7—10次58份，占比13.78%；11次及以上29份，占比6.89%。了解农村产业现状及用地现状的渠道为实地调研245份，占比58.19%；调查报告175份，占比41.57%；学术文献131份，占比31.12%，培训会议239份，56.77%；新闻媒体246份，占比58.43%；微信公众号210份，占比49.88%；无须了解10份，占比2.38%；其他26份，占比6.18%。

2. 基于土地管理人员信息与知识更新的交叉分析

土地管理人员的学历、工作年限及工作岗位等信息可能与其知识更新的主动性等方面有所关联，对土地管理人员信息与知识更新的交叉分析有助于了解一线土地管理人员的工作状态。

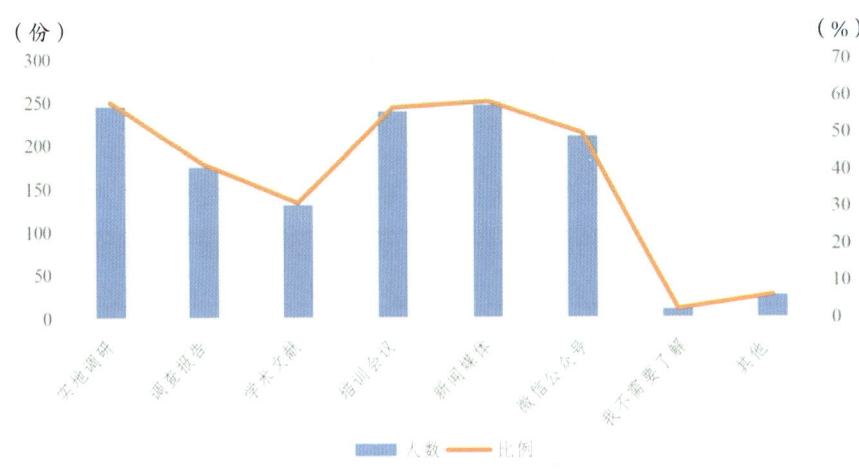

图 4-5　土地管理人员获取政策信息渠道

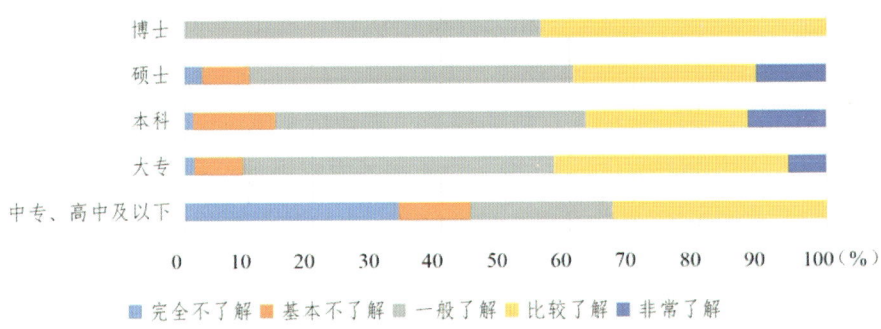

图 4-6　学历与新产业、新业态概念了解程度

从图 4-6 可以看出学历与土地管理人员对新产业、新业态的概念了解程度有较大关联，具体来说，学历层次越高，其对这一概念的了解程度也就越高，大专及以下学历中，"完全不了解"和"基本不了解"的比例较高。

第四章 基于土地管理人员问卷调查的规划与政策实施能力分析

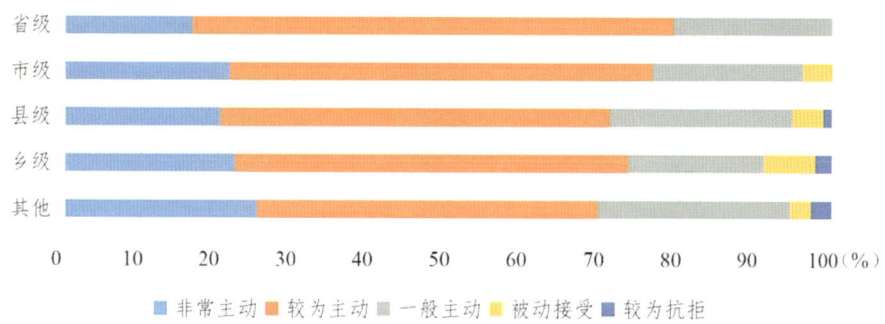

图4-7 土地管理人员工作地级别与学习主动性

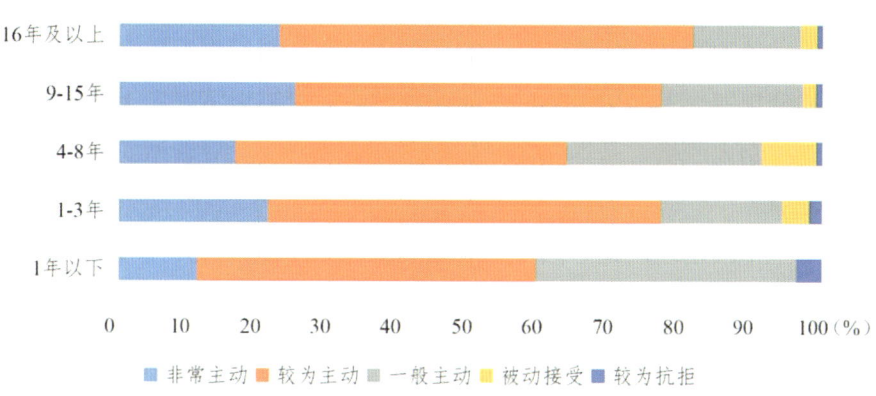

图4-8 土地管理人员工作年限与学习主动性

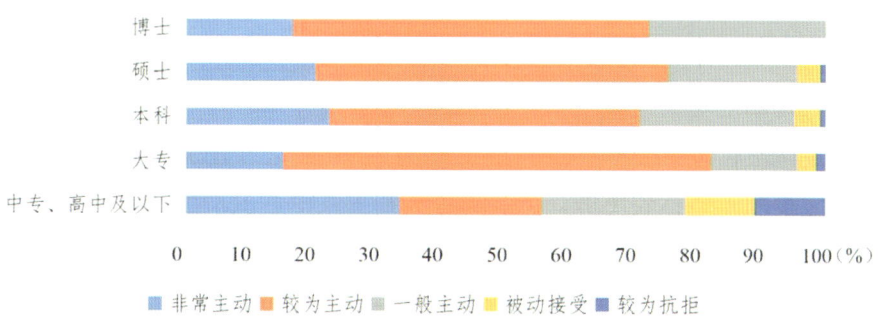

图4-9 土地管理人员学历与学习主动性

从图4-7、图4-8和图4-9可以看出，土地管理人员的工作地级别、工作年限和学历都与其学习主动性有较大联系。具体来说，工作地行政级别越高、工作年限越长、学历越高，土地管理人员的学习主动性越强。

三、小结与建议

总体上，农村新产业新业态及用地管理面临的问题主要集中于以下几个方面。

一是用地规划问题。目前的产业用地规划还未完全适应乡村新型产业发展，还不能做到精准布局，对建设用地指标制约作用较大，报批困难。部分规划与实际用地不符，如建设占用优等耕地情况。土地利用总体规划控制太严格，基本农田保护区布局不合理，发展新型农业用地瓶颈比较窄。

二是违法用地问题。国家配套政策存在不完善情况，缺乏规范的、专门的法规和规章。土地产权不明确，土地使用情况不明确，乱占用土地情况严重。部分用地不符合规定，存在先斩后奏的情况。

三是用地管理问题。一方面部分用地发展的干预过度，妨碍了其发展空间；另一方面也存在管理界限不明，监管与规范困难等情况。如部分项目对设施农用地的定义都有直接的误区，多以设施农用地名号审报用地。

四是用地现实情况。乡村基础设施落后，知识、资金、人才和技术等要素匮乏；建设用地零星分散，集中度偏低，且存在建设用地增加与耕地减少的矛盾；农民群众保护耕地及基本农田意识不强，乡村干部法律意识不强；农村农用土地流转少，用农地来发展新型农业产业少。

五是土地管理人员知识更新问题。在途径上，土地管理人员的知识更新渠道集中在微信公众号、培训会议、新闻媒体和实地调研，学术文献的重视程度较低，而学术界对乡村新产业、新业态及其用地管理已有一定研究。在学习主动性方面，基层和学历相对较低的土地管理人员主

第四章 基于土地管理人员问卷调查的规划与政策实施能力分析

动性稍差。

主要解决途径如下：

一是合理规划。在上层设计上予以充分考虑，在规划指标上予以支持，给予乡村新产业、新业态用地发展的指标倾斜。在编制村级规划方面加强对于乡村产业发展的指标调整和控制，合理预留发展空间。

二是严格监察与管控。完善相关法律法规，设立相应机构专门负责；完善农村集体土地流转机制，破解承包经营权长期不变带来的制约瓶颈；广泛归纳各用地类型，明晰用地内涵界定，将该用地纳入土地管理体系，并做好相关衔接工作；加大国土资源法律法规宣传力度，严厉打击违法用地，追究相关责任人的违法责任；采用明晰产权、增减挂钩等办法；同时对乡村产业的管理人员进行系统培训。

三是政策鼓励。抓住国家目前提供的政策窗口，如"乡村振兴""设施农业"等。加大对于乡村产业发展的资本、人才、技术等要素的投入，激发乡村生产活力。同时加强各地区间的交流，积极创新适合地区特点的发展模式。

四是加强土地管理人员的知识培训。在政策宣传上，除利用好传统的文件下发、会议培训等方式，还要积极开拓新渠道，如开展土地管理知识竞赛，建立相应的奖励机制，提升土地工作者的学习积极性；大力加强人才引进及高素质人才的更新，给予土地管理人员足够的竞争机制和上升通道，促进土地管理队伍整体知识水平的提升。

第五章　典型地区案例分析与启示
——文昌土地制度改革与农村新产业新业态用地供给

一、征地制度改革试点与乡村产业用地基本情况

海南省文昌市为农村土地制度"三项改革"试点之一。该地在农村新产业新业态用地方面主要是向乡村旅游业和康养产业供地。

(一) 昌洒镇东群行政村通过集体土地入市方式为新产业供地

东群行政村白土自然村的白土东、白土中、白土西三个村民小组通过"建设用地入市改革试点"项目为乡村旅游项目供地。白土自然村建设用地入市方式为"零星分散调整入市",入市地块用于"白土村新型农家乐"项目建设,该"调整入市"改革试点项目涉及将村内25.05亩村庄建设用地换取25.05亩现状为林地的集体土地入市(现状为林地、土地利用规划用途为"旅游建设用地")。从所收集到的白土村村民会议记录来看,该集体土地入市改革试点项目(25.05亩村集体用地入市用于"白土村新型农家乐"项目建设)是将规划为建设用地、现状为林地的土地以"集体土地入市"的方式提供集体建设用地使用权。

(二) "美丽乡村·文昌山园航天抗衰老共享农庄项目"多方式供地

"美丽乡村·文昌山园航天抗衰老共享农庄项目"涉及文昌市龙楼镇山海行政村山园一、二、三村民小组(山园一、二、三村民小组为山园自然村内的三个村民小组)。山园自然村距离龙楼镇集镇(镇圩)

约 5 千米，毗邻文昌市铜鼓岭国际生态旅游区。山园自然村一、二、三村民小组共有 73 户农户 340 人，土地面积 850 亩（56.67 公顷）、村庄居民点用地 300 亩（20 公顷）、农用地 260 亩（17.33 公顷）、其他土地 290 亩（19.33 公顷）。

山园自然村土地征收试点与集体经营性建设用地入市试点、宅基地改革试点相结合。通过征地制度改革试点和集体经营性建设用地入市改革试点（其中征地改革试点涉及 177.568 亩、入市改革试点涉及 13 块集体土地面积共计 106.364 亩），利用宅基地改革试点对山园村进行整体开发，建设"美丽乡村·文昌山园航天抗衰老共享农庄"。

二、主要启示

（一）多元利益主体共同影响农村新产业新业态用地供给

为实现向产业项目供地，文昌市政府与集体土地所有权之间具有明显的"交易"。昌洒镇东群行政村是文昌市政府同意 8% 留用地安置换取东群村白土自然村（白土东、中、西三个村民小组）同意征地的"交易"。根据 2012 年海南省政府发布的《海南省征地安置留用地管理办法》（琼府〔2012〕97 号）第五条第一款规定"农村集体的土地或者耕地被征收面积累计达到 60% 以上"和第五款规定"被征收的农村集体土地或耕地累计面积，以 2007 年 10 月 1 日《海南省土地征收补偿安置管理办法》施行之日起计算"。以及第六条规定"留用地面积不得超过被征地总面积的 8%，市、县、自治县人民政府可以根据实际情况规定具体比例。留用地在被征地面积外另行安排"。昌洒镇东群村白土自然村内三个村民小组（白土东、中、西村民小组）并不符合累计达到 60% 以上的规定，因此，村民小组以 8% 留用地要求和政府"交易"在征地意见书上签字"同意征地"。在龙楼镇山海行政村山园自然村（含山园一、二、三 3 个村民小组）则是用村民同意征地换取政府同意集体土地入市的"交易"。文昌市政府试图通过土地征收的方式为"美丽乡村·文昌山园航天抗衰老共享农庄"建设项目供地，村民在与文昌市政府有关征地谈判中要求采用集体建设用地入市的方式供地。最后文昌市政府和山园自然村3个村民小组（山园一、二、三村民小组）相互妥协达成协议，通过"集体建设用地入市"和土地征收两种方式共同向"美丽乡村·文昌山园航天抗衰老共享农庄"建设项目供地。

（二）农村土地制度"三项"改革可能会对乡村产业用地供给产生影响

2015—2018年开展的土地征收制度、集体经营性建设用地入市和宅基地制度改革试点。如在本次试点之后，征地制度、集体经营性建设用地入市以及宅基地改革试点制度会推广实施的话，可能会对农村新产业新业态用地供给产生较大影响。可能的影响主要有：一是集体土地入市制度如覆盖乡村新增建设用地的话，土地利用年度计划管理中的"严格控制农村集体建设用地规模"这一原则的落实可能会面临很大压力；二是如不限于经营性建设用地、全面允许存量集体土地入市的话，存量集体建设用地可能会成为农村新产业新业态用地供给的重要渠道之一，尤其是乡村旅游项目可能会因存量集体建设用地入市和宅基地"三权分置"制度改革。

（三）对国土空间规划提出了更高要求

集体土地入市制度改革和宅基地制度改革会显化农村土地资产，农村参与土地增值收益分配的渠道不再是只有通过土地征收补偿安置这一个途径。乡村土地开发权的配置将直接影响农村集体土地的价值、影响到农民土地资产收益。在今后编制国土空间规划时，不仅需要考虑土地资源的优化利用，可能还需要考虑应对农民对乡村空间、乡村土地开发利用的权利诉求。这使得今后的国土空间规划要面临之前土地利用总体规划所未面临的压力，需要更好的方法巧妙地平衡土地利用效率优化和土地开发权均等化的诉求。

第六章 农村新产业新业态用地需求测算

一、农村新产业新业态用地范围界定

(一) 依据国家统计局制定的《新产业新业态新商业模式统计分类 (2018)》

涉及农村新产业新业态的主要有现代农林牧渔业、农业废弃物资源化利用、现代农林牧渔业技术研发与推广服务、自然康养服务、度假村旅游、生态旅游和休闲观光旅游，具体分类、名称和说明如下。

大类	中类	小类	名　称	说　明
01			现代农林牧渔业	
	0101		设施农业	指设施农林牧渔业
		010101	设施农业种植	指利用特定的设施（连栋温室、日光温室），人为创造适用于作物生长的环境，以生产优质、高产、稳产的蔬菜、花卉、水果等农产品的一种环境可控制的种植活动，包括滴灌节水技术农业、现代灌溉设施农业和利用测土配方施肥、先进农业机械从事高技术、精细、科技、高效的农业活动；不包括仅提供大棚，无其他光照、保温、栽培、灌溉、施肥等技术措施的设施种植
		010102	设施林业经营	指利用现代设施从事林业经营活动，包括滴灌节水的林业经营活动
		010103	设施畜牧养殖	指应用现代化、自动化、智能化设施装备的畜禽养殖活动。即以自动化养殖设施、饲料散装配送设备等为重点，配备栏舍智能化环境控制、饲喂、性能测定和防疫消毒、畜禽排泄物处理等设施设备，大力推行饲料散装配送，加快散装饲料运输、储存、检验检测等设施的饲养、养殖活动

续表

大类	中类	小类	名称	说明
		010104	设施水产养殖	指利用特定的设施（循环水、工厂化、网箱、围栏、养殖工船等），在人为创造的适合水生动物生长的环境中，开展的一种环境可控的水产养殖活动
	0102	010200	生物育种	仅包括利用现代手段进行种植育苗、制种，动物育种、良种繁殖、孵化，建成水产苗种场、水产良种场、水产养殖场等
	0103		其他现代农林牧渔服务业	
		010301	农业生产托管服务	指拥有土地经营权的农户或新型经营主体，将农业生产过程中的耕种防收等一个或多个环节的农事活动，以有偿方式委托给具有相应服务能力的农业组织或个人代为完成的一种农业服务方式
		010302	农林牧渔业智能管理服务	指利用大数据、物联网、互联网等现代信息技术对种植业、林业、畜牧业、渔业等生产经营的管理和信息服务活动
		010303	专业化农业服务	指在地区之间或农业社会化服务组织之间进行分工协作，向专门化、集中化、规模化的方向发展的农业生产活动
04	0403	040302	其他资源循环利用活动	指农林牧渔业废弃物以及餐厨废弃物、生活垃圾、道路垃圾、建筑垃圾、城市污泥等城市废弃物资源化利用的相关活动
06	0601	060107	现代农林牧渔业技术研发	仅包括现代农林牧渔业技术和生物育种等基础研究和试验发展活动
	0602	060207	现代农林牧渔业技术推广服务	
08	0802	080207	自然康养服务	指以强身健体、调节机能、修身养性、延年益寿为目的，利用森林、草原、湿地等自然生态环境、景观和文化等资源，开展的保健养生、康复疗养等服务活动
	0811		现代旅游服务	

续表

大类	中类	小类	名称	说明
		081101	度假村旅游	
		081102	生态旅游	指自然保护区、野生动物保护区、野生植物保护区、风景名胜区、国家公园、森林公园、湿地公园、沙漠公园、地质公园、自然遗产等旅游游览
		081103	休闲观光旅游	指以农业生产过程、农村风情风貌、农民居家生活、乡村民俗文化为基础，开发农业与农村多种功能，提供休闲观光、农事参与和农家体验等服务的新型农业产业形态，范围涵盖观光农业、体验农业和创意农业，以及工业生产线、工艺、产品、创意设计的参观游游，包括休闲种植业（蔬菜、园艺观赏采摘旅游）、休闲林业（林木培育休闲旅游、森林经营养护休闲旅游、水果观赏采摘旅游、坚果观赏采摘种植、中药材参观旅游）、休闲畜牧业（牲畜参观旅游、家禽参观旅游、其他畜牧参观旅游）、休闲渔业（休闲垂钓旅游、渔业捕捞体验旅游、渔业休闲参观旅游）、工业生产参观旅游

归纳以上分类特点，可以看出，农村新产业新业态涉及的两大部门为农业与旅游服务业，结合实际农业生产的流程，可以将农村新产业新业态分为以下四个模块：

生产前模块：生物育种；

直接生产模块：设施农业，具体有设施农业种植、设施林业经营、设施畜牧养殖、设施水产养殖；

农业服务模块：为生产前模块和直接生产模块提供技术支持、信息获取、资源再利用等服务；

旅游增值模块：自然康养和现代旅游服务，具体为自然康养服务、度假村旅游、生态旅游和休闲观光旅游。

（二）依据项目前期调研实际

农村新产业新业态涉及的对象有乡村旅游、现代农业、乡村创意产业、新型农业经营主体、乡村特色产品与手工农业、乡村电商及物流产业和农业生产性服务业等，土地管理人员对其具体认知情况见图6-1。

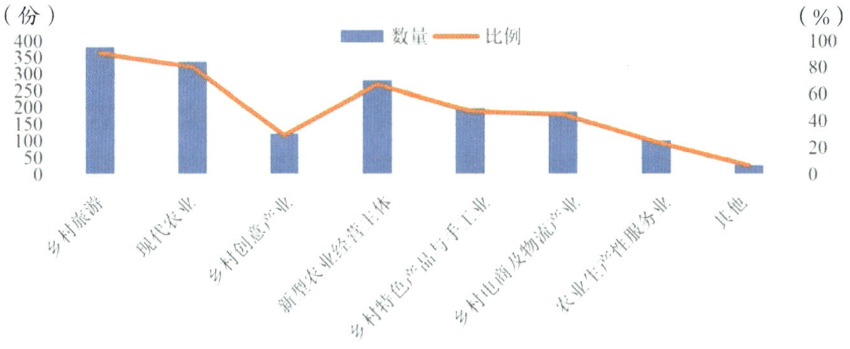

图 6-1　土地管理人员对农村新产业新业态类型认知情况

一线土地管理人员对农村新产业新业态的认知情况，也反映了相应产业类型在实际乡村生产生活中的发展状况与角色。依据结果可知，土地管理人员对乡村旅游、现代农业和新型农业经营主体的认知情况较好，而乡村电商及物流产业、乡村特色产品和手工业两类产业的认知情况虽超过40%，但在实践过程中，两者的用地需求通常由产业园区用地和宅基地满足，并不根植于农用地。乡村创意产业虽有一定的知名度，但其产生和发展具有较强的不确定性，用地需求难以通过规划的方式满足；农业生产性服务业，包含的信息咨询、农机维修等服务，其布点通常位于农管所、农机站等，不属于直接进行农业生产的微观主体。总结如下：

表 6-1　农村新产业新业态类型与用地情况

产业类型	内容	用地情况
乡村旅游	乡村风情、民俗民风、传统文化观光，农事体验、农家美食、民宿等	与宅基地、耕地、林地等存在较强的交叉用地现象，配套用地不足
现代农业	设施农业、生物育种等	设施农用地
乡村创意产业	画家村、影视基地、音乐创作基地、绘画广告创作基地等	具有随机性或天然性
新型农业经营主体	家庭农场、专业种养大户、农民专业合作社、农业产业化龙头企业	与设施农用地有较大重合

续表

产业类型	内容	用地情况
乡村特色产品与手工业	食品（自酿酒、自制副食、茶叶等）、手工艺品（陶器、漆器、纺织刺绣等）、副业（剪线头、穿电子线等）	由宅基地满足
乡村电商及物流产业	淘宝村、快递下乡	异地用地、工业园区满足
农业生产性服务业	农业废弃物资源化利用、技术及信息咨询服务、农机维修等	异地用地现象，如位于城区或集镇
其他	田园综合体、乡村娱乐等	地区差异较大

（三）根据（一）（二）的论述

本测算将农村新产业新业态的用地需求集中为设施农用地需求、乡村旅游与休闲农业用地需求和其他产业用地需求。具体来说，将现代农业、新型农业经营主体、设施农业和生物育种的用地需求集中为"设施农用地需求"，将旅游增值模块与乡村旅游的用地需求集中为"乡村旅游与休闲农业用地需求"，将农业服务模块及实践中遇到的各类其他产业用地需求归为"其他产业用地需求"，具体路径见图6-2。

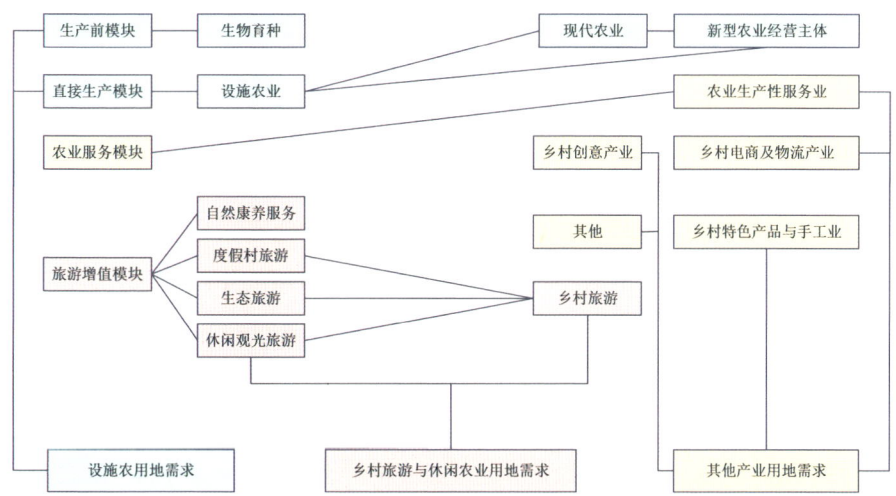

图6-2 农村新产业新业态用地需求集中示意

二、设施农用地需求测算

(一) 设施农业、设施农用地概念界定与政策梳理

《农业部关于促进设施农业发展的意见》(农机发〔2008〕3号)提出设施农业是综合应用工程装备技术、生物技术和环境技术,按照动植物生长发育所要求的最佳环境,进行动植物生产的现代农业生产方式。学术界对设施农业的内涵有着更多挖掘,有学者认为设施农业是通过实施现代农业工程、机械技术和管理技术改善局部环境,为种植业和养殖业、微生物、水产生物以及产品的储藏保鲜提供相对可控的最适宜的温度、湿度、光照、水肥、空气等环境条件,充分利用土壤、气候和生物潜能,在有限的土地上使用较少劳动力,在一定程度上摆脱对自然环境的依赖进行有效生产的农业,以获得速生、高产、优质、高效的农产品的新型生产方式[1]。从以上定义可以看出,设施农业具有技术水平高、环境可控性、产品优质性等特点。设施农业的具体分类经历了较多的变迁,设施园艺、设施蔬菜、设施水产品、规模化养殖等都曾作为设施农业的主要分类被提出,但依据《新产业新业态新商业模式统计分类(2018)》,设施农业包括设施农业种植、设施林业经营、设施畜牧养殖、设施水产养殖四类,其"设施"的含义各有不同,核心设施有温室、水产养殖设施、育苗所、看护房等。

依据国家质量监督检验检疫总局和国家标准化管理委员会发布的《土地利用现状分类》(GB/T 21010—2007),设施农用地是指直接用于经营性养殖的畜禽舍、工厂化作物栽培或水产养殖的生产设施用地及其相应附属设施用地,农村宅基地以外的晾晒场等农业设施用地。而后《土地利用现状分类》(GB/T 21010—2017)对设施农用地的含义进行了更新:设施农用地指直接用于经营性畜禽生产设施及附属设施用地;

---

[1] 何芬,马承伟. 中国设施农业发展现状与对策分析[J]. 中国农学通报,2007(3):462-465.

直接用于作物栽培或水产养殖等农产品生产的设施及附属设施用地；直接用于设施农业项目辅助生产的设施用地；晾晒场、粮食果品烘干设施、粮食和农资临时存放场所、大型农机具临时存放场所等规模化粮食生产所必需的配套设施用地。除《土地利用现状分类》外，对设施农用地有较多界定的有国土资源部、农业部发布的《关于完善设施农用地管理有关问题的通知》（国土资发〔2010〕155号）和国土资源部、农业部发布的《关于进一步支持设施农业健康发展的通知》（国土资发〔2014〕127号），两个《通知》中关于设施农用地的含义对比如下：

表6-2 两《通知》中有关设施农用地的含义对比

《关于完善设施农用地管理有关问题的通知》（国土资发〔2010〕155号）		《关于进一步支持设施农业健康发展的通知》（国土资发〔2014〕127号）	
生产设施用地	指在农业项目区域内，直接用于农产品生产的设施用地。其包括： 1. 工厂化作物栽培中有钢架结构的玻璃或PC板连栋温室用地等； 2. 规模化养殖中畜禽舍（含场区内通道）、畜禽有机物处置等生产设施及绿化隔离带用地； 3. 水产养殖池塘、工厂化养殖、进排水渠道等水产养殖的生产设施用地； 4. 育种育苗场所、简易的生产看护房用地等	生产设施用地	指在设施农业项目区域内，直接用于农产品生产的设施用地。其包括： 1. 工厂化作物栽培中有钢架结构的玻璃或PC板连栋温室用地等； 2. 规模化养殖中畜禽舍（含场区内通道）、畜禽有机物处置等生产设施及绿化隔离带用地； 3. 水产养殖池塘、工厂化养殖池和进排水渠道等水产养殖生产设施用地； 4. 育种育苗场所、简易的生产看护房（单层，小于15平方米）用地等

续表

《关于完善设施农用地管理有关问题的通知》（国土资发〔2010〕155号）		《关于进一步支持设施农业健康发展的通知》（国土资发〔2014〕127号）	
附属设施用地	指农业项目区域内，直接辅助农产品生产的设施用地。包括： 1. 管理和生活用房用地：指设施农业生产中必须配套的检验检疫监测、动植物疫病虫害防控、办公生活等设施用地； 2. 仓库用地：指存放农产品、农资、饲料、农机农具和农产品分拣包装等必要的场所用地； 3. 硬化晾晒场、生物质肥料生产场地、符合"农村道路"规定的道路等用地	附属设施用地	指直接用于设施农业项目的辅助生产的设施用地。包括： 1. 设施农业生产中必须配套的检验检疫监测、动植物疫病虫害防控等技术设施以及必要管理用房用地； 2. 设施农业生产中必须配套的畜禽养殖粪便、污水等废弃物收集、存储、处理等环保设施用地，生物质（有机）肥料生产设施用地； 3. 设施农业生产中所必需的设备、原料、农产品临时存储、分拣包装场所用地，符合"农村道路"规定的场内道路等用地
		配套设施用地	指由农业专业大户、家庭农场、农民合作社、农业企业等，从事规模化粮食生产所必需的配套设施用地。包括：晾晒场、粮食烘干设施、粮食和农资临时存放场所、大型农机具临时存放场所等用地

《关于进一步支持设施农业健康发展的通知》（国土资发〔2014〕127号）执行期为5年，为现行的设施农用地规制文件，与国土资发〔2010〕155号文相比，具有以下特点。

一是标准细化。如生产设施中的看护房，明确其层数和面积。

二是配套设施用地单列。将晾晒场、粮食烘干设施、粮食和农资临时存放场所、大型农机具临时存放场所等用地明确为配套设施用地，且对其主体进行了确定，明确为各类新型农业经营主体。

三是明确存放场所的临时性与非经营性。附属设施用地和配套设施用地中，存放场所只能为临时性，不可长久存放或做经营性用途。

此外，文件还规定了经营性粮食存储、加工和农机农资存放、维修场所，以农业为依托的休闲观光度假场所、各类庄园、酒庄、农家乐，以及各类农业园区中涉及建设永久性餐饮、住宿、会议、大型停车场、工厂化农产品加工、展销等用地必须依法依规按建设用地进行管理。

(二) 基于趋势外推的设施农用地需求测算

1. 灰色预测

本测算中,设施农用地数据跨度为 2009—2016 年,共 8 年,选取灰色预测法有较高的适用性,该模型是灰色系统理论的核心内容,善于解决样本小和数据不完全的不确定性问题,可以排除或过滤掉样本数据中的不规则变动,反映出趋势性变动特征,预测出序列变化的主要趋势。GM (1,1) 的建模过程是将无规律的原始数 x_0 列进行一次累加,得到一个新数列 x_1,令其变化趋势用微分方程描述:

$$\frac{dx}{dt} + ax_0 = b$$

式中:a、b 均为最小二乘法估计得到的参数,再建立矩阵 B、Y_N,计算

$$\hat{a} = (B^T B)^{-1} B^T Y_N = [a,b]^T$$

求解微分方程得到:

$$x_1 k = \left[x_0(1) - \frac{b}{a}\right] e^{-a(k-1)} + \frac{b}{a}, k = 2,3,\cdots,n$$

即灰色 GM (1,1) 预测值。最后,通过计算模拟值与实际值之间的相对误差来判断模拟结果的精度。具体计算结果见表 6-3。

从预测结果来看,以 2016 年设施农用地数据为基期,全国层面的设施农用地需求增幅为 210.25%,具体增加值达 3001.91 万亩,地区平均增幅为 331.83%,各省级行政单位平均增加 96.83 万亩,其中,增幅最大的为贵州省,达 3050.90%,增幅最小的为上海市,为 8.76%,具体增加值仅为 0.50 万亩,河北省的设施农用地需求量增加值最大,为 319.68 万亩。由表中预测结果可以看出,基于全国总量的设施农用地预测与分省份设施农用地预测结果到 2035 年存在约 736 万亩的差值。考虑到全国自上而下的土地利用指标分配模式,基于各省份设施农用地预测结果与总

计的占比，将差值分配到各省份实际产业用地中（见表6-4）。

表6-3　基于灰色预测模型的设施农用地需求测算结果

地区	2017年		2020年		2022年		2025年		2030年		2035年	
	万亩	km²	万亩	km²	万亩	km²	万亩	km²	万亩	km²	万亩	km²
全国	1525.4	10169.3	1767.7	11784.7	1950.2	13001.3	2260.0	15066.7	2889.4	19262.7	3694.0	24626.7
总计	1530.6	10204.0	1792.7	11951.3	1999.0	13326.7	2367.8	15785.3	3195.4	21302.7	4429.7	29531.3
北京	24.0	160.0	24.4	162.7	24.6	164.0	25.0	166.7	25.6	170.7	26.2	174.7
天津	13.1	87.3	14.3	95.3	15.1	100.7	16.5	110.0	19.1	127.3	22.0	146.7
河北	149.1	994.0	179.3	1195.3	202.8	1352.0	243.9	1626.0	331.7	2211.3	451.2	3008.0
山西	45.1	300.7	57.3	382.0	67.1	447.3	85.2	568.0	126.8	845.3	188.7	1258.0
内蒙古	124.6	830.7	153.0	1020.0	175.5	1170.0	215.5	1436.7	303.4	2022.7	427.2	2848.0
辽宁	44.4	296.0	51.2	341.3	56.4	376.0	65.0	433.3	82.5	550.0	104.7	698.0
吉林	25.6	170.7	34.4	229.3	41.9	279.3	56.3	375.3	92.1	614.0	150.7	1004.7
黑龙江	58.4	389.3	71.6	477.3	82.1	547.3	100.8	672.0	141.9	946.0	199.7	1331.3
上海	5.8	38.7	5.9	39.3	5.9	39.3	6.0	40.0	6.1	40.7	6.2	41.3
江苏	74.3	495.3	84.6	564.0	92.3	615.3	105.1	700.7	130.5	870.0	162.1	1080.7
浙江	16.9	112.7	19.4	129.3	21.2	141.3	24.3	162.0	30.6	204.0	38.4	256.0
安徽	42.5	283.3	48.0	320.0	52.1	347.3	58.8	392.0	72.1	480.7	88.3	588.7
福建	47.2	314.7	49.2	328.0	50.6	337.3	52.7	351.3	56.4	376.0	60.3	402.0
江西	24.6	164.0	29.0	193.3	32.4	216.0	38.2	254.7	50.3	335.3	66.3	442.0
山东	284.3	1895.3	308.6	2057.3	325.9	2172.7	353.7	2358.0	405.4	2702.7	464.7	3098.0
河南	90.1	600.7	104.1	694.0	114.7	764.7	132.6	884.0	168.9	1126.0	215.2	1434.7
湖北	40.9	272.7	50.3	335.3	57.8	385.3	71.1	474.0	100.5	670.0	142.1	947.3
湖南	12.9	86.0	17.1	114.0	20.6	137.3	27.2	181.3	43.4	289.3	69.3	462.0
广东	59.2	394.7	61.2	408.0	62.7	418.0	64.9	432.7	68.7	458.0	72.7	484.7
广西	29.0	193.3	33.2	221.3	36.3	242.0	41.6	277.3	52.2	348.0	65.5	436.7
海南	24.6	164.0	25.0	166.7	25.2	168.0	25.6	170.7	26.3	175.3	27.0	180.0
重庆	6.7	44.7	8.4	56.0	9.7	64.7	12.2	81.3	17.6	117.3	25.6	170.7
四川	25.9	172.7	31.0	206.7	34.9	232.7	41.6	277.3	55.9	372.7	75.2	501.3
贵州	11.1	74.0	19.1	127.3	27.4	182.7	47.2	314.7	117.0	780.0	289.9	1932.7

续表

地区	2017年		2020年		2022年		2025年		2030年		2035年	
	万亩	km²	万亩	km²	万亩	km²	万亩	km²	万亩	km²	万亩	km²
云南	19.0	126.7	25.7	171.3	31.6	210.7	42.9	286.0	71.4	476.0	118.9	792.7
西藏	5.9	39.3	6.4	42.7	6.7	44.7	7.3	48.7	8.3	55.3	9.5	63.3
陕西	33.1	220.7	41.1	274.0	47.5	316.7	59.0	393.3	84.6	564.0	121.4	809.3
甘肃	70.2	468.0	86.4	576.0	99.2	661.3	122.1	814.0	172.5	1150.0	243.7	1624.7
青海	6.0	40.0	8.8	58.7	11.2	74.7	16.2	108.0	30.1	200.7	55.9	372.7
宁夏	18.8	125.3	25.1	167.3	30.4	202.7	40.6	270.7	65.5	436.7	105.9	706.0
新疆	97.3	648.7	119.6	797.3	137.2	914.7	168.7	1124.7	237.9	1586.0	335.5	2236.7

表6-4 基于灰色预测模型的设施农用地需求测算修正结果

地区	2017年		2020年		2022年		2025年		2030年		2035年	
	万亩	km²	万亩	km²	万亩	km²	万亩	km²	万亩	km²	万亩	km²
北京	23.9	159.3	24.0	160.0	24.0	160.0	23.8	158.7	23.1	154.0	21.8	145.3
天津	13.1	87.3	14.1	94.0	14.8	98.7	15.7	104.7	17.2	114.7	18.3	122.0
河北	148.6	990.7	176.8	1178.7	197.8	1318.7	232.8	1552.0	299.9	1999.3	376.2	2508.0
山西	45.0	300.0	56.5	376.7	65.5	436.7	81.3	542.0	114.7	764.7	157.3	1048.7
内蒙古	124.2	828.0	150.9	1006.0	171.2	1141.3	205.7	1371.3	274.4	1829.3	356.3	2375.3
辽宁	44.3	295.3	50.5	336.7	55.0	366.7	62.1	414.0	74.6	497.3	87.3	582.0
吉林	25.5	170.0	33.9	226.0	40.9	272.7	53.7	358.0	83.3	555.3	125.6	837.3
黑龙江	58.2	388.0	70.6	470.7	80.1	534.0	96.2	641.3	128.3	855.3	166.5	1110.0
上海	5.8	38.7	5.8	38.7	5.8	38.7	5.7	38.0	5.5	36.7	5.2	34.7
江苏	74.1	494.0	83.4	556.0	90.0	600.0	100.3	668.7	118.0	786.7	135.2	901.3
浙江	16.8	112.0	19.1	127.3	20.7	138.0	23.2	154.7	27.6	184.0	32.0	213.3
安徽	42.4	282.7	47.3	315.3	50.8	338.7	56.1	374.0	65.2	434.7	73.6	490.7
福建	47.1	314.0	48.5	323.3	49.3	328.7	50.3	335.3	51.0	340.0	50.3	335.3
江西	24.5	163.3	28.6	190.7	31.6	210.7	36.5	243.3	45.5	303.3	55.3	368.7
山东	283.3	1888.7	304.3	2028.7	317.9	2119.3	337.6	2250.7	366.6	2444.0	387.6	2584.0
河南	89.8	598.7	102.7	684.7	111.9	746.0	126.6	844.0	152.7	1018.0	179.4	1196.0
湖北	40.7	271.3	49.6	330.7	56.4	376.0	67.9	452.7	90.9	606.0	118.5	790.0

续表

地区	2017年		2020年		2022年		2025年		2030年		2035年	
	万亩	km²	万亩	km²	万亩	km²	万亩	km²	万亩	km²	万亩	km²
湖南	12.9	86.0	16.8	112.0	20.1	134.0	26.0	173.3	39.3	262.0	57.8	385.3
广东	59.0	393.3	60.4	402.7	61.1	407.3	61.9	412.7	62.1	414.0	60.7	404.7
广西	28.9	192.7	32.7	218.0	35.4	236.0	39.7	264.7	47.2	314.7	54.6	364.0
海南	24.5	163.3	24.6	164.0	24.6	164.0	24.5	163.3	23.8	158.7	22.5	150.0
重庆	6.7	44.7	8.3	55.3	9.5	63.3	11.6	77.3	15.9	106.0	21.3	142.0
四川	25.9	172.7	30.5	203.3	34.0	226.7	39.7	264.7	50.6	337.3	62.7	418.0
贵州	11.0	73.3	18.8	125.3	26.7	178.0	45.1	300.7	105.8	705.3	241.7	1611.3
云南	18.9	126.0	25.4	169.3	30.8	205.3	40.9	272.7	64.6	430.7	99.2	661.3
西藏	5.9	39.3	6.3	42.0	6.6	44.0	6.9	46.0	7.5	50.0	7.9	52.7
陕西	33.0	220.0	40.5	270.0	46.4	309.3	56.3	375.3	76.5	510.0	101.2	674.7
甘肃	70.0	466.7	85.2	568.0	96.8	645.3	116.5	776.7	156.0	1040.0	203.2	1354.7
青海	6.0	40.0	8.6	57.3	10.9	72.7	15.5	103.3	27.2	181.3	46.6	310.7
宁夏	18.8	125.3	24.7	164.7	29.7	198.0	38.7	258.0	59.2	394.7	88.3	588.7
新疆	97.0	646.7	118.0	786.7	133.9	892.7	161.0	1073.3	215.1	1434.0	279.8	1865.3

2. 基于传统模型的时间序列预测

由于各地区历史数据增长特征存在差异，依数据特点选取相应的预测模型，理论上具有更好的预测效果。

表6-5 地区与所应用的模型类型①

地区	模型类型	地区	模型类型	地区	模型类型	地区	模型类型
北京	ARIMA (0,0,2)②	上海	ARIMA (0,0,3)	湖北	ARIMA (0,1,0)	云南	霍尔特③
天津	霍尔特	江苏	ARIMA (0,1,0)	湖南	霍尔特	西藏	ARIMA (0,2,0)

① 依据各地区数据特点采取相适应的预测模型，模型选取的参考依据为拟合优度。
② ARIMA(p,d,q)：差分整合移动平均自回归模型，时间序列预测的方法之一，其中AR是自回归，MA为移动平均，p为自回归项数，d为使数据成为平稳序列所做的差分阶数，q为移动平均项数。
③ Holt指数平滑法，适用于非恒定水平即有增长或者降低趋势的、没有季节性可相加模型的时间序列预测。

续表

地区	模型类型	地区	模型类型	地区	模型类型	地区	模型类型
河北	ARIMA(0,1,0)	浙江	ARIMA(0,1,0)	广东	ARIMA(0,0,3)	陕西	ARIMA(0,1,0)
山西	ARIMA(0,1,0)	安徽	ARIMA(0,1,0)	广西	ARIMA(0,1,0)	甘肃	ARIMA(0,1,0)
内蒙古	ARIMA(0,1,0)	福建	布朗①	海南	ARIMA(0,0,2)	青海	布朗
辽宁	霍尔特	江西	霍尔特	重庆	霍尔特	宁夏	ARIMA(0,1,0)
吉林	霍尔特	山东	霍尔特	四川	霍尔特	新疆	ARIMA(0,1,0)
黑龙江	霍尔特	河南	布朗	贵州	布朗		

依上述模型进行预测，预测末期设为2035年，具体结果见表6-7，模型的历史性检验结果（2011—2016年）如下：

表6-6 模型历史性检验（2011—2016年）

地区	误差率(%)	地区	误差率(%)	地区	误差率(%)	地区	误差率(%)
全国	1.40	黑龙江	0.91	河南	1.56	贵州	7.07
北京	0.42	上海	0.58	湖北	1.57	云南	1.74
天津	0.71	江苏	1.90	湖南	2.18	西藏	0.64
河北	4.35	浙江	1.64	广东	0.90	陕西	2.32
山西	1.93	安徽	1.46	广西	0.82	甘肃	2.56
内蒙古	1.84	福建	1.59	海南	0.63	青海	3.07
辽宁	1.60	江西	1.49	重庆	1.12	宁夏	1.88
吉林	1.52	山东	0.94	四川	0.78	新疆	2.31

从以上结果可知，模型的误差率在0.42%～7.07%，全国层面的误差率为1.40%，符合预期，贵州省由于历史设施农用地数据绝对值较小，导致误差率偏高。

---

① 单一参数线性指数平滑法，是二次指数平滑法的一种。

从预测结果来看，以2016年设施农用地数据为基期，全国层面的设施农用地需求增幅为78.10%，具体增加值达1115.2万亩，地区平均增幅为92.40%，各省级行政单位平均增加35.97万亩，其中，增幅最大的为贵州省，达276.00%，增幅最小的为海南省，为6.50%，具体增加值仅为1.6万亩，山东省的设施农用地需求量增加值最大，为139.3万亩。

表6-7 基于传统模型的时间序列设施农用地需求预测结果

地区	2017年		2020年		2022年		2025年		2030年		2035年	
	万亩	km²	万亩	km²	万亩	km²	万亩	km²	万亩	km²	万亩	km²
全国	1503.9	10026.0	1687.1	11247.3	1809.2	12061.3	1992.4	13282.7	2297.8	15318.7	2603.1	17354.0
总计	1490.3	9935.3	1665.3	11102.0	1782.2	11881.3	1957.3	13048.7	2249.9	14999.3	2543.1	16954.0
北京	24.0	160.0	24.5	163.3	24.8	165.3	25.1	167.3	25.8	172.0	26.5	176.7
天津	13.0	86.7	14.0	93.3	14.7	98.0	15.7	104.7	17.4	116.0	19.0	126.7
河北	137.5	916.7	155.7	1038.0	167.8	1118.7	185.9	1239.3	216.1	1440.7	246.3	1642.0
山西	43.5	290.0	50.7	338.0	55.5	370.0	62.7	418.0	74.7	498.0	86.7	578.0
内蒙古	118.8	792.0	137.5	916.7	149.9	999.3	168.5	1123.3	199.6	1330.7	230.7	1538.0
辽宁	43.9	292.7	49.2	328.0	52.8	352.0	58.1	387.3	67.0	446.7	75.9	506.0
吉林	24.5	163.3	29.6	197.3	33.0	220.0	38.1	254.0	46.6	310.7	55.1	367.3
黑龙江	57.0	380.0	66.1	440.7	72.2	481.3	81.3	542.0	96.4	642.7	111.6	744.0
上海	5.9	39.3	5.9	39.3	6.0	40.0	6.1	40.7	6.3	42.0	6.4	42.7
江苏	71.5	476.7	78.6	524.0	83.3	555.3	90.3	602.0	102.0	680.0	113.7	758.0
浙江	16.4	109.3	18.4	122.7	19.7	131.3	21.6	144.0	24.8	165.3	28.0	186.7
安徽	42.5	283.3	46.5	310.0	49.2	328.0	53.3	355.3	60.1	400.7	66.9	446.0
福建	47.0	313.3	48.7	324.7	49.9	332.7	51.7	344.7	54.6	364.0	57.5	383.3
江西	24.3	162.0	27.7	184.7	30.0	200.0	33.4	222.7	39.0	260.0	44.7	298.0
山东	283.4	1889.3	304.9	2032.7	319.2	2128.0	340.7	2271.3	376.6	2510.7	412.4	2749.3
河南	88.6	590.7	97.6	650.7	103.6	690.7	112.6	750.7	127.6	850.7	142.6	950.7
湖北	40.3	268.7	46.4	309.3	50.5	336.7	56.6	377.3	66.7	444.7	76.8	512.0
湖南	12.3	82.0	14.8	98.7	16.4	109.3	18.9	126.7	23.0	153.3	27.0	180.0

续表

地区	2017年		2020年		2022年		2025年		2030年		2035年	
	万亩	km²	万亩	km²	万亩	km²	万亩	km²	万亩	km²	万亩	km²
广东	59.3	395.3	62.1	414.0	63.8	425.3	66.2	441.3	70.2	468.0	74.2	494.7
广西	28.6	190.7	31.5	210.0	33.4	222.7	36.3	242.0	41.2	274.7	46.1	307.3
海南	24.4	162.7	24.8	165.3	24.9	166.0	25.2	168.0	25.7	171.3	26.2	174.7
重庆	6.6	44.0	7.7	51.3	8.5	56.7	9.7	64.7	11.6	77.3	13.5	90.0
四川	25.5	170.0	29.1	194.0	31.6	210.7	35.2	234.7	41.3	275.3	47.3	315.3
贵州	10.5	70.0	14.5	96.7	17.2	114.7	21.2	141.3	27.9	186.0	34.6	230.7
云南	18.3	122.0	22.4	149.3	25.1	167.3	29.2	194.7	36.0	240.0	42.9	286.0
西藏	6.0	40.0	6.9	46.0	7.7	51.3	9.1	60.7	12.1	80.7	15.9	106.0
陕西	32.3	215.3	37.5	250.0	41.0	273.3	46.3	308.7	55.1	367.3	63.9	426.0
甘肃	67.5	450.0	76.8	512.0	83.0	553.3	92.3	615.3	107.8	718.7	123.3	822.0
青海	5.7	38.0	6.9	46.0	7.7	51.3	8.9	59.3	10.9	72.7	12.9	86.0
宁夏	17.8	118.7	21.2	141.3	23.5	156.7	27.0	180.0	32.8	218.7	38.6	257.3
新疆	93.4	622.7	107.1	714.0	116.3	775.3	130.1	867.3	153.0	1020.0	175.9	1172.7

由传统预测结果可以看出，基于全国总量的设施农用地预测与分省份设施农用地预测结果到2035年存在约60万亩的差值。考虑到全国自上而下的土地利用指标分配模式，基于各省份设施农用地预测结果与总计的占比，将差值分配到各省份实际产业用地中（见表6-8）。

表6-8　基于传统模型的时间序列设施农用地需求预测修正结果

地区	2017年		2020年		2022年		2025年		2030年		2035年	
	万亩	km²	万亩	km²	万亩	km²	万亩	km²	万亩	km²	万亩	km²
北京	24.2	161.3	24.8	165.3	25.2	168.0	25.6	170.7	26.3	175.3	27.1	180.7
天津	13.1	87.3	14.2	94.7	14.9	99.3	16.0	106.7	17.8	118.7	19.4	129.3
河北	138.8	925.3	157.7	1051.3	170.3	1135.3	189.2	1261.3	220.7	1471.3	252.1	1680.7
山西	43.9	292.7	51.4	342.7	56.3	375.3	63.8	425.3	76.3	508.7	88.7	591.3
内蒙古	119.9	799.3	139.3	928.7	152.2	1014.7	171.5	1143.3	203.8	1358.7	236.1	1574.0
辽宁	44.3	295.3	49.8	332.0	53.6	357.3	59.1	394.0	68.4	456.0	77.7	518.0

续表

地区	2017年		2020年		2022年		2025年		2030年		2035年	
	万亩	km²	万亩	km²	万亩	km²	万亩	km²	万亩	km²	万亩	km²
吉林	24.7	164.7	30.0	200.0	33.5	223.3	38.8	258.7	47.6	317.3	56.4	376.0
黑龙江	57.5	383.3	67.0	446.7	73.3	488.7	82.8	552.0	98.5	656.7	114.2	761.3
上海	6.0	40.0	6.0	40.0	6.1	40.7	6.2	41.3	6.4	42.7	6.6	44.0
江苏	72.2	481.3	79.6	530.7	84.6	564.0	91.9	612.7	104.2	694.7	116.4	776.0
浙江	16.5	110.0	18.6	124.0	20.0	133.3	22.0	146.7	25.3	168.7	28.7	191.3
安徽	42.9	286.0	47.1	314.0	49.9	332.7	54.3	362.0	61.4	409.3	68.5	456.7
福建	47.4	316.0	49.3	328.7	50.7	338.0	52.6	350.7	55.8	372.0	58.9	392.7
江西	24.5	163.3	28.1	187.3	30.5	203.3	34.0	226.7	39.8	265.3	45.8	305.3
山东	286.0	1906.7	308.9	2059.3	324.0	2160.0	346.8	2312.0	384.6	2564.0	422.1	2814.0
河南	89.4	596.0	98.9	659.3	105.2	701.3	114.6	764.0	130.3	868.7	146.0	973.3
湖北	40.7	271.3	47.0	313.3	51.3	342.0	57.6	384.0	68.1	454.0	78.6	524.0
湖南	12.4	82.7	15.0	100.0	16.6	110.7	19.2	128.0	23.5	156.7	27.6	184.0
广东	59.8	398.7	62.9	419.3	64.8	432.0	67.4	449.3	71.7	478.0	76.0	506.7
广西	28.9	192.7	31.9	212.7	33.9	226.0	37.0	246.7	42.1	280.7	47.2	314.7
海南	24.6	164.0	25.1	167.3	25.3	168.7	25.7	171.3	26.2	174.7	26.8	178.7
重庆	6.7	44.7	7.8	52.0	8.6	57.3	9.9	66.0	11.8	78.7	13.8	92.0
四川	25.7	171.3	29.5	196.7	32.1	214.0	35.8	238.7	42.2	281.3	48.4	322.7
贵州	10.6	70.7	14.7	98.0	17.5	116.7	21.6	144.0	28.5	190.0	35.4	236.0
云南	18.5	123.3	22.7	151.3	25.5	170.0	29.7	198.0	36.8	245.3	43.9	292.7
西藏	6.1	40.7	7.0	46.7	7.8	52.0	9.3	62.0	12.4	82.7	16.3	108.7
陕西	32.6	217.3	38.0	253.3	41.6	277.3	47.1	314.0	56.3	375.3	65.4	436.0
甘肃	68.1	454.0	77.8	518.7	84.3	562.0	94.0	626.7	110.1	734.0	126.2	841.3
青海	5.8	38.7	7.0	46.7	7.8	52.0	9.1	60.7	11.1	74.0	13.2	88.0
宁夏	18.0	120.0	21.5	143.3	23.9	159.3	27.5	183.3	33.5	223.3	39.5	263.3
新疆	94.3	628.7	108.5	723.3	118.1	787.3	132.4	882.7	156.3	1042.0	180.1	1200.7

3. 均衡预测

考虑到灰色预测模型仅适用于中短期预测,其对于长期的设施农用地预测精度降低导致预测结果偏大;而传统模型的时间序列预测相对保守,可能无法满足农村新产业新业态发展的用地需求。因此研究决定采用前面两者的预测结果均值作为均衡预测结果(见表6-9),更加符合未来乡村新产业用地实际需求。

表6-9 基于均衡预测设施农用地需求预测结果

地区	2017年		2020年		2022年		2025年		2030年		2035年	
	万亩	km²	万亩	km²	万亩	km²	万亩	km²	万亩	km²	万亩	km²
全国	1514.7	10098.0	1727.4	11516.0	1879.7	12531.3	2126.2	14174.7	2593.6	17290.7	3148.5	20990.0
总计	1510.5	10070.0	1729.0	11526.7	1890.6	12604.0	2162.5	14416.7	2722.7	18151.3	3486.4	23242.7
北京	24.0	160.0	24.4	162.7	24.7	164.7	25.0	166.7	25.7	171.3	26.3	175.3
天津	13.1	87.3	14.1	94.0	14.9	99.3	16.1	107.3	18.2	121.3	20.5	136.7
河北	143.3	955.3	167.5	1116.7	185.3	1235.3	214.9	1432.7	273.9	1826.0	348.7	2324.7
山西	44.3	295.3	54.0	360.0	61.3	408.7	74.0	493.3	100.8	672.0	137.7	918.0
内蒙古	121.7	811.3	145.3	968.7	162.7	1084.7	192.0	1280.0	251.5	1676.7	329.0	2193.3
辽宁	44.2	294.7	50.2	334.7	54.6	364.0	61.6	410.7	74.8	498.7	90.3	602.0
吉林	25.1	167.3	32.0	213.3	37.5	250.0	47.2	314.7	69.3	462.0	102.9	686.0
黑龙江	57.7	384.7	68.9	459.3	77.2	514.7	91.1	607.3	119.1	794.0	155.6	1037.3
上海	5.8	38.7	5.9	39.3	6.0	40.0	6.0	40.0	6.2	41.3	6.3	42.0
江苏	72.9	486.0	81.6	544.0	87.8	585.3	97.7	651.3	116.3	775.3	137.9	919.3
浙江	16.6	110.7	18.9	126.0	20.5	136.7	23.0	153.3	27.7	184.7	33.2	221.3
安徽	42.5	283.3	47.3	315.3	50.6	337.3	56.1	374.0	66.1	440.7	77.6	517.3
福建	47.1	314.0	49.0	326.7	50.2	334.7	52.2	348.0	55.5	370.0	58.9	392.7
江西	24.4	162.7	28.4	189.3	31.2	208.0	35.8	238.7	44.7	298.0	55.5	370.0
山东	283.9	1892.7	306.7	2044.7	322.5	2150.0	347.2	2314.7	391.0	2606.7	438.6	2924.0
河南	89.3	595.3	100.9	672.7	109.2	728.0	122.6	817.3	148.3	988.7	178.9	1192.7
湖北	40.6	270.7	48.4	322.7	54.1	360.7	63.9	426.0	83.6	557.3	109.4	729.3
湖南	12.6	84.0	15.9	106.0	18.5	123.3	23.1	154.0	33.2	221.3	48.1	320.7
广东	59.2	394.7	61.7	411.3	63.2	421.3	65.5	436.7	69.4	462.7	73.5	490.0
广西	28.8	192.0	32.3	215.3	34.9	232.7	39.0	260.0	46.7	311.3	55.8	372.0

续表

地区	2017年		2020年		2022年		2025年		2030年		2035年	
	万亩	km²	万亩	km²	万亩	km²	万亩	km²	万亩	km²	万亩	km²
海南	24.5	163.3	24.9	166.0	25.1	167.3	25.4	169.3	26.0	173.3	26.6	177.3
重庆	6.7	44.7	8.0	53.3	9.1	60.7	10.9	72.7	14.6	97.3	19.5	130.0
四川	25.7	171.3	30.0	200.0	33.2	221.3	38.4	256.0	48.6	324.0	61.2	408.0
贵州	10.8	72.0	16.8	112.0	22.3	148.7	34.2	228.0	72.5	483.3	162.2	1081.3
云南	18.6	124.0	24.1	160.7	28.3	188.7	36.0	240.0	53.7	358.0	80.9	539.3
西藏	5.9	39.3	6.6	44.0	7.2	48.0	8.2	54.7	10.2	68.0	12.7	84.7
陕西	32.7	218.0	39.3	262.0	44.3	295.3	52.7	351.3	69.9	466.0	92.6	617.3
甘肃	68.9	459.3	81.6	544.0	91.1	607.3	107.2	714.7	140.1	934.0	183.5	1223.3
青海	5.9	39.3	7.8	52.0	9.5	63.3	12.6	84.0	20.5	136.7	34.4	229.3
宁夏	18.3	122.0	23.1	154.0	27.0	180.0	33.8	225.3	49.2	328.0	72.2	481.3
新疆	95.4	636.0	113.4	756.0	126.8	845.3	149.4	996.0	195.5	1303.3	255.7	1704.7

由表中预测结果可以看出，基于全国总量的设施农用地预测与分省份设施农用地预测结果到2035年存在约350万亩的差值。考虑到全国自上而下的土地利用指标分配模式，基于各省份设施农用地预测结果与总计的占比，将差值分配到各省份实际产业用地中（见表6-10）。

表6-10 基于均衡预测设施农用地需求预测修正结果

地区	2017年		2020年		2022年		2025年		2030年		2035年	
	万亩	km²	万亩	km²	万亩	km²	万亩	km²	万亩	km²	万亩	km²
北京	24.1	160.7	24.4	162.7	24.6	164.0	24.6	164.0	24.5	163.3	23.8	158.7
天津	13.1	87.3	14.1	94.0	14.8	98.7	15.8	105.3	17.4	116.0	18.5	123.3
河北	143.7	958.0	167.3	1115.3	184.2	1228.0	211.3	1408.7	260.9	1739.3	314.9	2099.3
山西	44.4	296.0	53.9	359.3	61.0	406.7	72.7	484.7	96.0	640.0	124.3	828.7
内蒙古	122.1	814.0	145.1	967.3	161.8	1078.7	188.8	1258.7	239.6	1597.3	297.1	1980.7
辽宁	44.3	295.3	50.2	334.7	54.3	362.0	60.5	403.3	71.2	474.7	81.6	544.0
吉林	25.1	167.3	32.0	213.3	37.2	248.0	46.4	309.3	66.1	440.7	92.9	619.3
黑龙江	57.8	385.3	68.8	458.7	76.7	511.3	89.5	596.7	113.5	756.7	140.6	937.3

续表

地区	2017年		2020年		2022年		2025年		2030年		2035年	
	万亩	km²	万亩	km²	万亩	km²	万亩	km²	万亩	km²	万亩	km²
上海	5.9	39.3	5.9	39.3	5.9	39.3	5.9	39.3	5.9	39.3	5.7	38.0
江苏	73.1	487.3	81.5	543.3	87.3	582.0	96.1	640.7	110.8	738.7	124.5	830.0
浙江	16.7	111.3	18.9	126.0	20.3	135.3	22.6	150.7	26.4	176.0	30.0	200.0
安徽	42.6	284.0	47.2	314.7	50.3	335.3	55.1	367.3	62.9	419.3	70.1	467.3
福建	47.3	315.3	48.9	326.0	49.9	332.7	51.3	342.0	52.9	352.7	53.2	354.7
江西	24.5	163.3	28.3	188.7	31.0	206.7	35.2	234.7	42.6	284.0	50.1	334.0
山东	284.6	1897.3	306.5	2043.3	320.7	2138.0	341.4	2276.0	372.5	2483.3	396.1	2640.7
河南	89.6	597.3	100.8	672.0	108.5	723.3	120.6	804.0	141.2	941.3	161.5	1076.7
湖北	40.7	271.3	48.3	322.0	53.8	358.7	62.8	418.7	79.6	530.7	98.8	658.7
湖南	12.6	84.0	15.9	106.0	18.4	122.7	22.7	151.3	31.6	210.7	43.5	290.0
广东	59.4	396.0	61.6	410.7	62.9	419.3	64.4	429.3	66.1	440.7	66.3	442.0
广西	28.9	192.7	32.3	215.3	34.7	231.3	38.3	255.3	44.5	296.7	50.4	336.0
海南	24.6	164.0	24.9	166.0	24.9	166.0	25.0	166.7	24.8	165.3	24.0	160.0
重庆	6.7	44.7	8.0	53.3	9.1	60.7	10.7	71.3	13.9	92.7	17.6	117.3
四川	25.8	172.0	30.0	200.0	33.0	220.0	37.8	252.0	46.3	308.7	55.3	368.7
贵州	10.8	72.0	16.8	112.0	22.2	148.0	33.6	224.0	69.0	460.0	146.5	976.7
云南	18.7	124.7	24.1	160.7	28.2	188.0	35.4	236.0	51.2	341.3	73.1	487.3
西藏	6.0	40.0	6.6	44.0	7.2	48.0	8.1	54.0	9.7	64.7	11.5	76.7
陕西	32.8	218.7	39.3	262.0	44.0	293.3	51.8	345.3	66.5	443.3	83.7	558.0
甘肃	69.1	460.7	81.5	543.3	90.6	604.0	105.4	702.7	133.5	890.0	165.7	1104.7
青海	5.9	39.3	7.8	52.0	9.4	62.7	12.4	82.7	19.5	130.0	31.0	206.7
宁夏	18.4	122.7	23.1	154.0	26.8	178.7	33.2	221.3	46.8	312.0	65.2	434.7
新疆	95.6	637.3	113.3	755.3	126.0	840.0	146.9	979.3	186.2	1241.3	230.9	1539.3

三、乡村旅游与休闲农业用地需求测算

(一) 乡村旅游与休闲农业用地类别

依据国家统计局制定的《新产业新业态新商业模式统计分类(2018)》，农村新产业新业态包括度假村旅游和休闲观光旅游两部分，具体对应现代乡村产业中可以找到乡村旅游产业与休闲农业。两者在产业用地方面主要包括生产设施用地和配套设施用地，具体来说包括民宿用地(吃、住)、乡村旅游交通用地(行)、动态交通(乡村道路)和静态交通(停车空间)、村镇服务设施用地和乡村旅游景观用地(游、购、娱)。

依据旅游六大要素分类型来看，首先民宿用地主要用以解决乡村旅游过程中的吃和住的问题。在实际乡村旅游发展过程中，民宿用地多以乡村居民的宅基地形式呈现，即该类型用地呈现混合利用模式。乡村居民的宅基地民宿化利用一方面可以作为乡村特色旅游资源以吸引游客；另一方面大大节省了发展乡村旅游所需的游客的吃、住空间，因此对此类乡村新产业的新增用地需求相对较小。但需要注意的是，在实际乡村旅游项目对于民宿征地时，所征土地不仅包括乡村居民的宅基地范围，还可能包括宅基地周围的院子等配套设施用地，即乡村旅游所需的民宿用地实际大于乡村居民的宅基地范围面积。另外对于乡村旅游过程中的住宿需求，依据国家卫健委发布的《中国流动人口发展报告2018》，最近几年，我国劳动力，尤其是农民工有从东部沿海地区向中西部地区回流的趋势，人口开始逐步从大城市回流现象出现。依据自然资源部发布的土地调查统计数据，2009—2016年城市面积增长1217.3万亩，建制镇面积增长2054.2万亩，而村庄面积仅增长1091.3万亩，增幅分别为23.01%、36.79%和3.94%。可以看出虽然人口出现回流现象，但多表现为建制镇的增长，因而在未来乡村旅游的游客中，建制镇人口会出现上升，而该类人口在乡村旅游过程中一日游的情况相对较多，所以乡村

旅游所需的新增住宿用地数量相对较少。

其次对于乡村旅游交通用地主要解决乡村旅游中行的问题，这里的交通包括动态交通（乡村旅游道路）和静态交通（乡村旅游停车空间）。对于动态交通，即乡村旅游道路，其中有较多部分与乡村本身存量道路相一致，包括乡村主干道、次干道以及对外交通道路等，该部分仅需要完善道路硬化即可；而对于乡村旅游和休闲农业发展所需专用游步道、观景道以及游线设计等则需要新增相应的产业发展用地。对于静态交通，主要指乡村停车空间，随着物质水平和乡村道路设施水平的提高，乡村自驾游的情况越来越多，因此对于乡村停车空间的要求相比于住宿空间的要求更为迫切，一方面在于自驾游的现象增多；另一方面也在于乡村之前的发展对于停车空间的需求不大，本身存量相对较低，因此在新增停车空间方面，乡村旅游和休闲农业发展的用地需求相对较大，这也是未来乡村新产业发展用地需求的重点。

最后对于旅游过程中的游、购、娱三个要素，对应乡村发展的乡村服务设施用地和乡村旅游景观用地。乡村旅游景观用地是乡村旅游和休闲农业发展的基础和前提，承载着乡村观光和旅游的资源，包括承载乡村风光的山、水、林、田、湖、草等自然要素和承载乡村文化的风俗习惯、工艺品、节事活动、建筑风格等人文要素。对于承载乡村风光的自然景观用地已经在乡村发展过程中存在，所需新增量相对较少，仅需要对相关景观资源进行维护和修缮工作。其中需要特别注意的是乡村基本农田质量和数量的保护，农村新产业新业态的发展需要遵守基本农田保护红线和生态文明建设要求。对于承载乡村文化的人文景观用地多与乡村服务设施用地相吻合，包括乡村广场、公共卫生间、垃圾处理站、村委会和活动中心等。该类用地的规划与调整乡村振兴规划目标较为一致，目前的乡村振兴建设已经对乡村服务设施等作出相关安排，该类用地以存量土地调整为主，新增建设用地数量较少。

从整体来看，对于乡村旅游和休闲农业发展所需要的用地覆盖旅游"吃、住、行、游、购、娱"六要素的需求。经梳理总结可知，乡村旅游和休闲农业所需用地包括民宿用地、乡村旅游交通用地、村镇服务设施用地和乡村旅游景观用地4类，其中民宿用地、村镇服务设施用地和乡村旅游景观用地在传统乡村发展过程中已有相当存量，新产业用地增量重点在于乡村旅游交通用地。

（二）乡村旅游与休闲农业用地来源

经总结梳理可知，乡村旅游与休闲农业发展用地存在存量土地不足情况。农业部下发的《关于积极开发农业多种功能大力促进休闲农业发展的通知》明确指出了发展乡村旅游与休闲农业用地所需新增土地来源的途径。乡村旅游和休闲农业用地的主要来源途径包括农村集体建设用地、城乡建设用地增减挂钩、"四荒地"以及农民自由住宅和闲置宅基地。农村集体建设用地主要包括乡（镇）村公益事业用地和公共设施用地、农村居民住宅用地，可分为宅基地、公益性公共设施用地和经营性用地三大类。城乡建设用地增减挂钩指依据土地利用总体规划，将复垦为农地的乡村用地指标与城市新增建设用地指标平衡，最终实现建设用地总量不增加，耕地质量不降低，面积不减少，城乡用地布局更合理的目标。"四荒地"则是指荒山、荒丘、荒沟、荒滩等未利用的土地。《关于积极开发农业多种功能大力促进休闲农业发展的通知》提出支持发展农家乐，利用闲置宅基地发展休闲农业。除此之外，《国务院办公厅关于推进农村一二三产业融合发展的指导意见》提出："对社会资本投资建设连片面积达到一定规模的高标准农田、生态公益林等，允许在符合土地管理法律规定和土地利用总体规划、依法办理建设用地审批手续、坚持节约集约用地的前提下，利用一定比例的土地开展观光和休闲度假旅游、加工流通等经营活动。"[①]

从整体来看，对于目前乡村旅游与休闲农业发展用地不足情况主要解决方式包括存量土地结构优化调整和新增产业用地数量两种。新增用地的途径主要包括农村集体建设用地、城乡建设用地增减挂钩、"四荒

---

① 乡村旅游,休闲农业如何获取建设用地[EB/OL].（2017-10-01）. http://travel.sohu.com/20171001/n515628246.shtml.

地"、农民自由住宅和闲置宅基地以及其他用地，各类增加用地途径均需要依照法律规定进行，以获取符合使用条件的新产业用地。

（三）乡村旅游与休闲农业用地需求测算

1. 推演思路

考虑到目前乡村旅游与休闲农业仍属于乡村新产业，目前对于该类产业的数据统计不完善。经过多方资料收集，目前可得相关数据为2016年休闲农业和乡村旅游产值超过5700亿元，2017年产值为7000亿元，约占同期第一产业产值的5‰。通过整理部分地区"十三五"农业和农村经济发展规划发现到2020年乡村旅游与休闲农业收入约占同期第一产业收入的10%。因此对于乡村旅游与休闲农业用地测算作出相关假设：（1）由于第一产业产值需要增加10%，这里设定2020年新增第一产业产值所需用地分别为村庄总面积的4%、7%和10%（k）；（2）乡村旅游与休闲农业单位面积产值高于传统农业生产产值，这里设定为3倍（q）；（3）2035年乡村旅游与休闲农业规模为2020年的2倍；（4）乡村旅游在各地区均速发展。依据此假设，首先基于2009—2016年乡村土地面积采用灰色预测推算2020年乡村土地面积（Ac），分别依据4%、7%和10%的比例计算2020年所需增加的第一产业面积（Ai）；其次依据乡村旅游与休闲农业单位面积产值与第一产业的比例将所需增加的第一产业面积转化为乡村旅游与休闲农业用地面积（At）；最后依据设定计算2020—2035年乡村旅游与休闲农业用地面积。

2. 预测结果

依据自然资源部发布的土地利用数据，找到2009—2016年全国及各省乡村土地面积（万亩）（见表6-11）。考虑到现有数据时间序列相对较短，研究采用灰色预测方法对全国及各省市2020年乡村土地面积进行预测（见表6-12）。基于各预设比例计算2020—2035年全国及各省市乡村旅游与休闲农业用地面积（见表6-13、表6-14、表6-15）。具体计算公式如下：

通过预测结果来看，2020年全国乡村旅游与休闲农业所需用地为

68.7万亩，2035年所需用地为137.4万亩。具体来看，河南和山东省到2035年乡村旅游与休闲农业用地面积最大，分别达到11.4万亩和10.3万亩。西藏到2035年乡村旅游与休闲农业用地面积最小，仅为0.5万亩。

表6-11　2009—2016年全国及各省市乡村土地面积　单位：万亩

地区	2009年	2010年	2011年	2012年	2013年	2014年	2015年	2016年
全国	27709.2	27888.7	28053.3	28212	28355.6	28522.2	28673.7	28800.5
北京	167.3	170.1	171.4	172.6	173.8	175.2	176.1	177.6
天津	173.4	180.9	186.4	187.4	187.5	187.7	188.2	188.3
河北	1761	1789.3	1804.8	1823	1837.7	1858.5	1886.5	1915.8
山西	810	815	819.2	823.9	830.7	838.9	843	847.4
内蒙古	1112.5	1121.4	1122.4	1125.9	1129.4	1130.4	1134.6	1146.6
辽宁	1099.9	1099.2	1105.9	1106.5	1108.4	1111.4	1115.6	1118.4
吉林	853.8	859.1	862	864.5	867.8	871.1	873.5	876.5
黑龙江	1125.1	1126.3	1127.6	1127.3	1125.6	1126.8	1128.8	1130.9
上海	121.8	119.6	120.7	121.5	121.9	122.8	122.9	121.8
江苏	1541.5	1549.9	1554.8	1560.9	1566.2	1574.3	1576.9	1579.2
浙江	711.3	724	738.4	755.4	773	786.7	794.4	804.8
安徽	1722.6	1721.1	1714.3	1703.7	1698.2	1694.7	1688	1685
福建	481.7	493.6	503.6	515.6	515.9	517.4	516.7	517.5
江西	841.5	850.4	855.6	858.9	859.6	862.3	863.8	865.4
山东	2008.1	2032.5	2055.8	2083.3	2097.4	2110.5	2123.4	2137.8
河南	2309.6	2323.1	2341.5	2357.6	2376.6	2397.4	2414.6	2360.6
湖北	1235.6	1240.2	1243.6	1251.6	1255.5	1260.3	1261.9	1263.9
湖南	1397.7	1400.2	1401.9	1403.4	1405.4	1408.8	1407.9	1412
广东	1182.5	1188.5	1194	1198.4	1202.8	1212.5	1220.7	1232.9
广西	829.5	830.6	830.7	831.1	832.4	834.6	836.5	838.6
海南	178.4	178.5	178.4	178.7	179.3	180.6	181.4	182.7
重庆	543.7	542.8	539.7	535.7	531.9	527.1	523.8	532

续表

地区	2009年	2010年	2011年	2012年	2013年	2014年	2015年	2016年
四川	1544.5	1545.7	1541.3	1540.6	1543.6	1550.1	1559.6	1573.4
贵州	492	493.7	496.7	499.4	502.5	507	511.2	515.9
云南	764.6	768.3	772.8	775.9	779.5	786.6	793.7	807.6
西藏	89.4	90	90.5	91.2	91.8	92.9	93.9	96.9
陕西	698	700.8	704.8	705.9	708.8	714.4	717.6	721.6
甘肃	749	751.6	757.1	762.5	770.7	778.7	785.2	792.8
青海	107.1	108.9	112.8	116	121.6	116.9	120.2	126.1
宁夏	209.1	213.2	216.8	218.3	215.5	218.1	219.5	221.2
新疆	846.8	860.5	887.7	914.8	944.6	967.1	993.7	1009.7

表 6-12　2020 年全国及各省市乡村土地面积　　单位：万亩

全国	29448.0	黑龙江	1131.5	河南	2442.6	贵州	530.2
北京	182.7	上海	124.7	湖北	1283.2	云南	827.3
天津	193.2	江苏	1602.8	湖南	1418.9	西藏	100.1
河北	1995.4	浙江	869.9	广东	1258.6	陕西	735.1
山西	872.0	安徽	1658.7	广西	843.3	甘肃	821.7
内蒙古	1156.5	福建	536.7	海南	185.1	青海	135.4
辽宁	1130.0	江西	875.8	重庆	515.3	宁夏	224.9
吉林	888.5	山东	2214.0	四川	1583.3	新疆	1133.2

表 6-13　2017—2035 年全国及各省市乡村旅游及休闲农业面积（7% 情景）

地区	2017年		2020年		2022年		2025年		2030年		2035年	
	万亩	km²	万亩	km²	万亩	km²	万亩	km²	万亩	km²	万亩	km²
全国	67.6	450.7	68.7	458.0	75.4	502.7	86.6	577.3	109.1	727.3	137.4	916.0
总计	67.6	450.7	68.8	458.7	75.4	502.7	86.6	577.3	109.2	728.0	137.5	916.7
北京	0.4	2.7	0.4	2.7	0.5	3.3	0.5	3.3	0.7	4.7	0.9	6.0
天津	0.4	2.7	0.5	3.3	0.5	3.3	0.6	4.0	0.7	4.7	0.9	6.0
河北	4.5	30.0	4.7	31.3	5.1	34.0	5.9	39.3	7.4	49.3	9.3	62.0

续表

地区	2017年		2020年		2022年		2025年		2030年		2035年	
	万亩	km²	万亩	km²	万亩	km²	万亩	km²	万亩	km²	万亩	km²
山西	2.0	13.3	2.0	13.3	2.2	14.7	2.6	17.3	3.2	21.3	4.1	27.3
内蒙古	2.7	18.0	2.7	18.0	3.0	20.0	3.4	22.7	4.3	28.7	5.4	36.0
辽宁	2.6	17.3	2.6	17.3	2.9	19.3	3.3	22.0	4.2	28.0	5.3	35.3
吉林	2.1	14.0	2.1	14.0	2.3	15.3	2.6	17.3	3.3	22.0	4.1	27.3
黑龙江	2.6	17.3	2.6	17.3	2.9	19.3	3.3	22.0	4.2	28.0	5.3	35.3
上海	0.3	2.0	0.3	2.0	0.3	2.0	0.4	2.7	0.5	3.3	0.6	4.0
江苏	3.7	24.7	3.7	24.7	4.1	27.3	4.7	31.3	5.9	39.3	7.5	50.0
浙江	1.9	12.7	2.0	13.3	2.2	14.7	2.6	17.3	3.2	21.3	4.1	27.3
安徽	3.9	26.0	3.9	26.0	4.2	28.0	4.9	32.7	6.1	40.7	7.7	51.3
福建	1.2	8.0	1.3	8.7	1.4	9.3	1.6	10.7	2.0	13.3	2.5	16.7
江西	2.0	13.3	2.0	13.3	2.2	14.7	2.6	17.3	3.2	21.3	4.1	27.3
山东	5.0	33.3	5.2	34.7	5.7	38.0	6.5	43.3	8.2	54.7	10.3	68.7
河南	5.6	37.3	5.7	38.0	6.3	42.0	7.2	48.0	9.0	60.0	11.4	76.0
湖北	3.0	20.0	3.0	20.0	3.3	22.0	3.8	25.3	4.8	32.0	6.0	40.0
湖南	3.3	22.0	3.3	22.0	3.6	24.0	4.2	28.0	5.3	35.3	6.6	44.0
广东	2.9	19.3	2.9	19.3	3.2	21.3	3.7	24.7	4.7	31.3	5.9	39.3
广西	2.0	13.3	2.0	13.3	2.2	14.7	2.5	16.7	3.1	20.7	3.9	26.0
海南	0.4	2.7	0.4	2.7	0.5	3.3	0.5	3.3	0.7	4.7	0.9	6.0
重庆	1.2	8.0	1.2	8.0	1.3	8.7	1.5	10.0	1.9	12.7	2.4	16.0
四川	3.7	24.7	3.7	24.7	4.1	27.3	4.7	31.3	5.9	39.3	7.4	49.3
贵州	1.2	8.0	1.2	8.0	1.4	9.3	1.6	10.7	2.0	13.3	2.5	16.7
云南	1.9	12.7	1.9	12.7	2.1	14.0	2.4	16.0	3.1	20.7	3.9	26.0
西藏	0.2	1.3	0.2	1.3	0.3	2.0	0.3	2.0	0.4	2.7	0.5	3.3
陕西	1.7	11.3	1.7	11.3	1.9	12.7	2.2	14.7	2.7	18.0	3.4	22.7
甘肃	1.9	12.7	1.9	12.7	2.1	14.0	2.4	16.0	3.0	20.0	3.8	25.3
青海	0.3	2.0	0.3	2.0	0.3	2.0	0.4	2.7	0.5	3.3	0.6	4.0
宁夏	0.5	3.3	0.5	3.3	0.6	4.0	0.7	4.7	0.8	5.3	1.0	6.7
新疆	2.4	16.0	2.6	17.3	2.9	19.3	3.3	22.0	4.2	28.0	5.3	35.3

表 6-14 2017—2035 年全国及各省市乡村旅游及休闲农业面积（4% 情景）

地区	2017 年		2020 年		2022 年		2025 年		2030 年		2035 年	
	万亩	km²	万亩	km²	万亩	km²	万亩	km²	万亩	km²	万亩	km²
全国	38.6	257.3	39.3	262.0	43.1	287.3	49.5	330.0	62.3	415.3	78.5	523.3
总计	38.6	257.3	39.3	262.0	43.1	287.3	49.5	330.0	62.4	416.0	78.6	524.0
北京	0.2	1.3	0.2	1.3	0.3	2.0	0.3	2.0	0.4	2.7	0.5	3.3
天津	0.3	2.0	0.3	2.0	0.3	2.0	0.3	2.0	0.4	2.7	0.5	3.3
河北	2.6	17.3	2.7	18.0	2.9	19.3	3.4	22.7	4.2	28.0	5.3	35.3
山西	1.1	7.3	1.2	8.0	1.3	8.7	1.5	10.0	1.8	12.0	2.3	15.3
内蒙古	1.5	10.0	1.5	10.0	1.7	11.3	1.9	12.7	2.4	16.0	3.1	20.7
辽宁	1.5	10.0	1.5	10.0	1.7	11.3	1.9	12.7	2.4	16.0	3.0	20.0
吉林	1.2	8.0	1.2	8.0	1.3	8.7	1.5	10.0	1.9	12.7	2.4	16.0
黑龙江	1.5	10.0	1.5	10.0	1.7	11.3	1.9	12.7	2.4	16.0	3.0	20.0
上海	0.2	1.3	0.2	1.3	0.2	1.3	0.2	1.3	0.3	2.0	0.3	2.0
江苏	2.1	14.0	2.1	14.0	2.3	15.3	2.7	18.0	3.4	22.7	4.3	28.7
浙江	1.1	7.3	1.2	8.0	1.3	8.7	1.5	10.0	1.8	12.0	2.3	15.3
安徽	2.2	14.7	2.2	14.7	2.4	16.0	2.8	18.7	3.5	23.3	4.4	29.3
福建	0.7	4.7	0.7	4.7	0.8	5.3	0.9	6.0	1.1	7.3	1.4	9.3
江西	1.2	8.0	1.2	8.0	1.3	8.7	1.5	10.0	1.9	12.7	2.3	15.3
山东	2.9	19.3	3.0	20.0	3.2	21.3	3.7	24.7	4.7	31.3	5.9	39.3
河南	3.2	21.3	3.3	22.0	3.6	24.0	4.1	27.3	5.2	34.7	6.5	43.3
湖北	1.7	11.3	1.7	11.3	1.9	12.7	2.2	14.7	2.7	18.0	3.4	22.7
湖南	1.9	12.7	1.9	12.7	2.1	14.0	2.4	16.0	3.0	20.0	3.8	25.3
广东	1.6	10.7	1.7	11.3	1.8	12.0	2.1	14.0	2.7	18.0	3.4	22.7
广西	1.1	7.3	1.1	7.3	1.2	8.0	1.4	9.3	1.8	12.0	2.2	14.7
海南	0.2	1.3	0.2	1.3	0.3	2.0	0.3	2.0	0.4	2.7	0.5	3.3
重庆	0.7	4.7	0.7	4.7	0.8	5.3	0.9	6.0	1.1	7.3	1.4	9.3
四川	2.1	14.0	2.1	14.0	2.3	15.3	2.7	18.0	3.4	22.7	4.2	28.0
贵州	0.7	4.7	0.7	4.7	0.8	5.3	0.9	6.0	1.1	7.3	1.4	9.3
云南	1.1	7.3	1.1	7.3	1.2	8.0	1.4	9.3	1.8	12.0	2.2	14.7

续表

地区	2017年		2020年		2022年		2025年		2030年		2035年	
	万亩	km²	万亩	km²	万亩	km²	万亩	km²	万亩	km²	万亩	km²
西藏	0.1	0.7	0.1	0.7	0.1	0.7	0.2	1.3	0.2	1.3	0.3	2.0
陕西	1.0	6.7	1.0	6.7	1.1	7.3	1.2	8.0	1.6	10.7	2.0	13.3
甘肃	1.1	7.3	1.1	7.3	1.2	8.0	1.4	9.3	1.7	11.3	2.2	14.7
青海	0.2	1.3	0.2	1.3	0.2	1.3	0.2	1.3	0.3	2.0	0.4	2.7
宁夏	0.3	2.0	0.3	2.0	0.3	2.0	0.4	2.7	0.5	3.3	0.6	4.0
新疆	1.4	9.3	1.5	10.0	1.7	11.3	1.9	12.7	2.4	16.0	3.0	20.0

表6-15 2017—2035年全国及各省市乡村旅游及休闲农业面积（10%情景）

地区	2017年		2020年		2022年		2025年		2030年		2035年	
	万亩	km²	万亩	km²	万亩	km²	万亩	km²	万亩	km²	万亩	km²
全国	96.6	644.0	98.2	654.7	107.7	718.0	123.7	824.7	155.8	1038.7	196.3	1308.7
总计	96.6	644.0	98.2	654.7	107.7	718.0	123.8	825.3	155.9	1039.3	196.5	1310.0
北京	0.6	4.0	0.6	4.0	0.7	4.7	0.8	5.3	1.0	6.7	1.2	8.0
天津	0.6	4.0	0.6	4.0	0.7	4.7	0.8	5.3	1.0	6.7	1.3	8.7
河北	6.4	42.7	6.7	44.7	7.3	48.7	8.4	56.0	10.6	70.7	13.3	88.7
山西	2.8	18.7	2.9	19.3	3.2	21.3	3.7	24.7	4.6	30.7	5.8	38.7
内蒙古	3.8	25.3	3.9	26.0	4.2	28.0	4.9	32.7	6.1	40.7	7.7	51.3
辽宁	3.7	24.7	3.8	25.3	4.1	27.3	4.7	31.3	6.0	40.0	7.5	50.0
吉林	2.9	19.3	3.0	20.0	3.2	21.3	3.7	24.7	4.7	31.3	5.9	39.3
黑龙江	3.8	25.3	3.8	25.3	4.1	27.3	4.8	32.0	6.0	40.0	7.5	50.0
上海	0.4	2.7	0.4	2.7	0.5	3.3	0.5	3.3	0.7	4.7	0.8	5.3
江苏	5.3	35.3	5.3	35.3	5.9	39.3	6.7	44.7	8.5	56.7	10.7	71.3
浙江	2.7	18.0	2.9	19.3	3.2	21.3	3.7	24.7	4.6	30.7	5.8	38.7
安徽	5.6	37.3	5.5	36.7	6.1	40.7	7.0	46.7	8.8	58.7	11.1	74.0
福建	1.8	12.0	1.8	12.0	2.0	13.3	2.3	15.3	2.8	18.7	3.6	24.0
江西	2.9	19.3	2.9	19.3	3.2	21.3	3.7	24.7	4.6	30.7	5.8	38.7
山东	7.2	48.0	7.4	49.3	8.1	54.0	9.3	62.0	11.7	78.0	14.8	98.7
河南	8.0	53.3	8.1	54.0	8.9	59.3	10.3	68.7	12.9	86.0	16.3	108.7

续表

地区	2017年		2020年		2022年		2025年		2030年		2035年	
	万亩	km²	万亩	km²	万亩	km²	万亩	km²	万亩	km²	万亩	km²
湖北	4.2	28.0	4.3	28.7	4.7	31.3	5.4	36.0	6.8	45.3	8.6	57.3
湖南	4.7	31.3	4.7	31.3	5.2	34.7	6.0	40.0	7.5	50.0	9.5	63.3
广东	4.1	27.3	4.2	28.0	4.6	30.7	5.3	35.3	6.7	44.7	8.4	56.0
广西	2.8	18.7	2.8	18.7	3.1	20.7	3.5	23.3	4.5	30.0	5.6	37.3
海南	0.6	4.0	0.6	4.0	0.7	4.7	0.8	5.3	1.0	6.7	1.2	8.0
重庆	1.7	11.3	1.7	11.3	1.9	12.7	2.2	14.7	2.7	18.0	3.4	22.7
四川	5.2	34.7	5.3	35.3	5.8	38.7	6.6	44.0	8.4	56.0	10.6	70.7
贵州	1.7	11.3	1.8	12.0	1.9	12.7	2.2	14.7	2.8	18.7	3.5	23.3
云南	2.7	18.0	2.8	18.7	3.0	20.0	3.5	23.3	4.4	29.3	5.5	36.7
西藏	0.3	2.0	0.3	2.0	0.4	2.7	0.4	2.7	0.5	3.3	0.7	4.7
陕西	2.4	16.0	2.5	16.7	2.7	18.0	3.1	20.7	3.9	26.0	4.9	32.7
甘肃	2.7	18.0	2.7	18.0	3.0	20.0	3.5	23.3	4.3	28.7	5.5	36.7
青海	0.4	2.7	0.5	3.3	0.5	3.3	0.6	4.0	0.7	4.7	0.9	6.0
宁夏	0.7	4.7	0.7	4.7	0.8	5.3	0.9	6.0	1.2	8.0	1.5	10.0
新疆	3.5	23.3	3.8	25.3	4.1	27.3	4.8	32.0	6.0	40.0	7.6	50.7

四、其他产业用地说明

（一）乡村创意产业

乡村创意产业多依赖乡村本身的文化底蕴或者独有的自然景观，该类产业的产生具有随机性或天然性，因而目前乡村创意产业在国内整体规模较小。同时乡村创意产业会多同乡村旅游等产业联动发展，如北京通州宋庄画家村，该村自1994年以来，随着画家的进驻，逐渐形成了目前中国乃至世界规模最大的当代艺术大本营——宋庄艺术家群落。宋庄的产业主要以艺术文化产业为主，其实际用地是以宅基地为主，无须新增产业用地，而且画家村也与乡村旅游产业相关联，因此该类用地无须做单独测算。

（二）乡村特色产品与手工业

乡村特色产品与手工业和乡村传统文化联系相对密切，包括乡村特色食品如茶品和酒类等、乡村手工艺品如瓷器和木质工艺品以及部分家庭手工业等。此类产业整体规模相对较小，多发生在村民自己家中，其用地多由宅基地满足。如崇州竹艺村，村民在自己家中靠传统竹编手艺即可编制竹编工艺品。还有较为典型的义务小商品市场，受益于义乌发达的商业环境，产业和居住空间需求大，村民自留部分房屋作为居住生活空间，另外出租给批发商、工厂主作为产业空间或者租给外来务工人员居住，形成一种地域特色鲜明的空间现象，当地人俗称为"四层半"。一间"四层半"属于一户，权属单一，一幢农民住房中容纳产居多种功能。因此产业用地多为村民宅基地，剔除大规模的工艺品工业园区，此类产业用地需求极小，无须单独测算。

（三）乡村电商及物流产业

国内目前乡村物流发展模式主要包括邮政物流模式、地级市为物流枢纽的农村物流园区模式、连锁超市主导型模式、契约型模式和借助于农村客运汽车站站点模式5类，因此产业用地多表现为城市异地用地和工业园区代理用地，对于乡村产业用地需求较小。同时目前"快递下乡"产业发展模式已经基本形成，所需新增产业用地大多已给予解决，因此该类产业用地未予以单独测算。

（四）农业生产性服务业

农业生产性服务业主要指通过农业生产性服务为农业提供中间投入，包括将科技、信息、资金、人才等要素有效植入农业产业链、提高农业作业效率、促进农产品供求衔接以及提升农业产业链协调性和价值链等。该类产业需要较高的专业水平和服务设施，多分布在城区或集镇，异地用地情况较为明显。同时产业形态较高且门类较多，多以农业综合服务站点出现，对于用地需求较低，无须进行单独测算。

（五）其他产业

此外还包括其他相对新兴产业，如田园综合体、乡村娱乐等。无法或不予测算原因在于：1. 部分产业本身发展限制条件较多，发展规模较小，用地需求可以忽略；2. 部分产业受自然或人文等要素影响在地区间差异较大，找不到统一或合适的指标对其用地需求进行测度；3. 部分产业由一、二、三产融合发展而成，在进行设施农用地或乡村旅游和休闲农业用地中已作考虑，无须再次测度。

第七章 农村新产业新业态用地需求管控

一、农村新产业新业态用地需求管控价值取向

(一) 农村新产业新业态产值与用地情景组合

受资源环境状况差异的影响,各地区的产业适宜性、产业前景有所不同,因地制宜是产业管控的基本策略。具体到产业用地管控层面,本节试图从产业产值与产业用地需求的关系出发,构建不同产值和用地情景下的农村新产业新业态用地管控价值取向(见图7-1)。

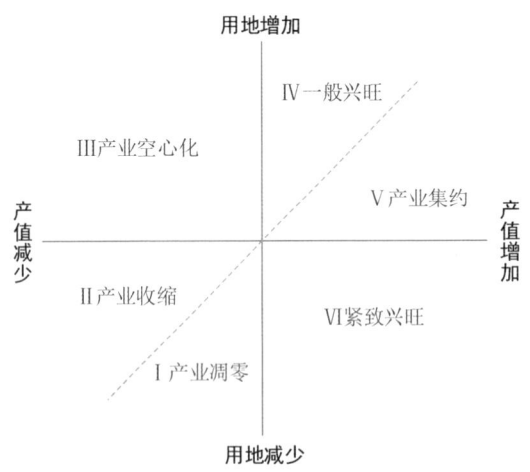

图 7-1　产值变化与用地增减关系的情景构建

图 7-1 横轴为产业产值变化,纵轴为产业用地变化,依据现实情况分别设定增、减两种基本情形。根据产值变化与用地变化速率的不同,可以将图示象限划分以下为 6 类基本区域:

Ⅰ产业凋零：产值降低的同时用地需求减少，且用地减少的速率高于产值下降的趋势，此时建议展开产业腾退流程，重新规划用地方向；

Ⅱ产业收缩：产值减少的速率高于用地需求下降的速率，此时建议寻求技术引进、管理优化等方法，提振单位用地的产业绩效；

Ⅲ产业空心化：产值减少的同时用地需求增加，此时产业可能处在扩张初期或盲目扩张状态；

Ⅳ一般兴旺：产值增长的同时用地需求增加，但用地需求上涨的速率高于产值增长的速率，常见的产业用地情形；

Ⅴ产业集约：产值上升的速率高于用地需求增长的速率，较为优化的用地与产业关系，应采取相应的政策鼓励其发展；

Ⅵ紧致兴旺：产值有较大幅度上涨时用地需求下降，是产业与用地关系的理想状态，实现难度较大。

（二）农村新产业新业态就业容量与用地情景组合

产业就业容量是反映经济景气程度的指标之一。产业不同发展阶段，其用地状况与用工状况应存在一定的组合关系，下面就产业就业容量与用地需求的变化，共同设置增、减两种情景，构建就业容量视角下的农村新产业新业态用地需求管控价值取向（见图7-2）。

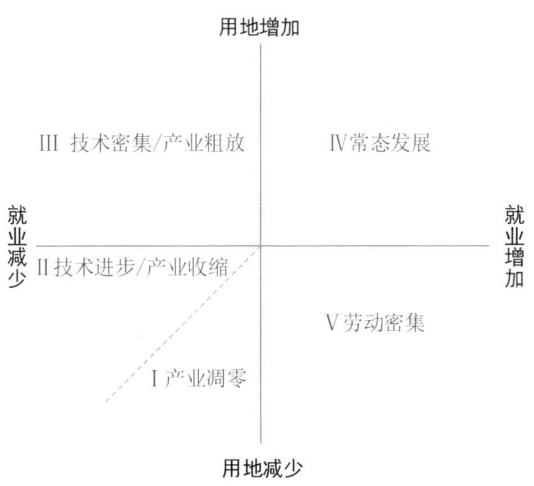

图7-2 就业变化与用地增减关系的情景构建

依图 7-2 所示，根据就业与用地增减关系的情景组合，将图示象限划分为五类基本区域：

Ⅰ产业凋零：就业减少的同时用地需求减少，且用地减少的速率高于就业容量下降的趋势，此时建议展开产业腾退流程，重新规划用地方向；

Ⅱ技术进步/产业收缩：就业减少的速率高于用地需求下降的速率，此时可能存在两种产业发展状况，即产业技术进步导致用地需求降低的同时一般性工作岗位的数量下降，或产业处于收缩状态；

Ⅲ技术密集/产业粗放：就业容量下降的同时用地需求增加，此时产业亦可能存在两种发展状况，即处在扩张初期或盲目扩张状态，以及因技术进步带来生产扩张；

Ⅳ常态发展：就业增长的同时用地需求增加，是常见的产业用地情形；

Ⅴ劳动密集：就业增加的同时用地需求下降，即单位用地面积容纳的就业人口数上升，此时产业可能向劳动密集型转变。

（三）用地需求管控价值取向与现实情境的考察

由于现实中各地区第一产业产值与设施农用地大多处于增加状态，故现实考察时，以各地区用地平均增速和产业产值平均增速作为中间值，同时考虑产业产值与用地的增速关系，划分产业产值与用地的情境类型。

基于 2009—2016 年各省市一产产值与设施农用地变动数据，计算各指标年均变化率，并基于全国年均变化率值划分指标增速的快慢类型。将各行政单元一产产值年均变化率类型和设施农用地年均变化率类型交叉组合，划分设施农用地的产地关系。

从省级层面来看，全国一产产值和设施农用地 2009—2016 年年均变化率均为正，年均分别增长 8.7% 和 4.4%，说明全国整体农村新产业新业态发展处于产业集约状态。

从地级市层面来看，全国一产产值和设施农用地 2009—2016 年年均变化率均为正，年均分别增长8.6%和4.8%，与省级层面存在差异，原因在于城市地区乡村产业发展受二、三产业排挤更为严重，因而其产值增速相对较慢，而其本身原先设施农用地基数相对较小，相比省级层面增速较快。

二、设施农用地分区管控与引导

（一）设施农业标准认定

国土资源部、农业部发布的《关于进一步支持设施农业健康发展的通知》（国土资发〔2014〕127号）虽对设施农用地的内涵有所界定，但在地方管控实践中，对于何为设施农业仍缺乏详细的认定标准，应当尽快制定相应的地方标准，使地方政府在设施农用地的管控过程中有规可依。

（二）设施农用地分级、分区管控

1. 设施农用地分级管控

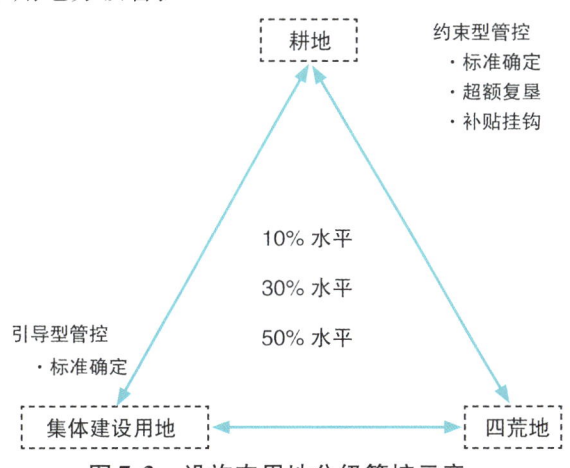

图7-3　设施农用地分级管控示意

依据设施农用地流量数据，分别对设施农用地与其他地类之间的相互转化进行统计整理，整理过程共涉及八大地类的相互转化（01耕地、

02园地、03林地、04草地、10交通运输用地、11水域及水利设施用地、12其他土地以及20城镇村及工矿用地）。

表7-1　2010—2017年设施农用地转入整理表（公顷）

地区	耕地	园地	林地	草地	交通运输用地	水域及水利设施用地	其他土地	城镇村及工矿用地	小计
北京	1546.02	387.43	390.47	91.12	25.73	134.72	242.23	152.30	2970.02
天津	1164.20	111.34	227.81	155.97	30.12	682.01	413.59	31.15	2816.19
河北	36974.58	3270.12	5021.34	3378.96	258.88	1005.07	6369.72	45.83	56324.50
山西	8294.37	841.89	1364.63	2270.74	178.03	241.99	2749.07	50.40	15991.12
内蒙古	8803.18	232.68	4642.79	14943.40	215.57	156.11	1215.30	102.46	30311.49
辽宁	8177.98	1037.29	2625.82	1913.29	139.17	836.93	396.33	46.43	15173.24
吉林	6605.87	81.32	1254.14	2431.68	88.76	484.92	29.71	177.23	11153.63
黑龙江	12107.46	100.43	1863.94	4239.74	194.23	1059.03	209.61	416.45	20190.89
上海	410.78	30.60	58.94	1.08	11.30	175.33	6.21	2.25	696.49
江苏	22903.06	1852.91	623.73	344.37	510.29	7486.33	2396.60	78.58	36195.87
浙江	3639.53	851.53	607.49	76.68	35.71	1444.02	1.07	6.30	6662.33
安徽	6877.71	362.52	1995.87	218.59	93.05	898.09	166.13	24.83	10636.79
福建	4226.68	1782.15	3244.53	366.27	66.98	2130.28	35.24	45.34	11897.47
江西	2104.86	666.84	4727.81	607.60	34.27	575.44	18.86	15.22	8750.90
山东	40265.79	3765.24	8073.30	1978.42	427.03	3036.43	7935.44	72.28	65553.93
河南	19533.67	392.73	2207.18	818.69	134.75	736.41	10247.70	52.38	34123.51
湖北	10839.46	1074.17	2803.46	564.16	126.69	2548.44	537.27	30.04	18523.69
湖南	1754.26	503.73	2696.61	484.48	14.15	604.32	0.28	18.46	6076.29
广东	1462.14	1826.77	3221.67	391.06	34.12	717.64	16.62	43.00	7713.02
广西	2949.31	1124.50	1788.30	494.94	49.78	323.21	8.43	3.94	6742.41
海南	324.92	542.42	415.88	55.60	1.13	95.77	0.00	1.31	1437.03
重庆	1679.71	180.79	297.84	48.63	6.88	360.64	0.92	14.25	2589.66
四川	5861.31	656.31	1068.33	89.56	39.23	1764.77	135.09	61.13	9675.73
贵州	3289.68	132.51	733.58	329.39	14.22	349.37	12.79	12.13	4873.67
云南	3239.02	654.84	1181.23	368.11	69.73	614.84	58.44	18.97	6205.18

续表

地区	耕地	园地	林地	草地	交通运输用地	水域及水利设施用地	其他土地	城镇村及工矿用地	小计
西藏	130.37	1.81	69.41	278.24	2.82	22.61	93.59	1.67	600.52
陕西	6855.03	980.86	1241.47	1112.86	69.95	170.67	1401.82	25.63	11858.29
甘肃	5293.17	383.58	1021.88	3959.16	116.27	170.70	2197.42	37.98	13180.16
青海	539.69	3.18	103.49	244.18	5.01	10.83	151.79	1.30	1059.47
宁夏	1486.75	128.97	442.17	3654.18	39.84	213.75	612.96	43.72	6622.34
新疆	1705.98	287.52	595.15	3154.95	59.40	143.51	59.00	339.06	6344.57
总计	231046.54	24248.98	56610.26	49066.10	3093.09	29194.18	37719.23	1972.02	432950.40

通过转入整理表发现，2010—2017年432950.40公顷其他类型土地转入设施农用地，其中主要来源为耕地231046.54公顷，占比超过50%。林地和草地转化占比也相对较高，均超过10%。分地区来看，各地区之间设施农用地转入来源存在较大差异：其中耕地资源在各地区均是设施农用地的主要来源，其中贵州省达到67.5%，占比最高，河北、江苏、安徽、山东、重庆和四川相对较高，均达到60%以上。内蒙古、西藏、宁夏和新疆四个地区设施农用地转化则以草地为主；江西、湖南和广东多是将林地转化为设施农用地；海南省设施农用地来源的37.75%取自园地，占比最高。总体来看，华东、华中、华北、西南以及东北地区的设施农用地主要来源于耕地；华南地区的设施农用地主要来源于林地和耕地；西北地区的设施农用地主要来源于草地和耕地。值得注意的是长江沿线地区和东部沿海地区水域及水利设施用地也是区域设施农用地的主要来源。

设施农用地转出数据相对复杂，在统计整理的过程中仅对286个地级及以上城市层面数据进行了相关梳理。通过对总量统计发现，2010—2017年全国地级市设施农用地总转出量为75470.82公顷，其中多数设施农用地被转化为城镇村及工矿用地，达到54506.77公顷，占比达到72.22%；有18.33%的设施农用地被转化为耕地，其他地理转化量相对较少。

设施农用地的转入来源主要为耕地、园地,因设施农用地与耕地资源存在一定的联系与冲突,由于设施农用地的用地来源中耕地比例存在较大地区差异,需要在不同水平下对设施农用地进行分级管控,分省级行政单位对应的管控级别见表7-2。

(1)耕地占用10%及以下,鼓励引导型。此情况下设施农用地来源主要为集体建设用地和四荒地,当其来源四荒地占比较高时,应采取相应奖励措施鼓励其开荒行为,在不同水平下予以开发补助;当其来源集体建设用地占比较高时,应对集体建设用地管控加以约束,引导其向四荒地方向转移。

(2)耕地占用10%~30%,宽松约束型。此情况下设施农用地仍旧主要来自集体建设用地和四荒地,但需要对耕地来源稍加约束。

(3)耕地占用30%~50%,严格约束型。此情况下设施农用地占用耕地资源比例较大,需要对其用地合理性进行严格审查,以约束其用地行为。

(4)耕地占用50%以上,禁令型。此情况下需要坚决禁止占用基本农田,如有占用,实施相应的处罚措施,予以拆除并复垦。

表7-2 设施农用地分级管控

管控级别	省级行政单位名称
鼓励引导型	
宽松约束型	内蒙古、江西、湖南、广东、海南、西藏、宁夏、新疆
严格约束型	天津、福建、广西、甘肃
禁令型	北京、河北、山西、辽宁、吉林、黑龙江、上海、江苏、浙江、安徽、山东、河南、湖北、重庆、四川、贵州、云南、陕西、青海

此外,在设施农用地运行过程中,可尝试采取农业补贴、开发补助、复垦协议等手段辅助管理。

2. 设施农用地分区管控

表7-3 设施农用地占耕地比例（%）

地区	2016年	2035年	地区	2016年	2035年	地区	2016年	2035年	地区	2016年	2035年
全国	0.71	1.57	黑龙江	0.23	0.59	河南	0.70	1.34	贵州	0.14	2.20
北京	7.27	7.34	上海	1.99	1.99	湖北	0.49	1.27	云南	0.18	0.79
天津	1.94	2.85	江苏	1.01	1.83	湖南	0.19	0.70	西藏	0.87	1.73
河北	1.34	3.28	浙江	0.53	1.02	广东	1.46	1.70	陕西	0.51	1.41
山西	0.68	2.07	安徽	0.47	0.80	广西	0.42	0.77	甘肃	0.80	2.08
内蒙古	0.81	2.17	福建	2.31	2.66	海南	2.27	2.21	青海	0.60	3.62
辽宁	0.56	1.10	江西	0.50	1.09	重庆	0.17	0.50	宁夏	0.86	3.46
吉林	0.22	0.89	山东	2.39	3.51	四川	0.24	0.55	新疆	1.13	3.01

表7-4 设施农用地占耕地比例的增速（以2016年为基期）

地区	2035年	地区	2035年	地区	2035年	地区	2035年
全国	1.21	黑龙江	1.57	河南	0.91	贵州	14.71
北京	0.01	上海	0.00	湖北	1.59	云南	3.39
天津	0.47	江苏	0.81	湖南	2.68	西藏	0.99
河北	1.45	浙江	0.92	广东	0.16	陕西	1.76
山西	2.04	安徽	0.70	广西	0.83	甘肃	1.60
内蒙古	1.68	福建	0.15	海南	-0.03	青海	5.03
辽宁	0.96	江西	1.18	重庆	1.94	宁夏	3.02
吉林	3.05	山东	0.47	四川	1.29	新疆	1.66

对于设施农用地分区管控，由表7-3可以看出，2016年全国设施农用地占耕地资源比例为0.71%，到2035年比例最高达到1.57%，其增长率为221%。以全国2035年水平为分界值，对各区域进行分区管控：

（1）严格控制区（比例高、增速高）：河北、山西、内蒙古、贵州、甘肃、青海、宁夏、新疆；

（2）适度控制区（比例高、增速低）：北京、天津、上海、江苏、福建、山东、广东、海南、西藏；

(3) 自由发展区（比例低、增速高）：吉林、黑龙江、湖北、湖南、重庆、四川、云南、陕西；

(4) 鼓励发展区（比例低、增速低）：辽宁、浙江、安徽、江西、河南、广西。

（三）面向设施农用地双重效应的用地监管

依据设施农用地在实际使用过程的双重效应，即设施农用地一方面可能提升土地利用效率，另一方面可能存在违规利用行为，建议在实践过程中，考察设施农用地转入来源地块的土地利用状况，优先将闲置土地及其他低效利用地转为设施农用地，同时加强监管，减少设施农用地非农用现象的发生。

（四）设施农用地"定量不定位"

国土资源部、农业部发布的《关于进一步支持设施农业健康发展的通知》（国土资发〔2014〕127号）对附属设施用地和配套设施用地提出了总量控制要求，规定"附属设施用地规模原则上控制在项目用地规模5%以内，但最多不超过10亩；规模化畜禽养殖的附属设施用地规模原则上控制在项目用地规模7%以内（其中，规模化养牛、养羊的附属设施用地规模比例控制在10%以内），但最多不超过15亩；水产养殖的附属设施用地规模原则上控制在项目用地规模7%以内，但最多不超过10亩"，并且要求"南方从事规模化粮食生产种植面积500亩、北方1000亩以内的，配套设施用地控制在3亩以内；超过上述种植面积规模的，配套设施用地可适当扩大，但最多不得超过10亩"。针对附属设施用地和配套设施用地的定量控制有利于遏制设施农用地非农用的状态，各地区在执行此条例时，应当在规划层面划定相应的用地指标，进行总量用地，但对于设施农用地的具体位置不做要求。

针对设施农用地地上建筑物，可以探讨设立相应的"建筑密度"或"容积率"，促进设施农用地达到集约利用的状态。

（五）设施农用地"临时性"与耕作层保护

设施农用地中部分用地的使用具有临时性，如相关原料和农产品存储地，大型农机具、农资等存放场所，此类用地可开展耕作层表土剥离再利用，临时存放需求释放时，恢复相应地块的耕作能力。

实践中，设施农用地的临时性使用与长期性使用较难区分，建议完善相应的划分标准并加强监管。

（六）设施农用地非农使用查处

对于设施农用地在实践过程中出现的"批用不符"等违法行为，如以日光温室的名义建设"大棚房"、在设施农用地上开展农家乐等，加大督察力度，从流转端、使用端等建立长效机制，确保设施农用地服务于从业生产。

（七）设施农用地备案引导

实践中可考虑各地块的大小与邻近关系，协调各土地使用权人，联合开展设施农用地备案，提升单位设施农用地的服务效率与功能。对于恶意申请设施农用地并粗放使用的，可采取在土地的剩余承包期内不予备案设施农用地。

三、乡村旅游与休闲农业管控与引导

（一）乡村旅游与休闲农业用地的政策明确

目前虽有政策提出要支持乡村旅游与休闲农业的发展，并在用地政策上给予支持，但实践过程中，对于何为乡村旅游与休闲农业用地，尚无明确的规定与标准。建议加强研究，制定政策层面的乡村旅游与休闲农业用地界定。

(二) 复合用地情境下的乡村旅游与休闲农业用地管控

乡村旅游与休闲农业所需地类在实践层面具有一定的交叉复合性,如农田、宅院等自然人文风光承载了乡村旅游的景观对象,此时耕地、宅基地就兼有了旅游用地的功能。然而在管理层面,相关部门制定的政策法规往往针对单一地类,缺乏对复合用地的考虑。建议针对乡村旅游与休闲农业用地的特殊性,加强规划协调,制定复合用地管控标准。

(三) 乡村旅游与休闲农业的规划管制

受限于各乡村资源禀赋的差异,其开展乡村旅游与休闲农业的适宜性有所不同,有学者认为农村新业态的重要部分是三产融合,乡村旅游与休闲农业是三产融合的典型,而"全国最多只有5%的乡村适合三产融合并从中获得收益,绝大多数农村则缺乏区位条件或旅游资源"[①]。综观各地区乡村振兴战略文件,乡村旅游是重中之重,然而乡村旅游的全面开展不仅造成了资金的浪费,也会导致乡村土地利用效率下降。基于此,结合村规划试点,建议各地区根据资源状况,开展乡村旅游与休闲农业的适宜性评估,对于合适的地区,设立相应的用地技术标准,助力乡村旅游与休闲农业高效发展。

四、农村新产业新业态用地需求管控经验、启示及讨论

(一) 乡村振兴与农村房地产开发建设

中共中央、国务院印发的《乡村振兴战略规划(2018—2022年)》明确提出要"实施休闲农业和乡村旅游精品工程、发展乡村共享经济等新业态""完善农村承包地'三权分置'制度"和"加强土地经营权

---

① 贺雪峰. 关于实施乡村振兴战略的几个问题[J]. 南京农业大学学报(社会科学版),2018,18(3):19-26+152.

流转",放活农村土地市场,有利于资本涌入助力农村新产业发展,然而实践中存在着较多的制度漏洞和监管缺位等因素,资本下乡的过程中出现了一些违法违规用地现象,如建设在耕地上的大棚房、主要建立在农村宅基地或集体建设用地上的"小产权房"等,一般来说,大棚房具有小产权房的性质。

1. 大棚房问题

大棚房指温室大棚内的住宅或别墅,一般是开发商以设施农业或休闲农业为名,与农村集体签订土地租赁协议,约定由承租方进行农业种植养殖或农业观光园、生态园建设,然而实际实施道路硬化和建造房屋的现象。有报道表明,大棚房建成后会对外进行出租或出售,其租期通常为20~30年,由于这些项目还会保留大棚,所以大棚房又称大棚别墅,通常以生态园、采摘园等身份出现①。大棚房的租购方基于对乡村生活(食品、住房、田园风光)的向往,产生购房动机。

自2018年下半年开始,各派驻地方的国家自然资源督察局组织力量,对地方专项清理整治行动开展情况进行了多轮次督导核查,其中违法建设主体涉及农业合作社、村集体组织、村企业、流转大户、个别农户和各类工商资本公司②。大棚房对耕地保护、复垦具有巨大威胁,然而其在识别、执法、管控、查处等环节都存在较大难度。

2. 小产权房问题

除大棚房问题外,小产权房问题也对乡村新产业用地健康发展造成了阻碍。我国现行法律并未给出小产权房的概念界定,但从相关研究来看,通常认为小产权房是指区别于市场普通商品住宅,由农村集体经济组织或个人建设的,占用农村集体建设用地、宅基地或耕地的,出售给本农村集体经济组织以外的成员的不动产。与普通商品住宅相比,小产权房的用地性质为农村集体土地,其所有权人为非农村集体经济组织成员,基于此,小产权房所有者无法办理房屋所有权证和土地使用权证,

---

① 翟国徽. 郊区"大棚房"看似诱人实则坑人[N]. 中国国土资源报,2013-07-17(12).
② 一文看懂"大棚房"问题的来龙去脉[EB/OL]. https://mp.weixin.qq.com/s/LT_jgX-NMe07ZZ-nso9yRfw.

其权益不受法律认可和保障。

有学者对小产权房所有者的购买动机做过研究,认为其持有动机主要分为五类:金钱价值影响、基本住房改善、自然宜人环境、工作生活需要、认知兴趣实现,其中金钱价值影响的动机强度最高,且大多数小产权房持有者有两个以上的购买动机①。笔者认为对于小产权的购买动机应分地区论述,在一线城市,受落户政策及高企的房价限制,购买小产权房的动机中金钱价值影响较大,住户迫于政策与价格的现实接受长距离上班带来的成本,其本质是一种低层次的保障性需求,但在三四线城市,房价较低,落户基本无门槛,故购买小产权可能是改善性需求的实现。在三四线城市,交通状况较好,人们工作地点与居住地点距离较近,位于城郊的"独栋、联排"的小产权房能满足人们更高层次的居住需要。

小产权房的产生有其社会根源,现有研究认为小产权房的制度背景是城乡二元结构体系,具体表现在户籍与地籍两个方面。由于城市土地归国家所有,农村土地归农民集体所有,居民所拥有的房产的土地性质应与其户籍相适应,即农民应当在农村落户,在城市居住的应该拥有城市户口,继续引申可以认为现行法律制度在很大程度上限制了居民的迁徙权。然而城市化进程不断推进,城市在发展,农村也在发展,行政地域有明确静止的边界,但市场边界较为动态模糊,现有制度不适应社会发展,小产权房是市场自发应对制度落后的机制。

对于小产权房的危害,主要有以下三个方面。

(1)小产权房的存在使得国家利益受损。在正常房地产开发路径下,政府须先对农地进行征收,使其转变为国有建设用地再进行出让。小产权房的开发路径中,土地由农村集体经济组织提供,个人或组织直接在宅基地等农用地上进行建设,避开政府的参与,没有缴纳土地出让金及相关税费,在交易过程中也无税费。从这一流程看,政府损失了土

---

① 江奇,谭术魁."小产权房"持有者的动机研究:以武汉市"小产权房"为例[J].中国土地科学,2009,23(7):14-19.

地出让金及相关税费收入,导致国家利益受损。

(2) 小产权房的日益扩张危害粮食安全。在小产权房的开发建设过程中,并未遵循耕建占补平衡原则,导致大量耕地被占用作为小产权房的建设用地,使得耕地紧张。而中国作为农业大国,人口总量居世界第一,粮食安全是重要的社会安全保障,紧守18亿亩红线是我国必须坚守的一项政策,基于此,占用耕地建设小产权房后果严重。

(3) 小产权房聚集使得社会治安状况下降。不论是农民个人建小产权房出售还是集体经济组织统一建设,还是小产权房持有人购地建设,建成后的小产权房通常缺乏必要的物业管理服务和社区治安保障。普通商品住宅在规划阶段就将物业服务作为其必要项目,而小产权房的建设游离于规划之外,其物业服务必然缺乏且长此以往可能影响社会治安稳定。

对于小产权房带来的利益,主要有以下两个方面。

(1) 小产权房满足了购房者的居住需要。基于前文论述,一线城市的小产权房可以满足低收入人群的保障性住房的需要,对于三四线城市,小产权房能带来更好的居住享受,成本较低而效益满足较大。

(2) 小产权房实现了社会公共利益与农民个人利益的共赢。由于住房具有公共物品的属性,政府有必要为低收入人群提供合适的住宅。实施过的保障性安居房主要有经济适用房、公(廉)租房、限价商品住房和单位集资(合作)建房等,前三者面向公众,后者仅面向单位成员。邓宏乾认为,现行住房保障体系存在内在矛盾,一是土地划拨与土地财政收入之间的矛盾,由于划拨用地无偿使用,对于政府而言损失了大量土地财政收入,导致保障性安居房的供地不足;二是限价手段与商品经济的矛盾,运用行政力量限制房屋价格违背市场决定价格的规律。在保障房的实施过程中也容易带来严重的"悬崖效应",即一旦获得保障资格其得到的福利待遇可能远大于保障外人群[①]。小产权房是居民自行解决住房保障的一个有效途径,通过购买小产权房,虽然从法律

---

① 邓宏乾. 中国城镇公共住房政策研究[M]. 北京:中国社会科学出版社,2015.

上并未达成"居者有其屋",但至少达成"住有所居"。原本由政府出资提供的保障房由小产权房市场提供,政府虽然损失了征收农地再出让的财政收入,但也解决了为部分低收入者提供保障房的费用。且在政策违反市场规律实行限购时,小产权房满足了广大购房者的需要,缓解了社会情绪,综合以上考虑,小产权房的存在在一定程度上产生了社会公共利益。从农民角度而言,小产权房实现了农民的土地发展权。基于政策背景,农村房屋处于有价无市的局面,要想实现土地发展权,只能由政府征收变更土地利用性质再行出让,但出让收益中的很大部分由政府所得。现代产权理论认为,土地用途的变更带来的收益应当归产权人所有,农民出售小产权房,是自我实现土地发展权,获取正常土地发展收益的需要。基于此可以认为,小产权房实现了社会公共利益与个人利益的共赢。

从上述利害关系比较可以看出,利用耕地建设的小产权房,危害国家粮食安全,应明令禁止,但区分来看,小产权房带来的社会利益的增进更大,其存在有着深厚的社会根源和合理性。

3. 农村违规房地产开发治理

综上所述,可以看出大棚房具有一般小产权房产权受限的性质,大棚房可以看作小产权房的一种,但通常来说两者所占用的土地性质有较大差别,在处理农村违规房地产开发问题中,应对两者区别对待。大棚房对我国耕地保护、耕地红线等造成了巨大恶劣影响,且其在查处后复垦成本高,因此在处理大棚房问题时,应采取严格约束,一经确认违规,坚决清理整治整改。而对于小产权房,在现有法律框架下,应加强监督,降低小产权房"增量",对于存量小产权房,视其产生的实际情况,采取拆除或维持现状等措施。

(二) 乡村新产业发展中的异地用地现象

农村具有土地、劳动的要素优势,但资本环节相对薄弱,乡村新产业发展过程中,外来资本投资是一大现象,外来大型投资主体与本地中小型农业企业在人力资源构成、社会资源需求方面有着较大差别,这些

第七章 农村新产业新业态用地需求管控

差别影响着其用地需要。具体阐释如下：

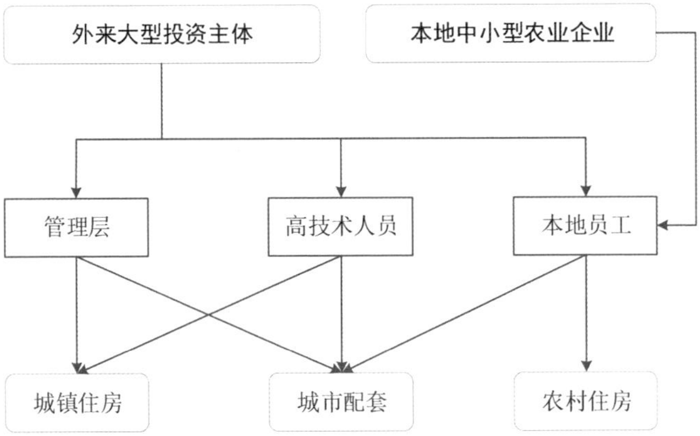

图 7-4　乡村新产业异地用地流向示意

一般来说，人员结构上，外来大型投资主体除聘任本地员工外，其高级技术人员和管理人员通常随企业流动，而本地中小型农业企业受其发展层次所限，聘请当地员工即可满足其发展需要，相应的管理层和技术人员并不"凸显"。人力资源的构成使得二者在用地需求方面存在差异，外来大型投资主体的管理层和技术人员通常为外地户籍人口，其衣食住行及社会保障的用地需求依赖城镇土地得以满足，存在"职住"空间不匹配的特点，异地用地问题显现；而本地中小型农业企业的员工主要为本地户籍人口，其"职住"空间一致性较高。

外来投资主体带来的异地用地问题，对投资地的城镇土地及公共服务等会产生一定的影响，在后期发展过程中，应对此现象给予更多的关注。

五、主要管控对策建议

（一）进一步完善农村建设用地计划指标单列制度

自 2009 年以来，土地利用年度计划开始对农村建设用地计划指标单列（见表 4-4）。建议整合各项政策文件中的"一定比例"政策，考虑在年度计划指标管理办法中纳入农村建设用地指标单列制度；进一步完善农村建设用地指标编制办法，使得年度计划中所单列的农村建设用地指标更为科学合理；在国土空间规划相关管理制度中考虑城乡用地规划指标分列制度；提高国土空间规划（土地利用总体规划）中建设用地指标与年度计划指标之间耦合程度。

（二）建立农村新产业新业态用地类型认定规则与用地控制标准

1. 建立农村新产业新业态用地类型认定规则

国家统计局在之前《新产业新业态新商业模式统计分类（试行）》的基础上，于 2018 年 8 月发布了《新产业新业态新商业模式统计分类（2018）》。《新产业新业态新商业模式统计分类（2018）》对新产业新业态作了较为详细的分类。就农村新产业新业态而言，主要有现代农林牧渔业、新型电力和热力生产、资源循环利用活动、现代养老服务、新型住宿服务、现代旅游服务和农林牧渔业跨行业融合服务等几个方面，在这几个大类下面又有小类[①]。

基于《新产业新业态新商业模式统计分类（2018）》，结合土地管理相关制度和政策、建立农村新产业新业态用地类型认定标准以及相关认定规则。新产业新业态主管部门根据各类产业和业态的特征提出相应的用地保障需求，由自然部门针对各类新产业新业态的特征，分类规定

---

① 关于印发《新产业新业态新商业模式统计分类（2018）》的通知（国统字〔2018〕111 号）[A/OL]. http://www.stats.gov.cn/tjgz/tzgb/201808/t20180821_1618222.html.

用地标准、用地保障方式等[①]。

2. 督促省级管理部门制定用地控制标准

督促省级国土资源部门制定用地控制标准。根据《新产业新业态新商业模式统计分类（2018）》，梳理与农村新产业新业态相关的产业类型，确定允许哪些产业类型可以走设施农用地通道，哪些产业类型可以在县城、重点乡镇镇区、产业园区以及村庄规划范围外单独选址，哪些产业类型必须向县城、重点乡镇镇区、产业园区以及村庄规划范围集中；哪些可以适用新增建设用地，哪些必须通过存量挖潜解决用地需求。

（三）完善国土空间用途管制制度

一是借鉴国外"包容性分区"和"排他性分区"的做法，完善国土空间用途管制制度。考虑乡村不同产业（包括新产业新业态）土地利用之间的相容度、评估次要用途不同利用强度对主体用途的影响等，建立村庄规划范围外新产业新业态用地规划许可规则。

二是建立乡村用地容积率控制制度。考虑到农村新产业新业态用地中复合利用现象增加的趋势，在国土空间规划中除划定用途分区外，也有必要考虑乡村土地利用中的容积率控制问题。

（四）研发基于信息技术的参与式规划编制与动态实施技术与方法

考虑到乡村规划"远程参与"需求的现实性，以及目前 ICT 技术支持"远程参与"的可能性，建议考虑研发基于 ICT 技术的参与式乡村国土空间规划方法与技术，以及基于 ICT 技术的农村新产业新业态用地需求预测方法与技术，基于 ICT 技术的农村新产业新业态用地公众监督技术与方法，以提高国土空间规划编制、实施和评估工作的效率。

---

① 农村新业态新产业用地保障的几点思考[EB/OL]. http://www.chinalandscience.com.cn/td-kxdt/ch/reader/create_pdf.aspx? file_no = 180201&flag = 1&year_id = 2018&quarter_id = 2.

(五) 试点完善农村产业准入负面清单制度

党的十八届三中全会《关于全面深化改革若干重大问题的决定》提出要"实行统一的市场准入制度,在制定负面清单基础上,各类市场主体可依法进入清单之外领域"①,2016年10月国家发改委以通知形式印发《重点生态功能区产业准入负面清单编制实施办法》②。2018年7月26日中国新闻网报道"农业农村部正在研究与促进绿色发展、高质量发展密切相关的农业产业负面清单,目前已有阶段性成果"③,此后陆续有报道表示部分省、县级层面的农业产业负面清单已经进入编制实践阶段。从一般市场负面清单到重点功能区产业准入负面清单,再到具体产业的负面准入清单,可以看出,负面清单管制越加受到重视。制定农业产业负面清单有利于推动农村新产业新业态朝绿色高质量方向发展,如针对不同的土地生产状况制定相应的农业产业准入负面清单④,在准入力度上,可采取"限制类"和"禁止类"等相关类别⑤。农业产业负面准入清单具有较强的产业引导精度和地力保护强度,建议相关部门进一步完善推广此制度。

(六) 重视农村新产业新业态用地政策实施的"软支持"

对一线土地管理人员问卷调查的结果表明,目前一线土地管理人员对新产业新业态用地政策的熟悉程度并不高,这必然影响农村新产业新业态用地政策执行与实施效果。因此,为增强对农村新产业新业态用地政策实施的"软支持"力度,需要重视政策文件的汇编、咨询以及培

---

① 中共中央关于全面深化改革若干重大问题的决定[EB/OL]. http://www.gov.cn/jrzg/2013-11/15/content_2528179.htm.
② 重点生态功能区产业准入负面清单编制实施办法[EB/OL]. http://www.gov.cn/xinwen/2016-10/21/content_5122649.htm.
③ 农业农村部:正研究农业产业负面清单 已有阶段性成果[EB/OL]. https://baijiahao.baidu.com/s?id=1607033179920029191&wfr=spider&for=pc.
④ 方琳娜,尹昌斌,陈世雄. 农业产业准入负面清单制度研究[J]. 中国农业资源与区划,2018,39(11):6-11.
⑤ 宁远县产业准入负面清单汇总表[EB/OL]. http://www.nyx.gov.cn/info/1950/43733.htm.

训工作。

一是重视对农村新产业新业态用地政策文件的汇编工作。在过去的10年，出台了不少土地政策文件，农村新产业新业态用地政策则分散于不同政策文件，有必要对相关的政策文件加以系统梳理，便于土地管理一线工作人员查阅和参照执行。

二是重视对农村新产业新业态用地政策文件的咨询工作。重视对一线土地管理人员有关土地政策问题咨询的答复工作，建立规范政策咨询答复制度，避免"有答复、无答案"的咨询答复，提高土地政策咨询答复质量。

三是重视对农村新产业新业态用地政策实施的培训工作，重视对农村新产业新业态用地政策实施典型案例的收集整理工作，通过年度典型案例汇编的方式提高土地管理人员对农村新产业新业态用地政策的认知和理解程度。

附件：调研问卷

土地管理人员对乡村新产业、新业态及其用地管理认知的调研问卷

您好，为了解土地管理人员对乡村新产业、新业态政策的认知和发展态势的判断，制定此问卷。我们仅会将您提供的信息用于学术研究。非常感谢您的帮助！

A. 访问人员情况

请选择省份城市与地区：[填空题] *

您的性别：[单选题] *
○ 男　　　○ 女

您的年龄段：[单选题] *
○ 30 岁以下　　○ 31~35 岁　　○ 36~40 岁
○ 41~45 岁　　○ 46~50 岁　　○ 51 岁及以上

您在本单位（或同体系）的工作年限 [单选题] *
○ 1 年以下
○ 1~3 年
○ 4~8 年
○ 9~15 年
○ 16 年及以上

附件：调研问卷

您的受教育程度是［单选题］*
○ 中专、高中及以下
○ 大专
○ 本科
○ 硕士
○ 博士

您的岗位是［单选题］*
○ 省级国土部门工作人员（省、自治区、直辖市，如××省国土资源厅）
○ 市级国土部门工作人员（地级市、自治州、盟，如××市国土资源局）
○ 县级国土部门工作人员（县、区、自治县、县级市、旗、林区等，如××县国土资源局）
○ 乡级国土部门工作人员（镇、乡、街道、区公所、苏木等，如××镇国土资源所）
○ 其他＿＿＿＿＿＿＿＿＿＿＿＿＿＿＿＿＿＿＿＿＿＿

您的职责内容主要有［多选题］*
□ 土地利用规划制定与实施
□ 政策、规划审批
□ 土地利用、规划实施情况调查
□ 土地执法监察
□ 登记（地籍）
□ 法务（政策法规）
□ 综合岗位
□ 耕地保护
□ 政策宣传
□ 其他＿＿＿＿＿＿＿＿＿＿＿＿＿＿＿＿＿＿＿＿＿＿

B. 乡村新产业、新业态的相关类型及用地管理认知

B1. 总体认知

1. 国家近些年出台了一系列产业政策或发展规划，对此您的了解是
《中共中央　国务院关于实施乡村振兴战略的意见》［单选题］*
○ 非常了解
○ 比较了解
○ 一般了解
○ 基本不了解
○ 完全不了解

《国土资源部　发展改革委　科技部　工业和信息化部　住房和城乡建设部　商务部关于支持新产业新业态发展促进大众创业万众创新用地的意见》（国土资规〔2015〕5号）［单选题］*
○ 非常了解
○ 比较了解
○ 一般了解
○ 基本不了解
○ 完全不了解

《国土资源部　国家发展改革委关于深入推进农业供给侧结构性改革　做好农村产业融合发展用地保障的通知》（国土资规〔2017〕12号）［单选题］*
○ 非常了解
○ 比较了解
○ 一般了解
○ 基本不了解
○ 完全不了解

《国土资源部　农业部关于进一步支持设施农业健康发展的通知》（国土资发〔2014〕127号）［单选题］*
○ 非常了解

○ 比较了解

○ 一般了解

○ 基本不了解

○ 完全不了解

基于相关产业背景，国家统计局印发了《新产业新业态新商业模式统计分类（试行）》，对此，您的了解程度是［单选题］*

○ 非常了解

○ 比较了解

○ 一般了解

○ 基本不了解

○ 完全不了解

2. 乡村新产业、新业态认知情况

对于乡村新产业、新业态（包括此名词本身），您的了解程度是［单选题］*

○ 非常了解

○ 比较了解

○ 一般了解

○ 基本不了解

○ 完全不了解

对于以下乡村产业类型，您了解的有［多选题］*

□ 乡村旅游（休闲农业、农事体验、民宿、农家乐等）

□ 现代农业（设施农业、生物育种等）

□ 乡村创意产业（画家村、影视基地等）

□ 新型农业经营主体（家庭农场、专业种养大户等）

□ 乡村特色产品与手工业（食品、手工艺品、副业等）

□ 乡村电商及物流（快递）产业

□ 农业生产性服务业（信息咨询、农机维修等）

□ 其他类型的新产业、新业态 _____

B2. 具体认知

1. 乡村旅游

您认为乡村旅游的主题有 [多选题] *

☐ 以乡村风情、民俗民风以及传统文化习俗为主题
☐ 以农业风光以及田园景观为主题
☐ 以农家美食为主题
☐ 以农庄农场及农事体验为主题
☐ 其他_____

您了解的乡村旅游出现的重要或标志性时间点为 [单选题] *

○ 20世纪90年代以前
○ 1990~2000年
○ 2001~2005年
○ 2006~2010年
○ 2011年及以后
○ 不了解
○ 您认为的重要具体时间_____

您了解的现有乡村旅游的发展区位是 [单选题] *

○ 临近城区，交通便利
○ 位置较远，自然风光好
○ 人文风情、历史传统丰富的区域
○ 其他_____

"乡村旅游"用地管理认知

您认为"乡村旅游"发展的主体设施用地情况是 [单选题] *

○ 主体设施用地充足
○ 主体设施用地不足，需新增建设用地

提示：主体设施用地指以农业为依托的休闲观光度假场所、庄园、酒庄、农家乐等需要占用的建设用地

附件：调研问卷

您认为"乡村旅游"发展的配套设施用地情况是［多选题］*
☐ 配套设施用地充足
☐ 配套设施用地不足，需新增用地建设停车场
☐ 配套设施用地不足，需新增用地建设员工宿舍
☐ 配套设施用地不足，需新增用地建设其他配套设施_____

提示：配套设施用地指建设停车场、员工宿舍等需要占用的建设用地

解决上述用地不足问题的途径是［多选题］*
☐ 通过土地整治解决（如旧村改造等）
☐ 通过集体内部土地增减"小挂钩"解决
☐ 通过争取更多新增建设用地指标解决
☐ 利用他处现有存量用地解决
☐ 其他_____

提示：集体内部土地增减"小挂钩"指：在集体内部因建设需要占用耕地时，将他处建设用地复垦为耕地的方法

您是否遇到过"乡村旅游"的主体设施用地与配套设施用地存在空间布局差异的情况［单选题］*
○ 是
○ 否

提示：如主体设施用地位于农村，配套设施用地（如员工宿舍等）位于城镇

您认为发展"乡村旅游"面临的用地问题有［多选题］*
☐ 无年度用地计划指标
☐ 无规划新增建设用地指标
☐ 无建设用地规模指标（建设用地总规模已达或超过土地总体规划控制规模）
☐ 可用建设用地零星分布，难以集中利用
☐ 与现有土地利用规划不协调
☐ 用地产权不清晰

☐ 与现有政策保护区域（基本农田、基本草原、重要湿地、自然保护区、林区等）存在用地冲突，规划难以调整

☐ 土地面临征收风险

☐ 其他＿＿＿＿＿＿＿＿＿＿＿＿＿＿＿＿＿＿＿＿＿＿＿＿＿

您认为在编制土地利用规划（计划）时是否需要考虑以上问题 [单选题] *

○ 是

○ 否

○ 不了解

您认为是否需要在土地利用规划（年度计划、总体规划等）中对"乡村旅游"所需建设用地指标予以倾斜 [单选题] *

○ 是

○ 否

○ 不了解

提示：如预留不超过5%的建设用地指标用于发展"乡村旅游"

2. 现代农业

您认为现代农业主要涉及哪些类型 [多选题] *

☐ 先进设施种植

☐ 设施养殖

☐ 设施水产养殖

☐ 设施畜牧业

☐ 生物育种

☐ 其他＿＿＿＿＿＿＿＿＿＿＿＿＿＿＿＿＿＿＿＿＿＿＿＿＿

您了解的现有现代农业的发展区位是 [单选题] *

○ 经济发达区域

○ 技术发达区域

○ 农业资源富集区域

○ 其他＿＿＿＿＿＿＿＿＿＿＿＿＿＿＿＿＿＿＿＿＿＿＿＿＿

"现代农业"用地管理认知

您认为"现代农业"发展的生产设施用地情况是［单选题］*
○ 生产设施用地充足
○ 生产设施用地不足，需新增建设用地

提示：生产设施用地指直接用于农产品生产的设施用地，包括各类温室、大棚、育苗所等

您认为"现代农业"发展的附属设施用地情况是［单选题］*
○ 附属设施用地充足
○ 附属设施用地不足，需新增建设用地

提示：附属设施用地指直接用于设施农业项目的辅助生产的设施用地，包括检疫用房、污水等废弃物处理场所、原料和农产品临时存放地等

您认为"现代农业"发展的配套设施用地情况是［单选题］*
○ 配套设施用地充足
○ 配套设施用地不足，需新增建设用地

提示：配套设施用地指用于建设晾晒场、农资堆放场和大型农机具停放场所等需占用的建设用地

解决上述用地不足问题的途径是［多选题］*
□ 通过土地整治解决（如旧村改造等）
□ 通过集体内部土地增减"小挂钩"解决
□ 通过争取更多新增建设用地指标解决
□ 利用他处现有存量用地解决
□ 其他＿＿＿＿＿＿＿＿＿＿＿＿＿＿＿＿＿＿＿＿＿＿＿＿＿＿

提示：集体内部土地增减"小挂钩"指：在集体内部因建设需要占用耕地时，将他处建设用地复垦为耕地的方法

您是否遇到过设施农用地未经许可做非农用地（如宅基地、乡村旅馆、餐饮、农家乐等）的情况［单选题］*
○ 是
○ 否

提示：设施农用地主要包括上述三类用地，即生产设施用地、附属设施用

地以及配套设施用地

设施农用地未经许可转变后的其他用途是 [多选题] *
□ 餐饮
□ 农家乐
□ 宅基地
□ 乡村旅馆
□ 其他 _____

设施农用地未经许可做其他用途时，相应的监管效果是 [单选题] *
○ 监管非常有效
○ 监管比较有效
○ 监管一般有效
○ 监管效果较差
○ 监管没有效果
○ 无监管

您认为在实际管理中，对设施农用地与其他非农用地（如宅基地等）界限把握的难易程度是 [单选题] *
○ 非常困难
○ 较为困难
○ 一般难度
○ 较为容易
○ 非常容易

您认为发展"现代农业"面临的用地问题有 [多选题] *
□ 无年度用地计划指标
□ 无规划新增建设用地指标
□ 无建设用地规模指标（建设用地总规模已达或超过土地总体规划控制规模）
□ 可用建设用地零星分布，难以集中利用
□ 与现有土地利用规划不协调
□ 用地产权不清晰

□ 与现有政策保护区域（基本农田、基本草原、重要湿地、自然保护区、林区等）存在用地冲突，规划难以调整

□ 土地面临征收风险

□ 其他 _____

您认为在编制土地利用规划（计划）时是否需要考虑以上问题[单选题]*

○ 是

○ 否

○ 不了解

你认为是否需要在土地利用规划（年度计划、总体规划等）中对"现代农业"所需建设用地指标予以倾斜[单选题]*

○ 是

○ 否

○ 不了解

提示：如预留不超过5%的建设用地指标用于发展"现代农业"

3. 乡村创意产业（创意从业者在乡村从事工作）

您认为乡村创意产业主要涉及哪些主题[多选题]*

□ 绘画创作（如画家村等）

□ 广告设计等

□ 音乐创作

□ 影视基地、取景地等

□ 其他 _____

您了解的现有乡村创意产业的发展区位是[单选题]*

○ 经济发达区域

○ 技术发达区域

○ 历史文化资源富集区域

○ 其他 _____

"乡村创意产业"用地管理认知

您认为"乡村创意产业"发展的用地情况是［多选题］*

□ 存量集体建设用地充足

□ 原有存量土地面积不足，需新增建设用地

□ 原有存量土地位置不适宜，需新增建设用地

解决上述用地不足问题的途径是［多选题］*

□ 通过土地整治解决（如旧村改造等）

□ 通过集体内部土地增减"小挂钩"解决

□ 通过争取更多新增建设用地指标解决

□ 利用他处现有存量用地解决

□ 其他_____

提示：集体内部土地增减"小挂钩"指：在集体内部因建设需要占用耕地时，将他处建设用地复垦为耕地的方法

您认为发展"乡村创意产业"面临的用地问题有［多选题］*

□ 无年度用地计划指标

□ 无规划新增建设用地指标

□ 无建设用地规模指标（建设用地总规模已达或超过土地总体规划控制规模）

□ 可用建设用地零星分布，难以集中利用

□ 与现有土地利用规划不协调

□ 用地产权不清晰

□ 与现有政策保护区域（基本农田、基本草原、重要湿地、自然保护区、林区等）存在用地冲突，规划难以调整

□ 土地面临征收风险

□ 其他_____

您认为在编制土地利用规划时是否需要考虑以上问题［单选题］*

○ 是

○ 否

○ 不了解

附件：调研问卷

你认为是否需要在土地利用规划（年度计划、总体规划等）中对"乡村创意产业"所需建设用地指标予以倾斜［单选题］*

○ 是
○ 否
○ 不了解

提示：如预留不超过5%的建设用地指标用于发展"乡村创意产业"

4. 新型农业经营主体

您了解的新型农业经营主体有哪些类型［多选题］*

☐ 家庭农场
☐ 专业种养大户
☐ 农民专业合作社
☐ 农业产业化龙头企业
☐ 其他 _____

您了解的新型农业经营主体出现的重要或标志性时间点为［单选题］*

○ 20世纪90年代以前
○ 1990～2000年
○ 2001～2005年
○ 2006～2010年
○ 2011年以后
○ 不了解
○ 您认为的重要具体时间 _____ *

您了解的现有新型农业经营主体的发展区位是［单选题］*

○ 经济发达区域
○ 技术发达区域
○ 农业资源富集区域
○ 其他 _____

"新型农业经营主体"用地管理认知

您认为"新型农业经营主体"发展的生产设施用地情况是［单选题］*

○ 生产设施用地充足

○ 生产设施用地不足，需新增建设用地

提示：生产设施用地指直接用于农业生产的各类温室、大棚、育苗所等

您认为"新型农业经营主体"发展的配套设施用地情况是 [单选题] *

○ 配套设施用地充足

○ 配套设施用地不足，需新增建设用地

提示：配套设施用地指用于建设晾晒场、农资堆放场和大型农机具停放场所等需占用的建设用地

解决上述用地不足问题的途径是 [多选题] *

□ 通过土地整治解决（如旧村改造等）

□ 通过集体内部土地增减"小挂钩"解决

□ 通过争取更多新增建设用地指标解决

□ 利用他处现有存量用地解决

□ 其他_____

提示：集体内部土地增减"小挂钩"指：在集体内部因建设需要占用耕地时，将他处建设用地复垦为耕地的方法

您认为发展"新型农业经营主体"面临的用地问题有 [多选题] *

□ 无年度用地计划指标

□ 无规划新增建设用地指标

□ 无建设用地规模指标（建设用地总规模已达或超过土地总体规划控制规模）

□ 可用建设用地零星分布，难以集中利用

□ 与现有土地利用规划不协调

□ 用地产权不清晰

□ 与现有政策保护区域（基本农田、基本草原、重要湿地、自然保护区、林区等）存在用地冲突，规划难以调整

□ 土地面临征收风险

□ 其他_____

您认为在编制土地利用规划时是否需要考虑以上问题［单选题］*

○ 是

○ 否

○ 不了解

你认为是否需要在土地利用规划（年度计划、总体规划等）中对"新型农业经营主体"所需建设用地指标予以倾斜［单选题］*

○ 是

○ 否

○ 不了解

提示：如预留不超过5%的建设用地指标用于发展"新型农业经营主体"

5. 乡村特色产品与手工业

您认为乡村特色产品与手工业主要涉及哪些主题［多选题］*

□ 乡村特色食品（自酿酒、自制副食、茶叶）

□ 乡村特色手工艺品（陶器、漆器、纺织刺绣）

□ 乡村闲时副业（剪线头、穿电子线等）

□ 其他 _____

您了解的现有乡村特色产品的发展区位是［单选题］*

○ 经济发达区域

○ 技术发达区域

○ 文化传统资源富集区域

○ 原材料物质资源富集区域

○ 其他 _____

"乡村特色产品与手工业"用地管理认知

您认为"乡村特色产品与手工业"发展的用地情况是［多选题］*

□ 存量集体建设用地充足

□ 原有存量土地面积不足，需新增建设用地

□ 原有存量土地位置不适宜，需新增建设用地

解决上述用地不足问题的途径是［多选题］*

☐ 通过土地整治解决（如旧村改造等）
☐ 通过集体内部土地增减"小挂钩"解决
☐ 通过争取更多新增建设用地指标解决
☐ 利用他处现有存量用地解决
☐ 其他_____

提示：集体内部土地增减"小挂钩"指：在集体内部因建设需要占用耕地时，将他处建设用地复垦为耕地的方法

您认为发展"乡村特色产品与手工业"面临的用地问题有［多选题］*
☐ 无年度用地计划指标
☐ 无规划新增建设用地指标
☐ 无建设用地规模指标（建设用地总规模已达或超过土地总体规划控制规模）
☐ 可用建设用地零星分布，难以集中利用
☐ 与现有土地利用规划不协调
☐ 用地产权不清晰
☐ 与现有政策保护区域（基本农田、基本草原、重要湿地、自然保护区、林区等）存在用地冲突，规划难以调整
☐ 土地面临征收风险
☐ 其他_____

您认为在编制土地利用规划时是否需要考虑以上问题［单选题］*
○ 是
○ 否
○ 不了解

你认为是否需要在土地利用规划（年度计划、总体规划等）中对"乡村特色产品与手工业"所需建设用地指标予以倾斜［单选题］*
○ 是
○ 否
○ 不了解

提示：如预留不超过5%的建设用地指标用于发展"乡村特色产品与手工业"

附件：调研问卷

6. 乡村电商及物流（快递）产业

您了解的乡村电商及物流（快递）产业出现的重要或标志性时间点为 [单选题] *

○ 20 世纪 90 年代以前

○ 1990~2000 年

○ 2001~2005 年

○ 2006~2010 年

○ 2011 年及以后

○ 不了解

○ 您认为的重要具体时间_____

您认为乡村电商与乡村物流出现的时间顺序是 [单选题] *

○ 两者基本同时出现

○ 乡村电商先出现

○ 乡村物流先出现

乡村电商、物流（快递）的布局是在 [单选题] *

○ 村委会所在地

○ 靠近城区的位置

○ 其他位置

您认为乡村电商的货物存放地是 [多选题] *

□ 农户家中

□ 农户自有库房

□ 村集体库房

□ 非农村仓库（城镇区域等）

乡村物流的寄送方式是 [单选题] *

○ 寄件与收货都为上门服务

○ 寄件时上门取货，收货时需到指定地点（村委会所在地、快递点、小卖部等）取货

○ 寄件时需送达指定地点（村委会所在地、快递点、小卖部等），取货时送货上门

○ 寄件和收货都需到达指定地点（村委会所在地、快递点、小卖部等）

"乡村电商及物流产业"用地管理认知

您认为"乡村电商及物流产业"的用地情况是［多选题］*

□ 存量集体建设用地充足

□ 原有存量土地面积不足，需新增建设用地

□ 原有存量土地位置不适宜，需新增建设用地

解决上述用地不足问题的途径是［多选题］*

□ 通过土地整治解决（如旧村改造等）

□ 通过集体内部土地增减"小挂钩"解决

□ 通过争取更多新增建设用地指标解决

□ 利用他处现有存量用地解决

□ 其他＿＿＿＿＿＿＿＿＿＿＿＿＿＿＿＿＿＿＿＿

提示：集体内部土地增减"小挂钩"指：在集体内部因建设需要占用耕地时，将他处建设用地复垦为耕地的方法

您认为发展"乡村电商及物流产业"面临的用地问题有［多选题］*

□ 无年度用地计划指标

□ 无规划新增建设用地指标

□ 无建设用地规模指标（建设用地总规模已达或超过土地总体规划控制规模）

□ 可用建设用地零星分布，难以集中利用

□ 与现有土地利用规划不协调

□ 用地产权不清晰

□ 与现有政策保护区域（基本农田、基本草原、重要湿地、自然保护区、林区等）存在用地冲突，规划难以调整

□ 土地面临征收风险

□ 其他＿＿＿＿＿＿＿＿＿＿＿＿

您认为在编制土地利用规划时是否需要考虑以上问题［单选题］*

○ 是

○ 否

○ 不了解

你认为是否需要在土地利用规划（年度计划、总体规划等）中对"乡村电商及物流产业"所需建设用地指标予以倾斜 [单选题] *

○ 是

○ 否

○ 不了解

提示：如预留不超过5%的建设用地指标用于发展"乡村电商及物流产业"

7. 农业生产性服务业

您认为农业生产性服务业主要涉及哪些类型 [多选题] *

☐ 农业市场信息服务

☐ 农资供应服务

☐ 农业绿色生产技术服务

☐ 农业废弃物资源化利用服务

☐ 农机作业及维修服务

☐ 农产品初加工服务

☐ 农产品营销服务

☐ 其他_____

您了解的现有农业生产性服务业的空间布局是 [多选题] *

☐ 村委会所在地

☐ 临近城区位置

☐ 乡村分散布局

☐ 乡村集聚布局

☐ 布局在非乡村区域（城区）

☐ 其他_____

您认为农业生产性服务的提供主体是 [多选题] *

☐ 政府机关

☐ 市场主体

☐ 村集体或村民

"农业生产性服务业"用地管理认知

您认为"农业生产性服务业"的用地情况是 [多选题] *

☐ 存量集体建设用地充足

☐ 原有存量土地面积不足,需新增建设用地

☐ 原有存量土地位置不适宜,需新增建设用地

解决上述用地不足问题的途径是 [多选题] *

☐ 通过土地整治解决(如旧村改造等)

☐ 通过集体内部土地增减"小挂钩"解决

☐ 通过争取更多新增建设用地指标解决

☐ 利用他处现有存量用地解决

☐ 其他_____

提示:集体内部土地增减"小挂钩"指:在集体内部因建设需要占用耕地时,将他处建设用地复垦为耕地的方法

您认为发展"农业生产性服务业"面临的用地问题有 [多选题] *

☐ 无年度用地计划指标

☐ 无规划新增建设用地指标

☐ 无建设用地规模指标(建设用地总规模已达或超过土地总体规划控制规模)

☐ 可用建设用地零星分布,难以集中利用

☐ 与现有土地利用规划不协调

☐ 用地产权不清晰

☐ 与现有政策保护区域(基本农田、基本草原、重要湿地、自然保护区、林区等)存在用地冲突,规划难以调整

☐ 土地面临征收风险

☐ 其他_____

您认为在编制土地利用规划时是否需要考虑以上问题 [单选题] *

○ 是

○ 否

○ 不了解

你认为是否需要在土地利用规划(年度计划、总体规划等)中对"农业生产性服务业"所需建设用地指标予以倾斜[单选题]*

○ 是

○ 否

○ 不了解

提示：如预留不超过5%的建设用地指标用于发展"农业生产性服务业"

8. 其他类型的新产业、新业态

您认为其他类型的新产业、新业态主要是(如有多项,请填写您认为最重要的一项)[填空题]*

_____

其他类型的新产业、新业态用地管理认知

您认为"该类型的新产业、新业态"的用地情况是[多选题]*

□ 存量集体建设用地充足

□ 原有存量土地面积不足,需新增建设用地

□ 原有存量土地位置不适宜,需新增建设用地

解决上述用地不足问题的途径是[多选题]*

□ 通过土地整治解决(如旧村改造等)

□ 通过集体内部土地增减"小挂钩"解决

□ 通过争取更多新增建设用地指标解决

□ 利用他处现有存量用地解决

□ 其他_____

提示：集体内部土地增减"小挂钩"指：在集体内部因建设需要占用耕地时,将他处建设用地复垦为耕地的方法

您认为发展"该类型的新产业、新业态"面临的用地问题有[多选题]*

□ 无年度用地计划指标

□ 无规划新增建设用地指标

□ 无建设用地规模指标（建设用地总规模已达或超过土地总体规划控制规模）

□ 可用建设用地零星分布，难以集中利用

□ 与现有土地利用规划不协调

□ 用地产权不清晰

□ 与现有政策保护区域（基本农田、基本草原、重要湿地、自然保护区、林区等）存在用地冲突，规划难以调整

□ 土地面临征收风险

□ 其他＿＿＿＿＿＿＿＿＿＿＿＿＿＿＿＿＿＿＿＿＿＿＿＿＿

您认为在编制土地利用规划时是否需要考虑以上问题［单选题］*

○ 是

○ 否

○ 不了解

你认为是否需要在土地利用规划（年度计划、总体规划等）中对"该类型的新产业、新业态"所需建设用地指标予以倾斜［单选题］*

○ 是

○ 否

○ 不了解

提示： 如预留不超过5%的建设用地指标用于发展"该类型的新产业、新业态"

C. 工作与学习

您了解或学习相关产业政策、土地政策的渠道有［多选题］*

□ 开会

□ 培训

□ 组织下发

□ 网络查找

□ 微信公众号

□ 其他＿＿＿＿＿＿＿＿＿＿＿＿＿＿＿＿＿＿＿＿＿＿＿＿＿

附件：调研问卷

您了解或学习相关产业政策、土地政策的主动性是 [单选题] *

○ 非常主动（除单位组织，自己会经常查找相关资料）

○ 较为主动（除单位组织，自己会偶尔查找相关资料）

○ 一般主动

○ 被动接受（被动接受单位组织的学习任务）

○ 较为抗拒（对于相关内容表现出抗拒情绪）

您了解或学习相关产业政策、土地政策的频率是平均每月 [单选题] *

○ 3 次及以下

○ 4~6 次

○ 7~10 次

○ 11 次及以上

您了解农村产业现状及用地现状的渠道有 [多选题] *

☐ 实地调研

☐ 调查报告

☐ 学术文献

☐ 培训会议

☐ 新闻媒体

☐ 微信公众号

☐ 我不需要了解

☐ 其他_____

总体上，您认为农村新产业新业态及用地管理面临的问题是 [填空题]

_____

对应的解决办法是 [填空题]

_____